KB064653

징비록의 그림자

장비록의 그림자

『장비록』의 이면과 신립 장군을 재조명한 역사 팩션

ⓒ 이희진, 2015. Printed in Seoul, Korea.

초판 1쇄 찍은날 2015년 3월 11일 | **초판 1쇄 펴낸날** 2015년 3월 17일

지은이 이희진 | **펴낸이** 한성봉

편집 안상준·강태영 | **디자인** 김숙희 | **마케팅** 박신용 | **경영지원** 국지연

펴낸곳 도서출판 동아시아 | **등록** 1998년 3월 5일 제301-2008-043호

주소 서울시 중구 퇴계로 20길 31 [남산동 2가 18-9번지]

블로그 blog.naver.com/dongasia1998 | **전자우편** dongasiabook@naver.com

페이스북 www.facebook.com/dongasiabooks | **트위터** www.twitter.com/dongasiabooks

전화 02) 757-9724, 5 | **팩스** 02) 757-9726

ISBN 978-89-6262-099-3   03900

잘못된 책은 구입하신 서점에서 바꿔드립니다.

『징비록』의 이면과
신립 장군을 재조명한
역사 팩션

징비록의 그림자

이희진 지음

동아시아

이 책은 여기서부터 시작한다.

후에 명나라 장수 이여송이 왜군을 쫓아 조령을 지나가다가 이렇게 탄식했다고 한다.

"이런 천혜의 요새지를 두고도 지킬 줄을 몰랐으니 신 총병도 참으로 부족한 사람이로구나."

원래 신립은 날쌔고 용감한 것으로 이름이 높았으나 전투의 계책에는 부족한 인물이었다. 옛 사람이 이르기를, "장수가 군사를 쓸 줄 모르면 나라를 적에게 넘겨준 것과 같다"라고 하였다는데, 이제 와서 후회한들 무슨 소용이 있겠는가. 그러나 후손들에게 경계가 될 것이라 생각해 상세히 적어둔다.

— 류성룡의 『징비록』중에서

영웅 만들기의
희생자들을 위하여

　필자가 갑자기 임진왜란에 관한 책을 쓰게 된 계기는, 전공인 전쟁사 관련 답사기를 쓰면서부터였다. 그 답사기에서 이른바 '탄금대 전투'를 깊이 살펴볼 기회가 생겼고, 실상을 알게 되면서 충격을 받았다.

　그래서 이 문제에 대해 다른 형식을 빌려서라도 구체적으로 다루고 싶은 생각이 들었다. 물론 우리 역사에서 잘못 알려진 사실이 많다는 점이야 다른 전적지들도 마찬가지였으니까 결정적인 이유라 할 수는 없을 것이다. 그런데 그 왜곡된 정도가 너무 크다는 데 문제가 있었다. 우리 역사학계에서 이전까지 가장 왜곡되어왔다고 여겼던 황산벌 전투보다 심하면 심했지 덜하지는 않은 수준이었다.

　그보다 더 결정적인 원인은 왜곡의 방향이라고 해야 할 것 같다. 탄금대 전투에서 왜곡된 사실 대부분이 현장 지휘관인 신립에게 패전의 책임을 뒤집어씌우는 방향으로 흐르고 있었던 것이다.

　막을 수도 없었고, 막는 데 집착해서도 안 되었던 조령을 막지 않았다는 비난, 또 조총을 우습게보았다가 큰 코 다쳤다는 비난 등 신립이 비난받을 이유가 되지 않는 것들이 그를 '무능한 장수'로 모는 데 결정적인 역할을 하고 있었다. 이런 내용을 이른바 '팩션' 형태로 재구성해보지 않겠느냐는 제안을 받았을 때, 많은 무리가 따르는 일이었음에도 주저 없이 받아들였던 이유도 여기에 있다.

신립이라는 인물을 조사하다 보니 그가 용맹스럽고 우직하며, 정치적인 잔머리와는 거리가 있는 전형적인 장군이었음을 알 수 있었다. 어쩌면 그것이 오히려 신립을 '무능한' 장수로 몰아가기 쉬운 빌미가 되었는지도 모르겠다.

왜곡시킨 사실들을 이용하여 누군가를 몰아가는 현상은 오늘날에도 시사하는 바가 적지 않다. 예나 지금이나 국가 사회를 유지하는 힘은 묵묵히 자기 책임을 다하는 사람들에게서 나온다. 이들을 통솔하는 지도자 그룹의 중요성을 무시하자는 뜻은 아니지만, 지도자들도 이들 없이는 국가 사회를 이끌어가기가 어렵기 때문이다.

그렇지만 이런 사람들이 대우받는 것 같지는 않다. 뒤집어 보면, 지도층의 많은 사람들이 자신의 사리사욕을 채우다가 감당할 수 없는 일이 생기면 적당히 실무자들에게 책임을 떠넘기고 권력만을 유지하려는 것 같다. 가면 갈수록 국가 사회의 생존과 발전을 위해 노력하는 지도자들을 찾아보기 어렵게 되고 있다는 느낌을 지울 수 없다.

이런 상황에서 가장 먼저 희생당하는 쪽은 바로 묵묵히 자기 책임을 다해왔던 실무자 그룹이다. 그럼에도 이들은 자기들이 해낸 일을 제대로 평가받기 어렵다. 대부분이 자신의 손으로 진행한 과정을 역사에 남기기 어려운 위치에 있다. 즉, 역사는 그 사회의 기득권층이 남긴다는 점을 의식해야 한다. 그렇기 때문에 위정자들은 자신이 책임져야 할 부분을 교묘하게 왜곡시켜, 변명을 남길 수 없는 위치의 실무자들에게 떠넘겨버릴 수도 있는 것이다. 이 때문에 애꿎은 사람들이 속수무책으로 당하기 십상이다. 이런 짓이 정치의 고전古典이라는 점도 역사에서 상식에 속한다.

『징비록』 역시 여기서 완벽하게 예외일 수는 없다. 『징비록』은 역사적 기록이라기보다는 한 개인의 회고록이기 때문이다. 물론 그 인물의 성정이나 인격에 따라 얼마든지 양질의 기록물로 자리매김할 수는 있다. 우리 학계에서 『징비록』은 양질의 기록물로 평가받는다. 그러나 저자인 류성룡이 자신을 변명하기 위해 사실을 왜곡시키거나 남이 했던 일을 자신의 공으로 돌리기도 하는 등, 사실과 다른 기록을 많이 남겼다는 시각 또한 엄연히 존재한다. 일부 연구에서 이미 나온 바도 있지만, 필자가 직접 확인한 부분도 있다.

그렇지만 이런 이야기를 대놓고 하는 경우는 거의 없었다. 이유는 많겠지만, 크게 두 가지 정도를 지적해볼 수 있겠다. 하나는 우리 사회에서 역사, 특히 조선시대를 다룰 때 문제가 되는 '문중사학門中史學'이다. 힘 좀 있는 문중에서 내세우는 인물에 대해서는 비판적인 이야기를 하는 것이 거의 금기처럼 되어 있다. 그런 금기를 어기면, 이단아 취급을 받거나 소송까지 걸리는 차원의 비난에 시달릴 수도 있다.

그러다 보면 웬만해서는 섣불리 불편한 진실을 들추고 싶어 하지 않는 분위기가 생길 수밖에 없다. 당연히 잘못 알려지거나 심지어 기득권층의 이익을 위해 왜곡시킨 사실이 역사로 둔갑되어버린다. 이런 것들이 영화나 드라마 같은 역사 콘텐츠에 반영되면, 그야말로 기정사실이 된다. 2015년 현재 인기를 끌고 있는 드라마도 예외는 아닌 것 같다.

이런 와중에 힘 있는 인사가 벌여놓은 참극의 책임을 뒤집어쓰는, 애꿎은 희생자가 나오기 마련이다. 그런 희생자 대부분이 조용히 자기 할 일에 충실했던 실무자들이다. 신립은 이런 일에 희생당한 대표적인 인물로 느껴졌다. 이는 지금도, 또 앞으로도 비슷한 꼴을 당해야 할 수많은 신립이 나오게 되어 있다는 뜻이기도 하다. 이 책이 그런 분들에게 바쳐지는 작은 위안거리가 되기를 바란다.

차례

영웅 만들기의 희생자들을 위하여 · 006

| 제1장 | 무르익는 전쟁의 기운

북방 영토를 지키는 전쟁의 신 · 015
일본에서 일어나는 전쟁의 먹구름 · 044
가도 가도 제자리 · 060

| 제2장 | 전쟁 전야

어긋난 첫 단추 · 081
통신사가 파견되었지만 · 117
전쟁을 막을 희망은 사라지고 · 150

| 제3장 | 예고된 비극

첫 희생양들 · 187
뒤늦은 수습 · 219
임무를 위하여 · 252
기록이 기억을 지배한다 · 288

신립 장군은 왜 조령을 막지 않았나 · 290
임진왜란과『징비록』, 그 진실에 관한 몇 가지 · 296

제1장

무르익는
전쟁의 기운

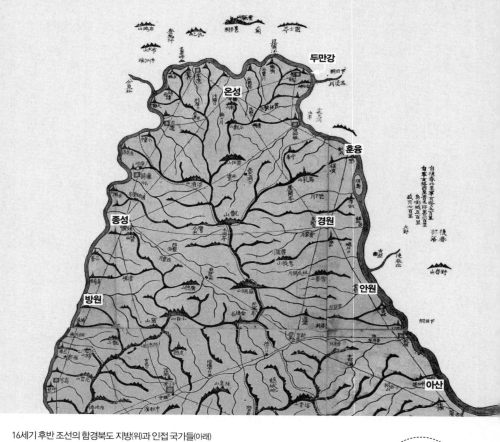

16세기 후반 조선의 함경북도 지방(위)과 인접 국가들(아래)

북방 영토를
지키는 전쟁의 신

14세기 이후 약 200년 동안 안정을 유지하던 동아시아는 16세기 후반에 접어들면서 흔들리기 시작했다. 조선의 인접 국가인 중국과 여진, 일본 모두 자체적인 혼란에 휩싸여 대전란의 조짐이 싹트고 있었던 것이다.

이 시기 중원의 명明 제국은 환관 등 황제의 측근들이 권력을 휘두르며 쇠퇴하고 있었다. 이러한 혼란을 틈타, 북방 이민족과 왜구의 침략이 잦아졌다. 이에 대응하느라 나타난 명의 혼란은 장거정張居正의 개혁 정치에 의해 어느 정도 회복세를 보이기도 했으나, 만력제萬曆帝의 재위 기간 중반 이후에는 각종 전란을 겪으며 붕괴해갔다.

16세기 후반, 동아시아의 전란은 기본적으로 명의 쇠퇴가 원인이었다. 명이 여러 전란에 시달리게 되자, 만주에 대한 지배력도 점차 약화되어 갔다. 이는 곧바로 여진족의 성장으로 이어졌다. 선조宣祖의 집권시기가 되면서 여진족과 조선의 충돌도 많아졌다. 이와 함께 조선은 여진족과의 충돌을 막는 데 우선적으로 신경을 써야 했다. 당시 조선군은 실전 경험을 주로 여기서 얻었다.

1583년, 온성穩城

살을 에는 추위에도 온성의 벌판은 조선 기병 500명이 내는 말발굽 소리로 시끄러웠다. 이들을 지켜보는 지휘관 신립申砬의 눈초리도 매서웠다.

"연초부터 너무하신 것 아닙니까?"

옆에 있던 종사관이 분위기를 누그러뜨려보려는 듯 한마디를 던졌다. 신립의 표정이 약간 풀렸지만, 눈길은 여전히 부대원들을 좇고 있었다.

"정말 내가 너무한다고 생각하나? 오랑캐들이 이거 지켜보고 있다는 걸 모르지는 않겠지?"

"알지요. 그래서 일부러 잘 봐두라고 시위하시는 거 아닙니까? 겁 좀 주려고요."

"알면 농도 적당히 하지. 이렇게 해도 들고일어날 놈들은 다 들고일어나니까."

신립은 말을 마치며 말고삐를 고쳐 잡았다. 그러고는 자신의 부대를 향해 달려 나아갔다.

며칠 후, 경원부慶源府

병사들을 심하게 다룬다는 말에도 아랑곳하지 않고 훈련에 몰두했던 신립의 우려는 곧 현실로 나타났다. 경원부가 여진족의 습격을 받았고, 이 소식은 주변의 부대들에게 전달되었다. 올 게 왔다고 생각한 신립은 곧바로 부대원들을 소집해 출동시켰다. 훈련의 보람이 있어, 부대가 출격하는 데까지 시간이 많이 걸리지 않는다. 부대원들과 함께 빠르게 달려가던 신립의 눈에 경원부 성이 들어왔다.

"서둘러라. 신속하게 성에 진입해야 한다."

달려 들어오는 신립 부대의 기세에 눌려 적병들이 그들의 앞에서 밀려나며 자연스럽게 성으로 들어갈 진입로가 열렸다. 성에서도 눈치 있게 문을 열어주었고, 신립과 그의 부대는 순식간에 성안으로 쏟아져 들어갔다.

성안의 병사들은 환호했지만, 오래가지는 않았다. 곧 북과 나발 소리가 울리며 성 밖의 적 진영이 정비되고 있었다. 조만간 공격이 시작되리라는 점을 알아채는 데 특별한 능력은 필요 없었다. 신립은 다급하게, 눈에 띄는 경원부의 군관에게 물었다.

"우리 부대는 어디를 맡으면 되나?"

군관이 뭐라 말을 했지만, 북과 나발·함성 소리에 가려 잘 들리지 않았다. 하지만 그가 가리키는 곳을 보고 신립은 자신의 부대가 맡아야 할 곳을 짐작했다. 신립이 재빨리 그쪽으로 부대원들을 이끌고 가 배치할 즈음, 적이 성을 향해 몰려오기 시작했다.

그와 함께 성 쪽에서 화살이 날아가며 몇 명의 적병이 쓰러졌다. 하지만 적은 아랑곳하지 않고 성으로 달려와 성벽에 달라붙었다. 신립의 부대원들은 또다시 화살을 재어 쏘아댔고, 또 몇 명의 적병이 쓰러졌다.

그런데 뭔가 이상하다. 성 쪽에서 날아가는 화살이 눈에 띄게 줄었다. 신립이 고개를 돌려 옆 부대 병사들을 보는 순간, 표정이 일그러졌다. 계속해서 화살을 재어 쏘아대는 자신의 부대원들과 달리 다른 부대 병사들은 성벽 안쪽에 몸을 붙인 채 움직이려 하지 않았다.

신립은 칼을 뽑아들었다. 이 부대 지휘관은 누군지 보이지도 않는다. 이제 누구의 부대냐를 따질 상황이 아니다. 신립은 옆 부대가 지키는 성벽으로 달려 나아가며 소리쳤다.

"당장 일어나 싸우지 않는 자는 이 칼에 죽을 줄 알라!"

신립의 호령에 일부 병사들이 마지못해 몸을 일으켜 활을 당겼다. 신립은 눈을 부라리며 아직까지 일어나지 않는 병사들을 향해 칼을 겨누었다.

"죽고 싶나?"

나머지 병사들도 몸을 일으켜 전투에 참여하는 척했지만, 영 성의가 없다. 이렇게 형편없이 응전한 결과는 곧 나타났다. 신립에게서 얼마 떨어지지 않은 성벽 쪽으로 이미 일부 적병이 넘어오고 있었다. 신립은 부하 몇몇을 불러 모아 그쪽으로 내달렸다.

쉽게 뚫린다 생각했는지 백마를 탄 적장 하나가 성벽 위로 걸쳐진 널빤지를 타고 올라오고 있었다. 신립은 칼을 집어넣고 얼른 활을 집어 들었다. 그리고 더 생각하지도 않고 화살을 날렸다. 화살은 정확하게 적장의 목에 명중했고, 그는 말에서 떨어지며 성벽 아래로 굴렀다. 그 효과는 바로 나타났다. 적의 진영이 놀라는 함성과 함께 술렁이기 시작했다.

이에 힘입어 조선군 병사들은 아까와는 다르게 적극적으로 싸움에 나섰다. 성벽을 넘어온 적병 대부분은 이미 죽거나 포로가 되었고, 이제 더 성벽을 넘으려 하는 적병도 없었다. 그렇게 되자 곧 적 진영에서 나발 소리가 들렸고, 적병은 썰물처럼 빠져나갔다.

신립은 숨 돌릴 틈도 없이 부대원들을 점검했다. 다행히 큰 희생은 없었다. 부상자만 몇 명 정도. 그것도 그리 큰 부상은 아닌 듯싶다. 그렇게 부대 정비를 마쳐갈 즈음 종사관이 달려왔다.

"뭔가?"

신립의 물음에 종사관은 딱한 표정을 지었다.

"아산阿山 쪽에 또 적병이 나타났답니다."

쉴 틈을 안 주는군.

"알았다. 부대원들 이동준비 시키게."

얼마 되지 않아 신립의 부대는 다시 경원부의 성을 나와 말을 달리고 있었다. 한참을 달리다 보니 저 멀리 보堡가 하나 눈에 들어왔다.

"저거 안원보安原堡 맞지?"

말을 달리던 신립이 소리쳐 묻자, 종사관은 말없이 고개를 끄덕였다. 그렇다면 길은 제대로 들어섰다. 아산 가는 길에 안원을 들러 가려 했던 것이니.

그런데 갑자기 사람 하나가 벌판을 가로질러 가는 것이 보였다. 이를 발견한 신립은 얼른 부대를 세웠다.

"저거 뭐냐?"

신립의 물음에 종사관은 고개를 갸웃거렸다.

"글쎄요. 사람인 것은 분명한 듯한데…."

"날랜 놈 몇 명 보내 잡아오게."

종사관은 고개를 끄덕이고 병사 몇 명을 불렀다. 곧 벌판을 가로지르던 자는 신립의 부대원에게 잡혀왔다. 행색을 보니 조선인 병사가 분명하다.

"웬 놈이냐?"

신립의 물음에 그는 얼른 대답하지 못하고 우물쭈물했다.

"어느 부대 소속이냔 말이다."

신립의 다그침에 그는 더듬거리며 횡설수설하기 시작했다.

"안원보에서… 전령으로…."

이미 감이 잡힌다. 탈영한 게 틀림없다.

"전령? 네 상관은 말도 없이 이 벌판을 달려 소식 전하라고 보내더냐?"

"말이 도중에 쓰러져서…."

"그럼 쓰러진 말은 어디 있나?"

또 우물쭈물한다. 신립은 들으라는 듯이 큰 소리로 지시를 내렸다.

"누가 이 자를 말에 태워주도록 하라. 말이 쓰러졌다니 다시 돌아가야겠지. 일단 안원보로 들어간다."

이 말을 듣자마자 잡혀온 병사는 하얗게 질려 빌기 시작했다.

"잘못했습니다. 적병은 강성하다는데, 지휘관은 싸울 생각도 없고, 늙은 어미가 걱정되어 그만…."

신립은 그의 말을 끝까지 들어주지 않았다.

"탈영병이 분명하니 목을 베어라."

병사의 애원도 아랑곳하지 않고 신립의 부대원 하나가 나서서 바로 목을 쳐버렸다.

"그 목을 깃대에 매달아라."

신립의 명령에 병사의 목이 깃대에 매달렸고, 부대는 그 깃대를 앞세우고 안원보를 향해 내달렸다. 신립의 부대가 안원보에 달려 들어가는데, 보에서는 특별한 반응을 보이지 않았다. 아무리 아군이라지만, 적군이 아군 복장으로 들이닥치는 거면 어찌하려고 이리 태평인지…. 보 안쪽으로 진입하자, 군관 하나가 귀찮다는 표정으로 나왔다.

"무슨 일입니까?"

"적병이 몰려든다는데 너무 태평한 거 아닌가?"

신립의 질책에 군관은 난감한 표정을 지었다.

"듣기는 했습니다만, 저희라고 뾰족한 대책도 없어서요."

"그래서 병사들이 도망가도록 놔둔다는 건가?"

군관은 대답하지 못했다. 신립은 틈을 주지 않고 몰아갔다.

"여기 책임자가 누구인가?"

그제야 군관은 신립에게 사정했다.

"모시고 나오라시면 저희 입장이 곤란해집니다."

"저거보다 더 곤란해질까?"

신립이 병사의 목이 달린 깃대를 가리키자, 군관은 화들짝 놀라 달려 들어갔다. 곧 그의 상관이 놀란 표정으로 달려 나왔다.

"어인 일이십니까?"

아까 군관과는 비교도 안 될 정도로 태도가 부드럽다. 그렇다고 대충 넘어갈 수는 없다.

"아산을 구원하러 가는 길에 이곳을 들러 가게 되었소. 그러다가 여기 서 탈영하는 병사를 하나 잡게 되었지 뭡니까."

이곳 책임자는 신립이 가리키는 곳을 제대로 쳐다보지도 못했다.

"지금 적이 여기저기 정신없이 공략해오고 있는데, 여기는 너무 태평한 것 아니오?"

"그렇지만 보시다시피 이곳 사정이 뭔가를 적극적으로 해볼 상황이 되 지 않습니다."

말투가 자못 사정조다.

"그렇다고 병사들이 도망하게 내버려두다가 이곳을 내줄 심산이오?"

"아이고, 당치도 않습니다."

손의 홰홰 젓고 있기는 하지만, 너는 별 수 있느냐고 얼굴에 써놓고 있다. 신립은 그걸 무시하고 못을 박았다.

"그럼 우리 다짐합시다. 목숨 걸고 이곳을 지키는 걸로. 나 역시 아산을 구원하고 나서 이곳이 위험하다는 소식이 들리면 언제든 달려오리다."

"그렇게만 해주신다면 뭘 더 바라겠습니까?"

말은 그렇게 하지만 떨떠름한 표정은 가시지 않고 있다. 좀 더 압박을 해야겠군. 신립은 병사의 목이 달린 깃대를 가리키며 더 큰 소리로 말했다.

"그런 의미에서 저 깃발을 성벽 위 잘 보이는 곳에 꽂아놓으시오. 앞으로 도망가는 자는 저리될 것이라는 점을 명심하고 마음을 다잡으라는 뜻이니, 이의 없지요?"

신립이 말을 끝내기도 전에 탈영병의 목이 달린 깃대는 이곳 병사들에게 넘겨져 성벽 위로 옮겨지고 있었다.

"그럼 얘기가 된 걸로 알고 우리는 임무를 수행하러 가겠소. 그곳 일이 끝나면 다시 들르리다. 저 깃대가 잘 꽂혀 있는지 확인하러 말이오."

신립은 그렇게 말하면서 말 머리를 돌렸다. 잠시 후 그의 부대는 보를 나와 다음 목적지로 달려가고 있었다. 한참을 달리고 난 후 잠시 휴식을 가질 때, 신립은 같이 달려가던 종사관에게 물었다.

"자네 표정이 영 떨떠름하구먼. 뭐, 불만이라도 있나?"

종사관은 쓴웃음을 지었다.

"불만이랄 것이 있겠습니까? 원칙대로 처리하셨는데요."

"괜찮으니 솔직하게 말해보게."

종사관은 잠시 망설이다 입을 열었다.

"영감도 잘 아시지 않습니까? 저들도 어쩔 수 없다는 점을요. 솔직히 안원보 얼마 못 버팁니다. 곧 철수 명령이 내려질 것이라는 소문도 파다하고요. 군기 잡는 것은 좋지만, 이런 식으로 몇 명 목을 벤다고 근본적인 해결이 되지 못한다는 거지요."

말문이 막힌 신립은 다시 말에 올랐다.

"어쨌든 우리 임무부터 해결하고 보세. 고민은 나중에 하고."

며칠 후, 훈융진訓戎鎭

시간이 흐르면서 이번 충돌을 일으킨 여진족의 전략이 슬슬 드러나기 시작했다. 이곳저곳을 공략하는 척하면서 조선군 부대를 흐트러뜨려놓은 다음에 한곳을 집중 공략하자는 것이다. 이런 의도를 짐작하면서도, 어느 한쪽을 쉽게 포기해버릴 수 없는 조선 측에서는 별다른 대책을 찾기 어려웠다. 신립의 부대도 경원부·아산·안원보 등을 정신없이 돌아다녀야 했다. 그러다가 기어코 한 군데가 터졌다. 신립의 부대는 훈융진이 위험하다는 급보를 받고 또 출동해야 했다.

숨 돌릴 틈 없이 달려가다 보니, 멀리 훈융진의 모습이 눈에 들어왔다. 신립은 부대를 멈췄다. 아무래도 상황을 살펴보고 행동하는 편이 나을 것 같았다. 몰래 접근해 둔덕 뒤에서 살펴본 상황은 심각했다. 이미 충교衝橋가 설치되어 적병이 진 안쪽으로 진입하려 하고 있었다. 성벽 위에서

격전이 벌어지고 있었지만, 이런 상태로 오래 버티지 못할 것이라는 점은 명백했다.

"어찌할까요?"

종사관이 채근하듯 물어왔다. 훈융진 쪽을 쏘아보면서 신립은 무겁게 닫혀 있던 입을 열었다.

"상황은 위험하지만, 지금 적은 총공격을 하느라 대부분의 병력이 성벽에 붙어 있다. 상대적으로 후방에 처진 지휘부를 지키는 병력이 적다. 그러니 우리는 바로 지휘부를 친다."

종사관에게 말을 마친 신립은 말에 올라타며 소리쳤다.

"나를 따르라."

곧 전 부대원들은 신립을 따라 말을 달리기 시작했다. 신립 부대의 말머리는 후방에 떨어져 있는 적 지휘부를 향하고 있었다. 부대가 적 지휘부에 다다를 때까지 훈융진 공략에 정신이 팔린 적은 상황을 파악하지 못한 듯했다. 덕분에 신립 부대를 가로막는 병력은 별로 없었다.

갑작스러운 신립 부대의 진입에 놀란 적의 지휘관이 자리에서 벌떡 일어났다. 그것이 달려 들어가는 신립에게는 과녁을 키워주는 꼴이 되어버렸다. 신립은 곧바로 활을 들어 쏘았고, 뒤따르던 병사들 몇몇의 화살도 적 지휘관을 향해 날았다. 그는 몇 발의 화살을 맞은 채 그대로 쓰러졌다.

뒤늦게 북과 나발 소리가 울리며 적의 일부 병력이 지휘부로 달려왔지만 이미 때는 늦었다. 그렇게 달려온 적병은 곧바로 신립의 부대원들이 쏜 화살에 휩쓸려버렸다. 그와 함께 적 진영의 동요도 뚜렷해졌다. 진 안쪽으로 진입하려던 적 병사들은 다시 빠져나오려고 우왕좌왕하다가 떨어지거나 밟혀 죽었다.

곧이어 훈융진의 성문이 열리고 조선군 병사들이 쏟아져 나왔다. 이제 전세는 완전히 뒤집혔다. 적은 전열을 수습해 대항해볼 생각을 못 한 채 도망가기 바빴다. 누군가가 도망가는 여진족들의 등을 향해 화살 날리기 바쁜 신립을 부르며 다가왔다. 이곳 첨사 신상절申尙節이다.

"적은 완전히 격퇴된 것 같습니다. 이제 어찌할까요?"

"추격하세."

신립은 짧게 대답했다. 신상절이 고개를 끄덕이는 동시에 신립의 명령이 전달되었고, 신립과 신상절의 부대는 또다시 달리기 시작했다. 곧 뒤에 처진 여진족 병사들 일부가 따라잡혔고, 그들은 조선군 병사들이 쏜 화살의 밥이 되고 말았다. 그렇게 훈융진 주변 벌판에는 여진족 병사들의 시체가 나뒹굴었다.

한참을 추격하다 보니 앞쪽에 강이 나타났다. 하지만 큰 문제가 되지 않았다. 급하게 도망치던 여진족 병사들이 얕은 여울을 골라 건너고 있었다. 고맙게도 이곳으로 건너면 된다는 걸 가르쳐주는 꼴이었다. 신립의 부대는 곧바로 그들의 뒤를 따라 강을 건넜다. 그 장면을 본 여진족은 실수했다는 것을 눈치 챘는지 삼삼오오 갈라졌다. 여러 방향으로 뛰어 본거지만은 가르쳐주지 않겠다는 것이겠지.

그렇지만 신립은 병력을 나누지 않고 한 무리만 쫓았다. 아군을 흩어지게 하는 바보짓을 할 필요가 없을 뿐 아니라, 그들의 소굴이 어디에 있는지도 대충 파악해놓은 터였다. 쓸데없이 유인하려는 무리들을 쫓을 필요 없다. 마지막까지 쫓기던 무리들은 자신들의 소굴이 가까워지자 아차 싶은 것 같다. 갑자기 방향을 바꿔 달아나기 시작했다.

신립은 픽 웃었다. 이미 늦었다. 신립은 더 이상 적병을 쫓지 않고 미리 파악해둔 방향으로 계속 달렸다. 얼마 후 신립의 부대는 훈융진을 공격해온 여진족의 소굴을 찾아냈다. 여진족의 소굴을 둘러본 신립은 짧게 명령을 내렸다.

"불을 놓아라."

곧 여진족 마을에는 불길이 치솟기 시작했다.

"이제 분이 좀 풀립니다."

여진족 소굴에 번져가는 불길을 쳐다보던 신상절이 시원하다는 듯 한마디를 던졌다.

"그런가?"

신립은 무표정하게 되물었다. 그러자 신상절의 말문이 터졌다.

"뒤늦게 인사드립니다. 때맞춰 달려와주셔서 감사합니다. 장군께서 조금만 늦었어도 큰일 날 뻔했습니다."

"할 일을 했을 뿐이네."

신립의 무뚝뚝한 대답에도 신상절의 덕담은 계속되었다.

"그렇게 할 일 때맞춰 해주시는 분이 많지 않으니 말씀입니다. 장군 명성은 적병들 사이에 더 높은 것 같던데요. 아까도 물불 가리지 않던 적병이 장군 얼굴 확인하자 뒤도 안 돌아보며 꽁무니 빼던데요. '온성穩城의 영공슈公이다' 하면서 말이죠."

신립은 가볍게 미소를 지어 보였다. 죽다 살아났으니 기분이 좋을 만도 하겠지.

"자, 이제 돌아가세."

　며칠 후 신립은 북병사 이제신李濟臣의 명령을 받았다. 신립뿐 아니라, 부령부사富寧府使 장의현張義賢, 첨사 신상절申尙節과 김우추金遇秋·이종인李宗仁·김준민金俊民 등의 군관軍官도 이 작전에 참여했다. 작전의 개요는 부대를 셋으로 나누어 강을 건너서 금득탄金得灘·안두리安豆里·자중도者中島·마전오麻田塢·상가암尙加巖·우을기于乙其·거여읍車汝邑·포다통浦多通·개동介洞 등 여러 부족의 소굴을 습격하자는 것이다. 작전은 순조롭게 진행되어, 여진족이 쌓아둔 식량과 무기를 불태우고 300여 명의 목을 베는 전과를 올렸다. 이에 비해 아군의 피해는 별로 없다. 작전에 나섰던 부대는 무사히 돌아왔다.

　그런데 작전이 끝나고 도는 이야기는 흉흉했다. 작전을 주도한 북병사 이제신이 국문鞫問을 받게 되었다는 것이다. 이런 말이 나온 것은 작전을 펴기 이전이라고 한다. 이번 작전이 성공한 덕분에 유야무야될 모양이라지만, 이게 무슨 꼴이냐는 불만이 퍼지고 있었다. 임금이 이제신을 보호하려 애썼지만, 대신들의 요구를 이겨낼 수 없었다고 한다. 작전 성공으로 처벌은 없었던 일로 하기는 했지만, 절차상 도사都事가 추포한 다음 풀어주는 형식으로 처리된다는 말이 돈다.

　신립은 혀를 찼다. 이제신 영감도 씁쓸하겠군. 하긴 남의 일도 아니다. 언제 자신도 당할지 모르는 일이니까. 신립의 우려에도 아랑곳하지 않고 곧 새로운 병사兵使가 임명되어 왔다. 이름이 김우서金禹瑞라고 하는데, 제대로 된 사람이기는 하려나?

며칠 후, 한양

모처럼 편안한 마음으로 북방에서의 승리를 알리는 장계狀啓를 뒤적이던 선조의 눈길이 이름 하나에 꽂혔다. 신립. 여기 많은 장수들의 이름이 올라와 있는데도 왠지 이자의 이름이 크게 들어온다. 용맹을 칭찬하는 말이 많아서 그런가?

선조의 머리는 다시 복잡해졌다. 승전 소식은 일단 좋지만, 골치 아픈 일도 걸려 있다. 병마사 이제신은 왜 못 잡아먹어서 안달인지…. 패거리 싸움인 게 뻔하니, 막는 데까지 막아봐야겠지만 쉽지는 않을 것 같다. 이놈의 당파싸움, 이제 넌덜머리가 난다. 이런 와중에 유능한 장수들까지 희생당할 상황이니, 혹시 신립이라는 자가 힘이 되어줄지 모르겠다.

선조는 결심하고 명을 내렸다. '신립은 벼슬을 올려주도록 하고, 그의 어미에게 쌀과 콩을 합하여 20석을 내리라. 부령부사富寧府使 장의현張義賢, 훈융첨사訓戎僉使 신상절申尙節 두 사람이 공도 작지 않다. 장의현은 벼슬을 올려줄 것이며, 신상절은 4급을 승진시켜 그에 해당하는 벼슬을 내리라.'

몇 달 후, 종성鍾城 부근의 두만강

강 건너 편에 여진족 병사들이 모여들고 있는 것이 보였다. 여진족의 대추장인 율보리栗甫里와 이탕개尼湯介가 군대를 모으고 있다더니, 결국 일이 나고 말았다. 압도적인 적병에 기가 눌린 채 장의현의 얼굴만 쳐다보던 판관 원희元喜와 군관 권덕례權德禮는 참다못해 물었다.

"적이 너무 많은 것 같은데, 어떻게 할까요? 적어도 몇천 명쯤은 되어 보입니다만, 우리는 겨우 100명인데요. 퇴각해야 하는 것 아닙니까?"

잠시 대답을 하지 않던 장의현은 단호하게 말했다.

"아무리 적의 숫자가 많다 해도 강 건너편이네. 여울을 지키고 있으면 건너오기 어려울 것이네. 일단 여울을 지키고 보세."

원희와 권덕례는 고개를 끄덕여 보이고 병력을 전개시켰다. 하지만 그들의 얼굴에서 불안한 표정이 가시지 않았다. 잠시 강 건너 조선군 진영을 살피던 여진족의 일부 부대가 강을 건너려 했다. 달려 들어오는 여진족 병사들을 향해 조선군이 발사한 화살이 날았다. 일부 병사들과 말이 쓰러지자, 여진족 부대는 곧바로 강을 건너 돌아갔다. 권덕례가 장의현을 돌아보며 물었다.

"이상합니다. 저 정도 희생을 당했다고 물러날 상황이 아닌데….."

장의현은 침착하게 대답했다.

"곧 다시 올 걸세. 이번 공격은 간을 보는 정도야. 아군 병력이 어느 정도인지 여울은 건널 만한지, 뭐 이런 걸 알아보겠다는 것이지."

장의현의 말이 끝나기 무섭게 아까보다 훨씬 더 큰 규모의 여진족 병사들이 강가로 모여들었다. 그리고 한 부대씩 강물로 뛰어들어 반대편을 향해 달려들기 시작했다. 아까처럼 조선군의 화살이 날았다. 또다시 여진족 병사 일부가 쓰러졌지만, 이번에는 물러서지 않았다.

그래도 아직은 괜찮다. 얕은 강물이라고는 하지만 여진족 병사들의 움직임을 둔하게 만들어주고는 있다. 강 건너에 있는 여진족은 공격해올 방법이 없다. 강물로 뛰어든 병사들도 물살에 시달리는 와중이니 제대로 화살을 쏴대지 못한다. 여진족 쪽에서는 이렇다 할 공격을 해오지 못하고 있는 사이에 조선군의 화살이 2차, 3차로 날아가고 있었다.

그렇지만 병사들의 희생에도 여진족은 물러서지 않았다. 어느덧 그들은 조선군이 배치된 강가에 다가와 있었다. 그렇지만 그들은 강가에 배치된, 큰 방패로 앞을 막고 버티고 있는 조선군 보병에 막혀버렸다. 방패 사이로 찔러대는 미늘창에 걸려 몇몇 병사들은 말과 함께 쓰러지고 있었다.

혹시 하는 희망이 생기는 순간, 강 건너에서 더 많은 여진족 병사들이 달려드는 것이 보였다. 그들은 앞서 달려온 병사들이 창과 화살에 희생당하는 사이에 거의 공격을 받지 않고 강을 건너고 있었다. 순식간에 강가로 다가온 후속부대 일부는 자세를 잡고, 방패 뒤에 노출되어 있는 조선군 궁수와 기병들에게 화살을 날려왔다.

이제는 조선군 쪽에서 날리는 화살보다 여진족들이 쏴대는 화살이 더 많다. 방패로 막고 있다고는 하지만 완벽하게 막아주기는 어렵다. 이런저런 틈 사이로 노출된 병사들이 하나둘씩 여진족의 화살에 쓰러져갔다. 그리고 여진족의 일부 부대는 강가에 늘어선 조선군 보병의 방어진을 피해 옆으로 건너오고 있었다.

역시 병력이 부족한 게 문제다. 약간 더 깊은 물이라고는 하지만, 워낙 숫자가 달리는 조선군 병사들은 눈앞의 여진족 병사와 싸우는 데 정신없다. 빨리 일부 병력을 빼내 측면이 무방비로 돌파되는 것을 막아야 한다. 상황을 파악한 권덕례가 말을 달려 강가의 병사들에게 달려갔다.

그렇지만 역부족이었다. 일부 여진족 병사들이 강가에 다다른 것을 본 조선군 병사들이 동요하기 시작했다. 여진족이 건너온 쪽으로 병력을 빼기도 전에 정면을 막고 있던 진영이 무너지고 있었다. 권덕례는 생각할 겨를도 없이 자신을 따라온 소수의 병사들과 함께, 강가에 다다른 여진족 병사들과 맞붙었다. 눈앞의 병사들 베고 상황을 살피려 고개를 돌리는 순간 화살 하나가 그의 목에 박혔다.

그 장면을 지켜보던 장의현의 입에서 다급한 명령이 나왔다.

"퇴각하라! 기병은 아군의 후퇴를 엄호하라!"

방패 뒤에서 간신히 버티던 조선군은 다급하게 방어진을 접고 후퇴에 나섰다. 기병들이 강을 넘어온 여진족 병사들을 막아서는 사이 보병과 궁수들은 열심히 성을 향해 달렸다. 조금만 더 버텨라. 장의현의 마음과 달리 강을 넘어온 여진족 병사는 점점 늘어나고 있었고, 이를 맞아 싸우는 조선군 기병의 진영도 흐트러져갔다.

"남은 병력도 퇴각시켜라."

장의현은 명령을 내리고 자신도 성을 향해 말을 달렸다. 뒤이어 자신을 따라오는 말발굽 소리가 요란하게 들려왔다. 다행히도 먼저 출발한 보병은 종성에 들어서고 있었다. 상황을 파악한 성에서는 때맞춰 문을 열어주었고, 조선군 병사들은 성안으로 쏟아져 들어갔다. 뒤따르던 여진족 병사들은 금방 닫혀버린 성문 앞에서 우왕좌왕하다가 뒤로 빠졌다. 그렇지만 곧 뒤이어 도착한 병력들과 합쳐 성을 에워싸기 시작했다.

그 상황을 지켜보던 병사兵使 김우서의 표정은 좋지 못했다. 적의 규모는 성을 포위하고도 남았다. 이런 적을 상대로 성을 지켜낼 수 있을까? 김우서는 주의 깊게 적의 동태를 살폈다. 곧바로 성 공략에 나설 태세는 아니다.

더 다행한 일은 해가 지고 있다는 점이다. 여진족들은 밤에 싸우는 걸 좋아하지 않는다. 잘하면 오늘은 넘길 수 있다. 아니나 다를까 어둠이 짙

어지자, 여진족 진영의 동요가 뚜렷해지더니 곧 물러나기 시작했다. 김
우서는 가슴을 쓸어내렸다. 그때 부사府使 유영립柳永立이 다가왔다.

"뭔가?"

잠시 망설이던 유영립은 결심한 듯 입을 열었다.

"몇 명 데리고 야습을 나가볼까 합니다."

"야습?"

"그렇습니다."

김우서는 유영립을 주욱 훑어보았다.

"그렇게 공을 세우고 싶은가?"

"영감!"

유영립이 화가 나 소리쳤지만, 김우서는 아랑곳하지 않았다.

"지금은 성을 지키는 것만 해도 힘겨운 상황이다. 자네 공 세우라고 쓸
데없이 병력을 내줄 생각 없으니 썩 물러가게."

유영립은 돌아서는 김우서를 보며 씩씩거렸다. 밤에 약한 여진족에게
한 방 먹여 기선 잡아놓자는데, 이 따위로 나와? 유영립은 분을 삭이지
못하고 장의현을 찾았다.

"왜 그러나?"

유영립은 장의현의 물음에 씩씩거리며 대답했다.

"야습을 하자는데, 병사 영감이 단칼에 그어버리지 뭡니까."

"그렇다고 그리 씩씩거리나?"

"놈들이 내일 다시 몰려오기 전에 한 방 먹여놓아야… ."

"알겠는데, 병사 영감도 다 생각이 있으니 그러지 않겠나?"

"생각은 무슨···."

유영립은 말꼬리를 흐렸다. 어차피 이런 식으로 말만 되풀이해서는 뭐가 될 것 같지 않다. 그는 분을 참지 못하고 일어섰다.

"허허, 사람 참···."

장의현은 그런 유영립을 보며 혀를 찼다.

"성질 좀 죽이게. 그래가지고서야 뭐가 되겠나."

말도 제대로 못 해보고 핀잔만 받자 유영립은 더욱 분통이 터졌다.

"알겠습니다. 제가 성격이 못된 거죠, 뭐."

유영립은 상관 앞이라는 점도 잊고 한마디 뱉었다.

"그러지 말고 진정하시게. 그러고 나서 기회 봐서 좀 차분하게 다시 제안해보든가."

"그러다 날 새지요. 아까 면전에서 얘기한 것도 구박하는 분이 밤중에 찾아가면 만나나 준답니까?"

"그래도 지킬 건 지키게. 군대는 명에 살고 명에 죽는 거 아닌가."

유영립은 말없이 인사하고 자리를 떴다. 뭔가 불현듯 머리를 스치는 생각이 있었다. 그는 몰래 원희를 찾았다. 상관들에게 허락받기는 틀렸으니.

"무슨 일입니까?"

난데없이 불려나온 원희에게 유영립은 앞뒤 설명도 없이 명령했다.

"당장 야습을 준비하게."

"야습이요? 위에서는 아무 말이 없었는데요."

"잔말 말고 준비하라면 하게."

원희는 픽 웃었다. 이제 감이 온다.

"저는 하라셔서 하는 겁니다."

원희의 대답에 유영립은 오히려 마음이 놓였다. 이 친구도 한판 하고 싶은가 보다. 아니면 당장 상관에게 확인해야 한다고 뻗댈 수도 있었을 텐데…. 아무튼 좋다. 원희는 조용히 기병장騎兵將 김사성金嗣成을 불렀다.

"날랜 녀석 몇 명 데리고 동문 쪽으로 오게. 적이 눈치 채면 안 되니 아군도 모르게 움직여야 하네."

김사성을 고개를 끄덕이고 달려갔다. 곧 성의 동문이 열리고 기병 한 무리가 성 밖으로 내달렸다. 동이 틀 무렵, 성으로 달려 돌아온 그들의 손에는 여진족 병사 5명의 머리가 들려 있었다. 그리고 몇 시간 후, 화가 난 김우서의 목소리가 성안에 울렸다.

"뭐라? 명령도 없이 야습을 나가 적의 수급을 베어왔다고? 그러면 칭찬받을 줄 알았다더냐? 당장 유영립을 불러라."

곧 유영립이 끌려와 동헌 앞마당에 꿇어앉혀졌다. 그의 머리 위로 김우서의 호통이 쏟아졌다.

"네 이놈. 어제 그렇게 말했거늘, 상관의 명령도 없이 멋대로 움직였다는 말이냐."

김우서는 유영립의 대답도 기다리지 않고 몰아붙였다.

"오늘 네놈에게 군율의 엄격함을 보이겠다. 어제 네놈의 명을 받고 성을 나간 놈들을 다 대렸다."

그래도 전과를 올렸는데, 이렇게까지 해야 하나? 착잡한 생각에 멍하니 꿇어앉아 있던 유영립은 간신히 한마디만 했다.

"병사들은 제 명령으로 움직였을 뿐이니 모든 책임은 제게 있습니다."

그렇지만 김우서는 말을 끝낼 여유조차 주지 않았다.

"네놈의 책임은 말하지 않아도 안다. 그리고 어제 나간 놈들 토설하지 않아도 다 아니까 더 말할 필요도 없다. 당장 원희 놈도 끌고 와라."

누군가 일러바쳤군. 유영립이 혀를 찼지만, 오래지 않아 원희와 몇몇 군관들도 잡혀왔다. 김우서는 잡혀온 이들을 하나하나 노려보며 들으라는 듯이 소리를 질러댔다.

"잘 봐두라. 공을 탐해 상관의 명을 어긴 자들이 어찌 되는지. 당장 곤장을 칠 준비를 하라."

잠시 후 동헌에는 곤장 치는 소리와 비명이 울려 퍼졌다. 그때 성 밖이 소란스러워졌다. 여진족이 다시 몰려온 것이다. 그렇지만 김우서는 기어코 곤장 치는 것을 다 보고서야 자리에서 일어섰다. 그러는 사이 성 밖의 상황은 심각해졌다. 몰려온 여진족은 성을 겹겹이 둘러싸고 있었다. 곧 화살과 돌이 성을 향해 날아들었다. 성안의 조선군도 화살을 날리고 있지만, 한참 힘이 달린다.

다행스러운 것은 여진족이 적극적으로 성벽을 기어올라 함락시키려 하지는 않고 있다는 점이다. 이날 공방전은 하루 종일 화살과 돌이 오고가는 것으로 채워졌다. 그러다 보니 어느덧 해가 뉘엿뉘엿 지고 있었다.

그때 한 무리의 기병이 나타났다. 신립의 부대다. 어느새 온성에서 여기까지 달려왔다. 신립의 부대가 맹렬하게 여진족을 향해 돌격하자, 여진족 부대들은 금방 말을 달려 물러나기 시작했다. 성안에서 함성이 올랐다. 숫자가 적은 신립의 부대가 훨씬 많은 여진족 부대를 추격하고 있는 장면이 조선군의 사기를 올려주고 있음은 분명했다.

이 추격전은 두만강까지 이어졌다. 그렇지만 강가에 다다르자 신립은 손을 들어 부대의 추격을 멈췄다. 그렇게 여진족이 강을 건너자 추격전은 싱겁게 끝나고 말았다. 신립은 말을 멈춰 선 채로 한동안 강을 응시했다. 그때 전령이 다가왔다.

"김우서 장군께서 만나 뵙기를 청하십니다."

신립은 물러가라는 손짓으로 대답을 대신했다. 그리고는 자신의 부대에 명령을 내렸다.

"이제 돌아가자."

종사관이 물었다.

"김우서 장군이 만나자는 뜻을 전한 거 아니었습니까?"

"자네도 들었군."

"그럼 종성으로 가야 하는 거 아닌가요?"

"그래야 할까?"

신립의 딴전에 종사관은 약간 당황했다.

"병사 영감께서 만나자시는데 무시해도 되겠습니까?"

"난 만나고 싶지 않네."

신립은 딱 잘라 말했다.

"뭔가 있군요."

종사관의 말에 신립은 쓴웃음으로 답했다. 그리고는 종성이 눈에 들어오자 자신의 부대에 또 다른 명령을 내렸다.

"여유 있게 행군한다. 북도 치고 피리도 불어라."

종성 앞까지 다가온 신립의 부대는 활짝 열린 성문을 외면하고 성을 지나쳤다. 성 위에서 그 모습을 바라보던 김우서의 얼굴이 일그러졌다. 그리고 그 표정은 신립 부대의 북과 피리소리가 들리지 않을 때까지 풀리지 않았다.

얼마 후, 방원보防垣堡

성을 포위한 적을 바라보며 최호崔浩는 갑갑함을 느꼈다. 며칠 전에 쳐들어왔던 적은 쇠뇌[弩]를 이용해 비교적 쉽게 물리쳤다. 적에게는 그 정도 사정거리를 가진 무기가 없으니, 단단히 혼이 났을 줄 알았는데…. 그런데도 오늘 또 쳐들어왔다. 병력도 훨씬 더 많이 끌고 왔다. 몇천은 될 것 같다.

지난번 혼이 난 탓인지, 쇠뇌의 사정거리 안에는 들어오지 않는다. 그렇지만 포위당해 있는 것만으로도 답답하다. 포위만 당하고 있어도 이곳 사정으로는 오래 버티지 못한다. 구원이 와야 할 텐데, 제때 맞춰 오려는지 모르겠다. 김우서라는 인간이 병사兵使로 온 다음부터는 뭐가 제대로 돌아가지 않는다. 자기는 적극적으로 움직이지도 않으면서 남이 나서는 꼴은 못 본다. 그러다 당하는 곳 생기면 현지 지휘관에게 책임이나 떠넘기려 들고….

그때 그의 고민을 해결해주겠다는 듯, 여진족의 공격이 시작되었다. 쇠뇌에 이어 화살이 날아가며 일부 여진족 병사들이 쓰러졌지만, 이 정도는 이미 각오하고 있었다는 듯 곧바로 성벽에 달라붙어 기어오르기 시작했다. 젠장. 이번에는 정말 끝장을 보겠다는 것 같다.

"멀리 있는 놈들 말고 성벽을 오르는 놈들부터 처리하라."

성벽 여장女牆에 숨어 안전하게 활을 쏘는 데에만 신경 쓰는 조선군 병사들에게 최호의 호령이 떨어졌다. 적이 성벽을 넘어오면 너 나 할 것 없이 끝장인데, 그저 당장 화살 안 맞아 보겠다고 숨을 곳만 찾고 있다니. 이놈의 고질병 때문에 언젠가 단단히 혼이 나겠지만, 오늘만은 좀 넘기고 싶다.

최호의 호령과 다른 군관들의 독려 때문에 나름대로 선전은 하고 있지만, 곧 성벽 어딘가로 여진족 병사들이 넘어올 기세였다. 그때 흙먼지를 일으키며 한 떼의 조선군 부대가 달려왔다. 갑자기 배후를 공격당한 여진족 진영은 무너지기 시작했다. 성벽에서 여진족 병사들이 빠져나가자, 방원보의 성문도 활짝 열렸다. 그리고 지원을 온 부대와 가운데 낀 여진족을 협공해갔다. 전의를 잃은 여진족은 많은 희생자를 남겨둔 채 강쪽을 향해 말을 달렸다.

오늘은 해가 서쪽에서 뜨겠군. 이렇게 기가 막힌 시점에 지원을 와주다니. 적이 물러가자 최호는 지원 와준 부대의 지휘관이 궁금해졌다. 고개를 돌려 찾다 보니 장의현과 판관 윤담尹湛 등이 눈에 띈다. 종성부鍾城府 병력이다. 상황을 정리하던 장의현이 다가오자, 최호는 농담 반 진담 반으로 한마디 던졌다.

"오늘만큼은 적시에 와주셨습니다 그려."

장의현 역시 농담인지 진담인지 구별 못 할 말로 받았다.

"이런 날도 있어야 하지 않나."

"혹시 병사 영감이 영전이라도 해가신 것 아닙니까?"

장의현은 웃음을 터뜨렸다.

"진심으로 병사 영감의 영전을 바라는가 보이."

"그렇게라도 이곳을 떠나주면 감사하죠."

뼈 있는 말이 오고 갔지만, 아무도 김우서를 비웃지 말라고 말리는 자는 없었다.

"그 영감이 떠나준 다음 누가 오라고?"

장의현은 그저 혼잣말처럼 던졌지만, 누군가가 '신립 장군이요'라 소리치는 소리가 들렸다. 동감을 표시하는 소리가 여기저기서 들리는 것을 보니 신립이 인심을 얻을 모양이기는 하다. 하긴 우직하고 용감하고. 융통성이 좀 없기는 하지만, 그만 한 인물도 없는가 보다.

두어 달 후, 한양

선조는 잠시 생각을 가다듬었다. 북방의 상황을 보니 신립이라는 자가 인심을 얻고 있는 것 같다. 역시 내가 사람 보는 눈은 틀림없다니까. 이제 확실히 이자를 잡아놓아야겠다. 선조는 마음을 잡은 다음, 명을 내렸다.

"신립이 공을 세운 이후 그에게 노모가 있다는 말을 들었다. 매달 술과 고기를 보내주고는 있으나, 나이 많은 사람이어서 뜻하지 않게 병을 얻을 염려도 있다. 그러니 미리 그 식솔들에게 만약 노모가 병이 들면 그 즉시 정원政院(승정원)에 알리도록 말하여놓으라. 내가 의원을 보내도록 하겠다."

명을 내린 선조는 나름대로 흡족해했다. 이 정도면 성의를 알아주겠지.

다음 달

선조는 상소문 하나를 앞에 놓고 생각에 잠겼다. 이걸 올린 자는 유학

^{幼學} 신급中礭. 신립의 형이란다. 아직 벼슬자리에도 오르지 못한 새카만 조무래기 주제에 간도 크지. 삼사三司를 비롯해서 높은 자리에 있는 대신들이 사리사욕 채우기에 바쁘다는 내용이다.

신립의 가족이라 성의를 좀 보였더니, 이 기회에 나 이용해서 힘 한번 써보자는 건가? 무시할 수도 있지만 그럴 상황은 아닌 것 같다. 신립을 잡아놓으려면 그 가족들을 박대할 수는 없으니…. 에라, 대충 덕담이나 해놓자. 대신大臣 녀석들도 겁 좀 줄 필요가 있겠다. 선조는 결심하고 비답批答을 내렸다.

> 너의 상소문을 보니 충성심이 대단하다. 참으로 정직하도다. 지금 이러한 기개를 보일 수 있는 것은 조상 때부터 쌓아온 은덕이 있어서일 것이다. 조정과 변방은 걱정하지 않아도 된다. 훌륭한 장수인 네 아우 신립이 충성스럽게 변방을 지키고 있어, 오랑캐들이 감히 가까이 못 하고 있다. 여기에 더하여 네가 이렇게 몸을 돌보지 않고 사악한 일에 저항하는 기개가 있으니, 너희 한 집안에 충忠과 의義가 함께 있어 이렇게까지 나라 위해 정성을 바치는구나. 내 매우 가상히 여기는 바이다.

그렇지만 선조는 며칠 후 승정원의 항의를 받아야 했다. 신급의 상소에 속지 말라는 것이다. 근거도 없는 말로 대신들을 모략하고 있는데, 몇 년 동안 옆에 두고 지켜본 사람들이 상소에 나와 있는 대로 그렇게 썩어빠진 사람들일 리가 있겠는가. 이런 내용의 상소에 뜻이 가상하다고 하면 어쩌느냐. 왕을 현혹시켜 반대 당파를 모략하려는 수작이다. 이런 식이면 불상사가 날 수 있으니, 이런 상황이 벌어지는 것을 두고 볼 수 없어 아뢴다는 내용이다.

상소문을 읽은 선조는 쓴웃음을 지었다. 애들 앞에서는 숭늉도 함부로 못 마신다더니…. 대신들을 어떻게 하겠다고 한 것도 아니고, 그냥 덕담으로 때우려고 한 말인데. 정말 죽자고 대든다. 하긴 험악한 당파싸움 와중에 이렇게 과격한 말이 올라오면 민감하게 반응할 만도 하겠지만. 짜증스럽게 상소문을 내려놓은 선조는 승지承旨에게 한마디를 던졌다.

"알겠다고 전하라."

1584년 3월, 한양

선조는 아침부터 묘한 설렘을 느꼈다. 오늘 신립이라는 자를 만나는 날이다. 마침 오랫동안 떨어져 있던 모친에게 문안드릴 겸 변방의 일에 대해 보고할 것도 있다 해서 핑계 김에 불렀다. 일개 장수일 뿐이지만, 나중에 힘이 될 수 있는 자이니 이번에 확실히 잡아놓을 필요가 있다. 그때 밖의 내관이 신립이 왔음을 알려왔다.

"신립 장군이 들었다 하옵니다."

"들라 하라."

선조는 한껏 위엄을 갖추고 말했다. 곧 신립이 들어와 꿇어앉았다.

"네가 신립이냐?"

"그러하옵니다."

무인답게 말이 길지 않다. 쓸데없는 소리 늘어놓으며 돋보이려 하는 자들을 보아온 탓인지 이런 점까지 마음에 든다. 선조는 가볍게 미소를 지으며 말을 이었다.

"이번 야인들의 침입을 막는 데에 공이 컸다 들었다. 너만큼 용감한 장수도 없다지?"

"과찬이시옵니다."

뻔한 겸손은 됐고. 선조는 준비한 말을 꺼냈다.

"게다가 어미에 대한 효성이 지극하다 들었다. 내가 매달 술과 고기를 보내며 건강을 보살피고는 있지만, 워낙 나이가 많으니 무슨 일이 생길지 몰라 병이라도 들면 정원에 알리라고 해두었다. 내 의원을 보내 보살필 것이니."

선조는 잠시 말을 끊고 신립의 표정을 살폈다. 감동 좀 받으려나? 표정이 좀 풀어지는 걸 보니 반응이 나쁘지 않은 것 같다. 언짢을 일은 아니니까.

"네 어미는 내가 돌봐줄 것이니, 너는 아무 걱정 말고 맡은 바 임무에 충실하도록 하라. 내 너를 중히 쓸 데가 있을 것으로 믿는다."

"황공하옵니다."

긴 말은 없지만 마음이 전달되는 것 같다. 인심 쓰는 김에 술도 한잔주자.

"가까이 오라."

선조를 신립을 불러 술을 내렸다. 이것도 별거 아니지만 신하들은 대단한 영광으로 알고 있으니…. 어려울 것 없이 인심 얻는 방법이다. 흐뭇하게 술을 받아 마시는 신립의 모습을 지켜보던 선조는 또 명을 내렸다.

"신립 장군에게 비단과 직물[錦] 두 필씩을 내려주도록 하라."

며칠 후 선조는 또 다른 명을 내렸다.

"신립은 쓸 곳이 있으니, 변방에 오래 둘 수 없다. 그에게 맞는 자리를 찾도록 비변사에 이르라."

또 며칠 후 신립은 유훈柳塤이 함경감사, 이박李璞이 종성부사鍾城府使, 이영李瑛이 온성부사로 임명되는 틈에서 북도병사北道兵使의 벼슬을 받았다.

그리고 또 며칠 후 선조는 북도병사로 임명된 인사도 받을 겸 또다시 신립을 찾았다. 다시 한 번 술을 내리는 김에 선물도 푸짐하게 안겼다. 호초胡椒 한 말과 갑옷·활집·투구 등. 이 정도면 내 뜻을 알아주겠지.

일본에서 일어나는
전쟁의 먹구름

16세기 후반에 이르러 일본은 유럽인과의 접촉을 통해 서양문물을 받아들이고 있었다. 특히 포르투갈을 통해 조총이 유입되어 전술상에 커다란 변화가 일어났다. 이 시기 오다 노부나가織田信長라는 인물이 전국시대를 청산하고 통일을 이룩할 조짐이 보였다. 그러나 그는 배신한 부하에게 1582년 암살당하고, 뒤를 이은 도요토미 히데요시豊臣秀吉가 사실상의 통일을 이루었다. 이후 도요토미 히데요시는 제후들에게 분배할 영지를 얻기 위해, 대륙 침략의 야욕을 가지게 되었다.

1585년 9월, 교토

도요토미 히데요시는 히토쓰야나기 스에야스一柳末安를 내려다보며 찻잔을 만지작거렸다. 그러고는 마치 속을 들여다보려는 듯이 말을 꺼냈다.

"무엇 때문에 가토 미쓰야스加藤光泰의 영지領地를 빼앗아 네게 주는지 알겠는가?"

히토쓰야나기 스에야스는 머리를 조아린 채 아무 말도 하지 않았다. 그러자 히데요시는 스스로 답을 주었다.

"원래 20석밖에 가지지 못한 자에게 500석, 1,000석씩 여러 번 나누어 주다가, 지금은 2만 관짜리 오가키 성을 주었다. 여기에 7,000석의 대관 자리도 주었다. 그럴 만큼 열심히 해주기는 했지. 녀석은 내가 일본뿐 아니라 중국까지 지배할 거라고 생각했나 봐. 그런데 욕심이 지나쳐. 부하에게 영지를 나누어줄 때에는 엄격해야 하는데, 가토 녀석은 자기 영지보다 많은 군대를 키운다면서 내 직할지의 대관 자리까지 탐을 낸다. 도가 지나치지 않은가?"

푸념을 하는 건지 하소연을 하는 건지 구별이 안 가지만, 욕심부리지 말라는 뜻인 건 알겠다. 그런데 그것만은 아닌 것 같다. 히데요시는 항상 복선을 쳐놓는다. 혹시 중국에까지 욕심내나? 하긴 온 나라의 다이묘大名들이 모두 히데요시의 휘하에 들어왔다. 이걸 뒤집어 말하면 히데요시는 그들을 껴안을 뭔가는 주어야 한다는 얘기다. 영지를 계속 바라는 다이묘들을 만족시키려면 이제 일본에 있는 땅 가지고는 감당이 되지 않을 것이다. 지금까지는 반대파를 격파하고 그들의 영지를 빼앗아 나누어주는 걸로 버티었는데, 이제는 일본 안에서 반대파가 없어진 꼴이니…. 가토 미쓰야스에게처럼 경고하는 것도 한두 번밖에 통하지 않을 방법일 것이다. 이렇게 되면 정말 중국과 전쟁을 일으킬까?

1586년 6월, 쓰시마

다이죠다이진太政大臣의 관인이 찍힌 문서를 받아든 쓰시마對馬島 당주 소 요시시게宗義調는 자기도 모르게 상소리를 내뱉었다.

"칙쇼!"

요시시게 주변에 있던 시종들은 한동안 눈치만 살폈다. 요시시게는 무거운 분위기를 깨버리듯 지시를 내렸다.

"요시토시를 불러라. 고시니 장군께도 연락하고."

얼마 후, 요시시게와 그의 양자인 소 요시토시宗義智, 고니시 유키나가小西行長가 모여 앉았다. 무거운 분위기 속에서 요시토시가 어렵게 말문을 열었다.

"이거 문제가 심각한 것 같습니다. 자기가 천하를 평정했다는 거야 그렇다 치겠지만, '지쿠시筑紫(지금의 규슈)에 군대를 보낼 때 고려(조선)도 파병하도록 명령을 전해두라'라니요. 이거 상황을 몰라도 너무 모르는 것 아닙니까? 히데요시는 조선이 우리 속국인 줄 알고 있으니…."

요시시게가 짜증스럽게 말을 끊었다.

"그거야 예전부터 그래오지 않았나? 높은 놈들이 뭐든 자기 편할 대로 생각하는 거야 어제오늘 일인가? 몇백 년 동안이나 주변에 있는 나라들이 천황의 속국이라고 제멋대로 생각해온 걸, 이제 와서 불평한다고 뭐가 달라지나."

"그거야 그렇지만…."

그래도 요시토시는 말을 이었다.

"지금은 제멋대로 생각하는 데에서 그치지 않고, 우리에게 조선에서 병력을 동원해오라고 명령하는 것 아닙니까? 이걸 우리가 어떻게 감당한단 말입니까?"

그 말에는 요시시게도 대꾸하지 못했다. 사실 히데요시가 계속 이런 요구를 해온다면 감당하기 어렵다. 요시토시는 그 김에 더 말을 넣었다.

"조선과의 거래가 우리 자금줄 아닙니까. 그런데 만약 히데요시가 이대로 밀어붙인다면 조선 쪽에서 받아들일 리가 없고, 당연히 모든 거래는 끝나게 됩니다. 그러면 우리가 받을 타격은 계산도 안 나옵니다."

그때 고니시가 나섰다.

"아직 좀 더 두고 보세. 당장 조선에서 병력을 동원해오라는 건 아니니 시간이 좀 있어. 사정을 봐가면서 대처해도 늦지 않네. 당분간은 지금까지 그래왔던 것처럼 양쪽에서 알고 싶어 하는 대로 알리면서 시간을 벌어 봐야지."

"솔직하게 사실을 알리면 안 되겠지요?"

그 말을 들은 요시시게와 고니시는 말없이 요시토시를 쳐다보았다. 요시토시는 중얼거리듯이 얼버무렸다.

"그냥 답답해서 해본 말입니다."

얼마 후, 요시시게는 요시토시를 불렀다.

"어인 일이시옵니까?"

요시시게는 입맛을 다시며 말했다.

"어찌 되려고 이러는지 모르겠지만, 마침 조선에 생색낼 일이 생겼네."

"생색낼 일이라시면?"

"제주 사람이 표류해왔네. 4명쯤 될 거야. 우리가 구조한 김에 조선으로 돌려보내주면 생색이 좀 나지 않겠느냐는 거지. 그러면 나중에 좀 골치 아픈 일이 생기더라도 우리 입장을 좀 챙겨줄 테니까."

"나쁘지 않겠습니다."

"그럼 당장 조선에 이 사실을 알리고 제주 사람 4명을 조선으로 호송해 가도록 조처하게."

"알겠습니다."

요시토시는 깍듯이 인사하고 부하들을 찾았다.

1587년 2월, 한양

선조는 대마도주對馬島主가 특별히 배를 보내 표류한 제주 사람 4명을 보내주겠다는 보고를 받았다. 대마도와 원래 나쁘게 지내는 사이가 아니니…. 선조는 별다른 생각 없이 명을 내렸다.

"대마도주가 우리나라의 표류자를 후히 대접하여 호송하였으니, 그 정성이 매우 가상하다. 전례를 참고하여 어떤 상을 내리면 좋을지 해당 부서에 이르라. 표류한 자들에게는 말을 주어 올려 보내라."

그런데 며칠 후 선조를 혼란스럽게 하는 전라감사의 보고가 올라왔다. 왜적선倭賊船 18척이 흥양興陽을 침범했는데 녹도권관鹿島權管 이대원李大源이 싸우다 전사했다는 것이다. 뭐야? 며칠 전에는 우리나라 사람 돌려보낸다며 인심 쓰더니 이제는 쳐들어왔다고? 정말 헷갈리게 군다. 어쨌든 처리는 해야 하니…. 선조는 명을 내렸다.

"우윤右尹 신립을 방어사로 삼아 보내도록 하라. 군관도 충분히 붙여주고."

바로 다음 날 전라우수사全羅右水使에게서 또 다른 보고가 올라왔다. 왜적이 가리포加里浦를 침범하여 병선兵船 4척을 빼앗아갔다는 것이다. 이 와중에 첨사僉使 이필李韠은 왼쪽 눈에 화살을 맞고 퇴각했단다. 아직은 크게 걱정할 상황은 아니지만, 뭔가 심상치 않다. 선조는 굳은 표정으로 생각에 잠겼다가 곧 명을 내렸다.

"왜인들의 동태가 심상치 않으니, 소상히 조사해서 보고하도록 하라."

그리고 며칠 후인 3월 2일, 경상도로 파견했던 암행어사暗行御史 이정립李廷立이 서울로 올라왔다. 그가 보고한 금산군수金山郡守와 풍기군수豊基郡守의 비리를 처리한 후, 선조는 걱정거리인 왜인의 침입에 대해 말을 꺼냈다.

"적과 맞설 때에는 적의 전략과 전술에 대해 잘 알아야 한다. 적은 이미 손죽도損竹島에서 승리를 거두고 선산도仙山島를 약탈한 바 있으니, 그 기세를 타고 바로 변경의 성을 침범하기도 쉬웠을 것이다. 그런데도 바깥 바다에 계속 머물면서 쳐들어오지 않아 그 속셈을 알기 어려우니, 이를 분석하여 보고하도록 비변사에 이르라. 그리고 계속 정예 병력을 보내주고, 방어 기구들이 정비되어 있는지 여부도 병조兵曹에 이르라."

보고는 바로 올라왔다.

"이번에 일어난 왜변倭變은 우연히 변경을 침범한 수준이 아닙니다. 전선戰船을 충분히 준비하여 한꺼번에 침입했습니다. 고풍손高風孫이 전한 대로 사을화동沙乙火同의 소행이란 것이 빈말이 아니었습니다. 한 번 교전으로 선박을 불태우고 장수를 죽일 정도의 침공에 별 어려움을 보이지 않았습니다.

그러고도 여러 날 머물면서 진격도 후퇴도 않기 때문에 그 속셈을 가늠하지 못할 것 같지만, 짐작조차 하기 어려운 계책이야 있겠습니까. 전선을 나누어 정박시켜 혼란을 일으킨 다음, 우리 측이 병력을 한곳에 집중시키도록 하고 나서 다른 변경을 치려는 계책이 하나 있을 수 있습니다.

또 먼 섬으로 물러나 숨었다가 본처本處에서 보내는 원병을 기다려 한꺼번에 멀리 떨어진 변경의 허술한 진鎭이나 보堡를 공격해올 것입니다.

신臣들의 생각으로는 적과 대치하고 있는 곳은 방어가 그다지 허술하지는 않습니다. 본도本道에서 우려할 만한 곳은 가리포·진도珍島·제주濟州 등 3읍과 법성창法聖倉·군산창群山倉입니다. 그러나 진작부터 대책이 서 있었으니, 이미 조치를 취했을 것입니다.

현재 당상堂上·당하堂下의 무신武臣을 비롯한 병력을 동원해서 부대를 편성해 명을 기다리게 하였으며, 활과 총통銃筒도 확보해놓았습니다. 철갑鐵甲과 철환鐵丸은 부족하지만 지금 만들고 있습니다."

보고를 받은 선조는 고개를 갸웃했다. 별 문제가 없다는 얘기인데…. 에라, 결과를 보면 알겠지.

"알았다고 전하라."

그러나 다음 날 몇 가지 상황을 전해 듣고 불현듯 떠오르는 생각을 주체하지 못한 선조는 신하를 찾았다.

"적병이 많았느냐 적었느냐는 문제가 아니다. 기율紀律이 잡혀 있었는지, 장수들이 용감했고 능력이 있었는지 먼저 알아야겠다. 좌수사左水使 심암沈巖은 적과 전투를 벌였으면서도, 적의 전술에 대해 제대로 진술하지 않았으니 미웁스럽다. 감사監使와 병사兵使도 들은 바가 있었을 텐데, 역시 보고한 바가 없다. 승지는 들은 바가 없는가? 아뢰도록 하라."

승지의 보고는 곧 올라왔다. 하지만 실망스러웠다. '보고를 하러 온 사람에게 신경 써서 물어보았으나 모른다고 대답한다. 이것 이외에 들은 것이 없다.' 뭐, 이런 정도. 왜군의 전술이나 전력을 나름대로 파악해보려고 물어본 것인데, 약탈을 당하고 장수가 죽었는데도 도대체 알아낸 게 뭐야? 선조는 혀를 찼다. 이 모양이니 무슨 대책이 나올는지. 선조는 답답한 마음에 다음 명을 내렸다.

"적이 잠시 물러났으나 우리를 유인하려는 것일 수 있으니 절대 방심하지 말고 대비하라. 그리고 봉수烽燧나 요망瞭望(높은 곳에서 적의 형세를 살피어 바라봄) 등의 태세를 점검하라."

내용이야 뻔한 것이지만, 그래도 비상을 걸어놓은 셈이니 신경 좀 쓰겠지. 그런데 이런 정도로 되려나? 선조의 고민은 또다시 시작되었다. 선조의 고민을 눈치 챘는지, 며칠 후 비변사에서 좌수사 심암, 우수사 원호元壕의 국문을 청해왔다.

"좌수사 심암은 이대원 등이 위기에 몰렸을 때 구경만 하다가 전멸당하도록 방치해서 나라를 수치스럽게 만들었고, 우수사 원호는 복병선伏兵船 5척을 빼앗기고도 따라가 잡지 않았습니다. 모두 잡아들여 국문하소서."

그래. 이렇게라도 해야 군기가 좀 잡히겠지. 선조는 날아갈 듯이 윤허한다고 답했다. 그런데 며칠 후 선조는 심암의 장계를 받아들었다. 그동안 들어둔 얘기가 있었는데, 장계를 보니 확인이 되는 것 같다. 심암이라는 녀석의 입장이 곤란하지 않도록 아주 잘 짜 맞췄다. 이것들이 이런 문제까지 짜고 장난의 친다? 가만둘 일은 아니다. 먼저 담당한 낭청郎廳 녀석부터 잘라야겠다. 선조는 바로 명을 내렸다.

"왕의 관청에서는 엄정하게 일을 처리해야 한다. 낭관郎官이라는 자는 의당 절차에 따라 죄인을 추궁한 뒤에, 붓을 잡고 그 내용을 써 내려가야 하는 것이다. 그런데 죄인으로 하여금 미리 대답할 것을 써서 소매 속에 넣어두었다가 공술供述하게 했다. 전지傳旨(임금의 뜻을 담당 관청이나 관리에게 전한다는 의미) 외에는 쓸 만한 내용도 없다. 이렇게 나랏일을 더럽힐 수 있다는 사실이 매우 놀랍다. 심암에게 공초를 받은 담당 낭청을 파직하라."

선조는 담당 낭청을 파직하라는 명을 내리고도 분이 풀리지 않았다. 이것들이 이런 짓까지 하는 것은 자기 패거리를 비호하자는 것인데, 하다 하다 나까지 허수아비로 만들려 들어? 심암이라는 녀석이 했다는 짓도 괘씸하지만 이런 녀석 비호하려는 패거리는 더 밉다. 이번 기회에 아예 본보기를 보여야겠다. 바로 선조의 전교傳敎가 내려갔다.

"패전한 장수는 응분의 벌을 받아야 한다. 전투에 졌는데도 즉시 법대로 시행하지 않고 국가를 다스릴 수가 있다는 말은 듣지 못했다. 춘추시대에 초나라만 유독 강국이었는데, 이렇게 된 까닭은 전투에 패한 장수는 반드시 죽이고 용서하지 않았기 때문이었다. 역사를 돌이켜 보면, 조금이나마 생기生氣가 있던 시대에는 대개 이랬다. 지금 심암의 비겁함이야 다시 말할 것도 없다. 적과 싸우면서 장수와 병사를 천여 명이나 잃었건만 왜적의 머리 하나 베지 못했으니 다시 거론할 것도 없다. 의당 잡아들인 뒤, 군영의 문에서 목을 벤 다음 여러 진鎭에 조리를 돌려야 된다. 변방의 백성들에게 사죄하고 장수와 병사들의 사기를 북돋우는 것이 이 일에 달렸으니, 의논하여 아뢸 것을 비변사에 이르라."

비변사의 보고는 다음 날 올라왔다. '감사가 올린 장계 내용으로 보아 심암의 죄는 말씀하신 바와 같다. 그러나 군중軍中에 있는 경우라면 여러 진영에 효시해도 괜찮지만, 이미 잡아들이라 하고서 취조도 받지 않고 형을 집행하면 원칙에 위배된다. 군대에는 군율이 있으니, 서두를 필요 없이 사리에 맞게 처리하도록 하자'라는 정도의 내용이다. 뭐, 원칙대로 하자는데 나쁠 것은 없겠지. 그래도 한마디는 해두어야겠다. 선조는 전교를 내렸다.

"이렇게 기율이 엉망이니 남쪽의 왜적이나 북쪽의 오랑캐가 침략해오는 것이 당연하다."

다음 달, 사헌부에서 이 일로 보고가 올라왔다. '심암에 대해서는 더 조사할 만한 일도 없으니, 군율에 따라 시행하겠다. 비변사가 보고한 바 있으니, 이 문제를 처리할 당상관을 정하자'라는 내용이다. 그래 처리나 잘해라. 며칠 후 선조는 이대원의 가족을 잘 보살피라는 전교를 내렸고, 심암은 당고개에서 목이 잘렸다.

이렇게 끝낼 줄 알았지만, 선조는 이 문제로 조금 더 시달려야 했다. 사헌부에서 순천부사順川府使 변기邊璣도 제대로 싸우지 않았다고 국문하라는 요구가 올라왔다. 또 패거리 싸움인가? 그럼 하나 더 엮어놓자. 선조는 '의논해 처리하라'라고 전교를 내리며 '신영申欒이라는 자도 제대로 않았다 하니, 잡아들여 처리하라'라는 명도 보냈다.

곧 문제가 된 자들에 대한 시비가 일었고, 뒤늦게 심암의 죄를 지적하는 상소까지 올라왔다. 다 끝난 다음에 뭐하자는 짓인지. 그래도 심암의 목을 쳐버린 입장에서는 싫을 것 없는 상소다. 선조는 좋은 말로 비답을 내렸다. 그리고 다시금 이대원의 가족들에게 이것저것 내려주며 잘 돌보아주라는 명도 확인했다. 감동 줄 일이 한 건이라도 있어야 하니…. 선조는 넌덜머리가 나는 듯 고개를 저었다. 이제 이런 정도로 좀 끝내자.

1587년 5월 사쓰마薩摩

야나가와 시게노부柳川調信는 주군인 소 요시시게의 말을 되새기며 긴장을 달랬다. 표면적으로는 유타니 야스히로柚谷康広와 함께 공물을 바치기 위해 온 것이지만, 정말 신경 써야 할 것은 여기 숨겨진 임무다. 히데요시의 심기를 건드리지 않으면서, 어떻게든 조선 출병에 대한 그의 진심을 알아내라는 것이 그에게 맡겨진 진짜 임무다. 임무치고는 달갑지 않다. 히데요시라는 인간, 꾀만 많은 게 아니라 성질도 더럽다. 잘못 건드리면 바로 목이 날아갈 수도 있다. 하긴 이 험한 시대 일본에 이런 인간이 하나 둘도 아니기는 하지만.

이런저런 생각에 시달리며 히데요시 앞에 선 야나가와 시게노부는 마음을 다잡았다. 히데요시는 야나가와 시게노부를 내려다보며 말문을 열었다.

"네가 쓰시마 당주의 가신이냐?"

"그러하옵니다."

"무슨 얘기를 전하라더냐?"

야나가와 시게노부는 잠시 망설였다. 여기서 말 잘해야 한다. 그는 생각을 가다듬고 입을 열었다.

"주군께서는 간파쿠関白께서 내려주신 명을 받들고자 하오나, 바다 건너에 있는 조선이라는 나라에 워낙 복잡한 문제가 얽혀 있는 터라 새로운 방법을 여쭙고자 합니다."

"뭐라더냐?"

"조선에 출병을 요구하기보다, 공물이나 인질을 요구하는 편이….'"

히데요시는 어이없다는 표정을 지었다.

"도대체 무엇 때문에 조선만은 특별 취급을 해야 한다고 하느냐?"

"그것이 바다 건너에 있다 보니 워낙 이질적인….'"

"그런 게 이유가 되는가!"

히데요시는 말을 잘라버렸다. 그렇지만 눈알을 굴리는 꼴을 보니 뭔가 고민은 되나 보다. 야나가와 시게노부는 눈치를 보면서 말을 넣었다.

"바다 건너 오랑캐들은 현실을 잘 몰라, 명을 전하는 데 어려움이 있사옵니다."

히데요시는 입을 오물거리며 잠시 생각하는 듯했지만, 자신의 고집을 꺾지는 않았다. 그래도 아까보다 말은 부드러워졌다.

"조선국왕에게 천황궁에 입조入朝하라 해라. 그렇지 않으면 정벌하겠다 하고. 그래도 네 말대로 일단은 조선의 태도를 지켜보도록 하겠다."

1587년 5월

규슈로 향하고 있는 소 요시시게의 머릿속은, 야나가와 시게노부가 전해온 소식과 함께 날아온 고니시 유키나가의 말이 뒤섞이며 터질 것 같았다. 고니시는 직접 히데요시를 만나라고 권해왔다. 조선을 정벌하겠다는 히데요시의 의사는 확고한 것 같다. 그러니 야나가와 시게노부 정도의 지위에서 무슨 말을 해봤자 크게 먹히지는 않을 것이고, 쓰시마 당주인 자신이 직접 히데요시를 만나 설득을 하든 타협을 하든 해볼 필요가 있다는 뜻이다. 그나마 야나가와 시게노부가 노력한 결과, 조선에 대해서 당장 정벌에 나서기보다는 일단 입조를 요구하는 방향을 잡은 게 성과라면 성과다. 이번에 만나면 어떻게든 타협을 이루어내야 할 텐데….

1587년 6월 7일, 하코자키箱崎(지금의 후쿠오카)

히데요시와의 만남은 괜찮은 분위기로 시작했다. 일단 쓰시마에 대한 지배권을 인정해주는 것부터 시작해서, 덕담이 오고갔으니까. 소 요시시게는 이런 분위기를 이용해서 슬쩍 조선에 관한 이야기를 꺼냈다.

"그런데 조선은 말입니다."

말을 꺼내며 슬쩍 눈치를 보니, 히데요시의 반응이 나쁘지 않다.

"조선이 뭐? 매년 1만 표俵를 자네에게 공물로 바치고 있다면서? 그런 조선이 요즘 뭐 골치 아프게 구는 거라도 있나?"

요시시게는 난감했다. 그게 잘못 알고 있는 거라고 털어놓을 수도 없고. 사실 양쪽이 제멋대로 알고 있는 게 그동안 자신들의 사업 밑천이기도 했다. 이 모양이니 서로 직접 거래할 수 없었고, 덕분에 자신들이 중간에서 '눈 가리고 아웅' 하는 식으로 양쪽 비위 맞춰 거래를 해왔던 터이다. 그런데 그 밑천이 화근으로 변할 판이다. 이걸 어떻게 얼러야 한다? 요시시게는 조심스럽게 말을 받았다.

"꼭 문제를 일으키는 거라고는 할 수 없습니다만, 조선이 워낙 저희하고만 통해온 터라 갑작스럽게 내조해오라는 말에 당황해하고 있습니다."

히데요시는 어이없다는 표정을 지었다.

"아니 다른 영주들도 다 하는 일을 가지고 뭐가 당황스러운가?"

"조선은 100년 넘게 천황을 찾아뵌 일이 없지 않습니까. 자기들로서는 황송하기도 할 것이고."

요시시게는 얼른 말을 돌렸다.

"자기들로서는 천황 폐하나 다이죠다이진 전하나 편하게 찾아뵐 수 있는 존재가 아니라 부담을 느끼는 것 같습니다."

히데요시는 코웃음을 쳤다.

"별… 그러니까 지금이라도 기회를 주겠다는 거 아닌가? 혹시 그대가 그대 가신家臣의 입조入朝을 막자는 건 아니겠지?"

장난스럽게 던지는 말이었지만, 요시시게는 식겁했다.

"그럴 리가 있겠습니까? 단지 평화롭게 지내왔던 자들에게 정벌까지 할 필요가 있을까 하는 마음에서… ."

히데요시는 간단하게 결론을 지었다.

"그대의 가신 문제는 그대에게 맡기겠네. 그래서 당장 정벌하지는 않겠지만, 조만간 입조하도록 해야 하네. 그럴 리야 없겠지만, 만약 입조하지 않으면 어쩔 수 없이 정벌할 수밖에 없다는 점 잘 알겠지?"

"여부가 있겠습니까."

뒤에도 몇 마디 대화가 오갔지만, 요시시게의 머릿속에는 뒷일을 어떻게 수습해야 하느냐에 대한 걱정만이 가득 차 있었다.

얼마 뒤, 쓰시마

자기 영지로 돌아온 요시시게는 또 머리를 싸매야 했다. 이번에도 마음 놓고 의논할 상대는 요시토시와 고니시뿐이다. 얼마 후 두 사람이 도착하자, 요시시게는 히데요시에게서 통보받은 내용을 털어놓았다.

"조선에서 우리에게 여러 물품과 인질을 진상하겠다고 해놓고 아직도 오지 않고 있다고 불만일세. 일본의 체면이 걸려 있는 문제니, 조선국왕이 천황을 알현하러 오라고 명령을 내린다네. 만약 조선국왕의 알현이 늦으면, 조선으로 군대를 보내 처벌할 것이라네."

요시시게의 말을 들은 두 사람은 한동안 말문을 열지 못했다. 조선에서 이 말을 듣는다면 펄펄 뛸 것이고, 그렇게 되면 모든 관계는 파탄이다. 한참 지난 후, 요시토시가 겨우 말문을 열었다.

"히데요시가 기어코 전쟁을 일으킬까요?"

그의 장인인 고니시 유키나가가 말을 받았다.

"당장은 아니겠지. 전쟁을 일으키려 한다 하더라도 히데요시가 처리할 게 아직은 많으니까."

"그렇다 하더라도 넋 놓고 있을 수는 없지 않습니까?"

"그렇다고 당장 뭘 할 수 있는 것도 아니지 않은가?"

"그렇기는 합니다만…."

요시토시는 말꼬리를 흐렸다.

"우리 입장은 곤란해지지 않겠습니까? 당장 우리를 들볶을 기세던데요. 중간에 낀 우리가 어찌해야 하겠습니까?"

이번에는 요시시게가 말을 받았다.

"그렇다고 어쩌겠는가. 우린 이미 다이죠다이진에게 붙어 영지를 인정받았네. 이제 와서 그와 등질 수는 없는 노릇 아닌가?"

고니시가 답을 내놓았다.

"당분간은 뭘 시키든 적당히 얼버무려놓아야지요. 조선과 히데요시 양쪽에 다."

"그런 식으로 오래 버틸 수는 없을 텐데요."

요시토시가 볼멘소리를 했지만, 고니시는 달래듯이 말했다.

"당분간 추이를 보자는 거야. 아직도 뭐든 확실하게 결정된 것이 없지 않나."

요시토시는 더 이상 말을 잇지는 못했다. 고니시의 말에 틀린 게 없다는 점을 모르지는 않는다. 하지만 뾰족한 대책이랄 것도 없다. 자신들이 조선과 히데요시 사이에서 줄타기를 하며 애를 먹을 것이라는 점만 분명해진 셈이다. 요시토시는 문득 생각난 듯이 물었다.

"그런데 정말 히데요시가 조선에 쳐들어간다면 전쟁이 그것으로 끝날까요?"

고니시는 고개를 저었다.

"히데요시가 하는 말로는, 궁극적인 목표가 중국이라네. 그리고 더 큰 문제는 꼭 조선을 점령하고 중국 국경을 넘어야 명明이 개입할 것이라는 보장도 없다는 점이지. 명에 조공을 보내고 있는 조선이 급해지면 구원을 청할 것이고, 그러면 우리는 명나라 군대까지 상대해야 하네."

"그런 전쟁에서 이길 수 있겠습니까?"

"어렵겠지. 그러니까 전쟁을 막기 위해 뭐든 해야 하네."

그 말이 나오자 세 사람은 동시에 한숨을 내쉬었다. 아무리 생각을 짜내봐도 근본적인 문제는 결국 원점으로 돌아온다.

가도 가도
제자리

1587년 7월

선조는 전에 대마도에 표류했던 제주 사람을 대마도주가 특별히 사람을 보내 호송해주었다는 보고를 받았다. 왜인들은 골치 아프게 구는데 대마도주는 기특하군. 선조는 대마도주가 보낸 사신에게 특별히 충분하게 답례품과 벼슬을 내려주도록 지시했다. 그런데 며칠 후 선조는 뜻밖의 보고를 받았다. 사신 중 상관上官인 등원조창藤原調昌이란 자가 돌아가는 날에 하사품과 제직 관교除職官敎를 던져버리고 갔다는 것이다.

도대체 뭐지? 기특한 일을 하기에 일껏 잘 대접해주라고 했는데? 들은 말로는 예조에서 연회를 베풀어주는 날 들어주기 어려운 요청을 해왔는데, 예조가 허락하지 않으니까 화가 나서 그런 것 같단다.

뭔가 있는 것 같다. 선조는 나중에 대마도에 파견되는 세견선歲遣船이 돌아올 때 대마도주에게 그 이유를 알아보고 보고하라고 명했다. 선조에게는 계속 의문이 드는 사건이었지만, 사소한 일로 여겨졌던 이 사건은 곧 그의 뇌리에서 사라졌다.

두어 달 후 선조는 경상좌수사의 장계[啓本]를 받았다. 일본국 첨지僉知 귤강년橘康年이라는 자가 가까운 시일에 사신으로 올 것이라는 내용이다. 일본에서 적자嫡子 아닌 자가 새로 왕이 되었기 때문에 이를 알리려는 것이라 한다. 왜인들이 골치 아프게 굴었던 게 이런 사태 때문일까? 일본의 정세가 궁금하기도 하고. 어쨌든 오겠다는데, 말라 할 것은 없겠다.

며칠 후 선조는 '일본의 새로운 국왕이 보낸 사신이 대마도에 도착했다'라는 보고를 받았다. 대마도주가 이를 알려주는 편지를 보내왔던 것이다. 그 김에 선조는 일본 사신과 관련된 몇 가지 소식을 들을 수 있었다. 미개한 것들의 사정이 제법 복잡하다. 위계질서부터 엉망인 것 같다. 나라꼴이 그렇다는 얘기겠지. 도대체 이 나라는 어떻게 돌아가는 건지 이해하기가 어렵다.

왕에 해당하는 자를 천황天皇이라고 부르는데, 꼴에 연호年號도 쓰면서 황제처럼 군단다. 그러면서도 천황이 나랏일은 돌보지 않는다고 하니, 뭐하는 건지 모르겠다. 나랏일은 관백關白이라는 직책이 있어서 이자가 처리하는데, 천황이 있어서 관백을 왕이라 부르지 못하고 대장군大將軍이나 대군大君이라 부른단다.

그러니까 왕이 바뀌었다는 뜻도 천황이 바뀐 것이 아니라, 원씨源氏가 200여 년 동안 관백 노릇을 해오다가 최근에 평수길平秀吉이라는 자가 그 자리를 차지한 것이군. 그리고 보면 평수길이라는 자에 대한 이야기도 재미는 있다.

원래 천한 출신이라 조상에 대해서도 잘 모른단다. 품팔이하며 빌어먹던 자를 관백이 발탁하여 군사로 삼았는데, 전쟁을 잘하여 많은 공로를 쌓았기 때문에 대장이 되었다니 참 묘한 인생이다. 그러다가 관백의 명을 받고 먼 지방의 반역자를 토벌하다가 모략을 받자 도리어 관백을 공격해 죽였다. 이어서 원씨를 대대적으로 살해하고 스스로 관백이 되었다. 이후 벌인 전쟁에서도 승리를 거두어 섬나라를 평정하였는데, 영토가 66주이며 정예병사 100만 명을 훈련시킨다. 뭐, 이런 내용이다. 일본이 이처럼 강했던 적은 없었던 것 같기는 하다.

그런데 평수길이라는 자, 간이 좀 부은 것 같다. 중국을 침범하려 하였다니? 나라 안에서 반란이 일어날 것을 걱정해서 그런다니 제대로 통치를 하는 것 같지도 않지만. 이전에 뱃길로 절강浙江을 침범하려 하다가 뜻대로 되지 않아서, 먼저 조선을 점령한 다음 육지 쪽에서 쳐들어가려고 한단다.

선조는 약간 충격을 받았다. 이런데도 우리나라에서는 전혀 아는 바가 없었으니…. 일본이라는 나라가 통제는 잘되나 보다. 이 정도로 중요한 이야기가 누설되지 않았다. 심지어 우리나라는 평수길이 자기의 임금을 시해하고 나라를 찬탈한 사실 자체를 처음 들었고, 이유도 몰랐다.

그런데 이런 자가 사신을 보내달란다. '우리 사신은 조선에 가는데 조선 사신은 오지 않는 게 우리를 얕보는 것이다'라며 불만을 토로해왔다. 얕보고 있는 것이 사실이기는 하지. 제깟 것들 하고 거래해봐야 얻는 게 있어야지. 야만인들 주제에 자존심만 내세우기는.

그러고 보니 평수길이라는 자, 많이 건방지다. 사신 보내달라는 주제에 '천하가 짐의 손아귀에 돌아왔다'라는 말은 또 뭔가? 왕도 아닌 관백이라며? 아무리 실질적으로 통치한다지만, 국서國書에 이런 식으로 쓰나?

야만인들인 거야 오래전부터 알았지만, 예법을 몰라도 좀 정도껏 몰라야지. 힘 좀 생겼다 이건가?

그러고 보면 사신으로 온 귤강광橘康廣(다치바나 야스히로)이라는 자도 종잡을 수 없기는 마찬가지라고 한다. 우리나라 사람을 대하여 말하면서 은근히 조롱하면서 좋은 말을 하지 않는다니…. 인동仁同 지방을 지날 때, 창을 들고 있던 병사를 보고 '창의 자루가 참으로 짧다'라고 비웃었단다. 상주목사尙州牧使 송응형宋應泂이 초대해 잔치를 베풀었을 때에도 기생과 악사들 모두가 앉아 있는 자리에서 해괴한 소리를 했다던데…. 통역을 통해 '나야 오랜 세월을 전장에서 보냈기에 이렇게 털이 하얗게 되었지만, 귀공께서는 기생들의 노래 속에서 편안하게 세월을 보내는데도 어찌 머리털이 하얗게 세었소?'라고 물었다 한다. 농담 치고는 좀 뼈가 있는 것 같다.

예조판서가 열어주었던 연회석상에서는 일부러 호초胡椒를 뿌려놓고 기생과 악사들이 줍느라고 아귀다툼 벌이는 꼴 보고 한마디 했다지? '이 나라의 기강이 이 모양이니 거의 망하게 되었다'라며. 이렇게 건방지게 굴면서 사신을 보내달라고? 다른 건 몰라도, 찬탈했다는 사실은 용납 못 한다. 이런 거 가만두면 내 나라에서도 비슷한 일 꾸미는 자가 나올지 모른다.

짜증이 난 선조는 명을 내렸다.

"일본은 찬탈이 일어나 임금을 시해한 나라이므로 보내온 사신을 접대하는 것은 불가하다. 마땅히 깨우쳐서 돌려보내야 한다. 종2품 이상 신료들의 논의를 통해 시행하라."

얼마 후 신료들이 논의한 결과가 올라왔다. '예의를 모르는 오랑캐 나라에 예의를 내세워 따져봐야 소용없으니, 사신이 오면 관례에 의해 접대해야 한다'라는 것이다. 선조는 잠시 생각에 잠겼다. 다른 의견도 있다는 말도 들었다. 노수신盧守愼 등은 일본과 교류하지 말자고 주장했단다. 나도 마음 같아서는 그러고 싶다. 그렇지만 섣불리 마음 가는 대로만 했다가 험한 꼴 당하면 골치 아프다지 않는가.

왜국에 오랫동안 머물러 있던 강항姜沆 등의 말로는 '수길이 찬탈하기는 하였으나 반역 토벌을 명분으로 삼은 것이지 스스로 시역을 행한 것이 아니다'라고 한다. 저쪽 사정도 모르고 함부로 결단을 내렸다가 나중에 골치 아픈 일 생기면 귀찮을 것 같아서 의견을 모아 올리라고 한 거다. 의논하라고 하기를 잘했다. 하긴 일본이 야만인들인 것 모르고 거래해온 것은 아니다. 이런 것들에게 예의 가르치려 해봐야 화내며 들이받으려 할 거고 우리만 골치 아프다. 에라, 여태까지 받아온 사신 한 번 더 받아주는 게 어려울 것도 없겠다. 선조는 명을 내렸다.

"그리하도록 하라."

그리고 며칠 후 선조는 또 다른 명을 내렸다.

"이웃 나라의 사신을 접대하는 임무는 매우 중요하다. 일본 사람은 시詩에 능숙한데, 시를 주고받을 적에 혹시라도 달리면 그 나라에 비웃음을 살 것이다. 그러니 이들을 맞는 선위사宣慰使로는 직급을 따지지 말고 문장으로 이름난 선비로 보내는 것이 좋겠다. 이조정랑 유근柳根을 선위사에 임명하라."

왜인들이 조선 선비들의 시를 얻어가고 싶어 환장한다는 점을 선조도 잘 알고 있었다. 제깟 것들이 힘 좀 생겨봤자, 무식한 게 어디 가나. 이 기회에 이걸로 기를 좀 죽여놓자.

두어 달 후, 선조는 전 교수教授 조헌趙憲의 상소를 받고 얼굴을 찌푸렸다. 왜국에 사신을 보내지 말라는 거다. 누구는 보내고 싶은 줄 아나? 선조는 짜증스럽게 상소문을 던져버렸다.

그렇지만 얼마 후 승정원에서 지적질을 해왔다. 신민臣民의 소장이 올라오면 3일을 넘기지 말고 반드시 승정원에 내려보내야 하도록 되어 있는 원칙을 어겼다는 것이다. 답을 하지 않는 경우에도 일정한 절차를 밟아야 하는데, 이조차도 하지 않아 곤란하다는 점까지 지적해왔다. 젠장. 더럽게 귀찮게 군다. 아무리 왕이라도 원칙을 어긴 것은 사실이니, 큰소리도 못 치게 되었다.

잠시 고민하던 선조는 답을 내렸다. 절차대로 처리하지 않은 것은 자기 잘못이라 인정하면서도, 조헌을 요사스러운 인간이라고 몰아놓는 것을 잊지 않았다. 이 소장을 내려보내면 파문이 클 것이라, 자신이 허물을 뒤집어쓰는 편이 나을 것 같아 그랬다는 변명도 같이.

비답을 내리고 난 선조는 짜증이 몰려왔다. 조헌이라는 작자가 올린 상소문을 떠올리면 신경질밖에 안 난다. 올려달라는 부탁도 한 적 없는 귀찮은 상소를 가지고, 올리기 어려웠던 사정이나 줄줄이 늘어놓더니 다 아는 역사 복습시켜놓는다. 제 나름대로는 현실에 빗대서 대단한 비유나 한 줄 아는 모양이지만, 무도한 일본과 교류하지 말라는 뻔한 얘기에 불과하다. 상대하고 싶어서 하는 것도 아닌데, 뻔한 소리 늘어놓고 제 혼자 똑똑한 줄 안다.

그러고 나서 내놓는 대책이라는 것이, 옛날부터 내려오는 전례 들먹이면서 타이르란다. 나도 그러라고 했다고. 그런데 대신들부터 반대라고. '예법도 모르는 일본 것들에게 그런 게 통할 것 같으냐'라는데 어쩌라고. 제 웃전 갈아치운 것들이 좋게 얘기한다고 '잘못했습니다'라고 할 것 같나? 그것도 모자라서 지금까지 자기들 잘못한 거 꾸짖고, '명분 없는 군사는 하늘이 돕지 않을 것'이라고 해라? 그래놓고 우리에게는 손해가 없으니 교류 끊겠다 하라고? 간단한 얘기 가지고 참 길게도 훈계한다.

네 녀석 훈계대로만 해서 뭐가 된다면 나도 고민할 필요가 없겠다. 간단하게 사신만 안 받겠다 해도 문제 생길 것 같아 걱정이더라. 사신 받지 말라고 했던 내가 다 민망해지는 판에, 대책도 없이 뻔한 소리 늘어놓고 잘난 척하기는. 나라 안에도 골치 아픈 일 많은데, 왜놈들까지 얽혀 험한 일 생기면 지가 책임질 건가? 이런 것들에게도 험한 소리 한 번 못 하고 참아야 하니. 정말 왕 노릇도 못 해먹겠다.

조헌의 상소로 속이 뒤집힌 지 며칠 되지 않아, 좌의정 정유길鄭惟吉이 찾아왔다. 사신 귤강광이 별다른 말 없이 사신 보내달라는 요청을 되풀이했단다. 여기에 지난번 다녀간 사신에게 주었던 것처럼 매[鷹子]를 받아가고 싶다고 했단다. 사신 보내는 문제는 계속 골치를 썩여야 할 것 같지만, 매 보내는 것쯤이야 못 해줄 것 없겠다. 선조는 정유길에게 답을 내려주었다.

"알았다. 요구하는 매를 주도록 하라."

답을 준 선조는 한숨을 내쉬었다. 매 몇 마리로 모든 문제가 해결되면 참 좋으련만.

1588년 해가 바뀐 정월 초하루부터 불길한 소식이 들어왔다. 광진廣津으로부터 바다 어귀에 이르는 경강京江의 물이 며칠 동안 피처럼 붉게 물들었다고 한다. 그러더니 북병사北兵使 이일李鎰이 녹도鹿島를 침입한 오랑캐에 보복했다는 장계가 들어왔다. 이것 때문에 경강의 물이 피처럼 물들었을까? 차라리 그랬으면 좋겠는데….

선조의 바람에는 아랑곳하지 않고 며칠 되지 않아 별좌別坐 이명생李命生의 상소가 올라왔다. 몰래 올렸다는 내용이라는 것이, 웃전 갈아치운 일본과 상종하면 앞으로 어떻게 세상을 다스릴 것이냐며, 일본 사신을 잡아놓고 명나라에 알려서 정벌하잔다. 참 나. 이런 걸 대책이랍시고 비밀리에 올려? 왜놈들이 알아서 좋을 일이야 없겠지만, 지들 하자는 대로 하면 얼마 가지도 못할 비밀인데….

답답한 소리나 늘어놓은 상소에 속이 뒤집힌 선조에게 또 다른 걱정거리가 몰려왔다. 이러다가 정말 왜놈들과 전쟁이라도 벌어진다면? 대책 없는 소리 늘어놓던 작자들이 지들 말 듣지 않아서 이렇게 되었다고 난리 치겠지. 생각만 해도 피곤하다. 어쨌든 대책은 필요할 것 같다.

저녁때쯤 되어 선조는 편전에 나왔다. 어차피 경연經筵은 해야 하니, 이걸 빌미로 대책이나 들어보자. 그래서 주제도 『통감강목通鑑綱目』의 동한 헌제기東漢獻帝紀로 잡았다. 참찬관參贊官 황섬黃暹, 시독관侍讀官 홍인상洪麟祥, 검토관檢討官 조인득趙仁得, 기사관記事官 정기원鄭期遠이 참석해 있었다.

경연 자체에서는 유비劉備·손권孫權·조조曹操 들먹이며 어쩌니 저쩌니 했지만, 이건 서론일 뿐이고…. 진짜 중요한 이야기는 강의 끝나고 나오기 마련. 처음에는 '대간에게 너무한다' 하는 얘기만 나왔다.

선조는 원하는 이야기를 듣기 위해 슬쩍 말을 돌렸다. '최근 오래도록 경연에 나오지 못하였는데, 백성들의 어려움에 대하여 달리 들은 바가 있는가?'라며. 특히 서쪽 지역의 사정을 강조했다. 이 얘기를 하다 보면 전쟁 대비 태세에 대한 이야기도 자연스럽게 나오겠지.

조인득이 나섰다. 지금 곽산郭山·용천龍川·숙천肅川·박천博川·안주安州·의주義州 등의 고을에 기근이 매우 심하다고 한다. 백성이 다 고향을 떠나 떠도는데 서울 근처의 고을까지 그러하단다. 누더기 옷에 거적자리를 걸친 자들을 만나 물어보았더니, 모두 빌어먹는 유민流民들이었고, 사정이 너무 애절하여 차마 들을 수 없을 정도란다. 전쟁 나면 군량 조달이 어렵다는 얘기가 되는군. 그렇다고 노골적으로 얘기할 수는 없는 노릇이니…. 선조는 말을 슬쩍 돌렸다.

"백성에게 비축된 곡식이 없으므로 겨우 한 해의 흉년만 만나도 그처럼 구제하기 어렵게 되는 것이다."

그랬더니 황섬이 나선다. 지금 사치 풍조가 만연해서 그러니, 위에서부터 검소하게 사는 모범을 보이란다. 홍인상도 거든다. '그러한 폐단이 하늘의 재변災變보다도 더 심하다'라는 옛사람의 말을 상기하란다. 결국 윗대가리들이 사치스러워 이런 사태가 벌어졌다는 거군. 얘기를 이런 식으로 끌고 가려는 게 아니었는데, 어떻게 말을 꺼내도 지들 편리한 쪽으로 끌고 가는 재주 하나는 귀신같다. 참지 못한 선조가 본론을 꺼냈다.

"승지는 오늘 이명생의 상소를 보았던가?"

이 정도면 딴 쪽으로 끌고 가기 어렵겠지. 황섬이 답을 주었다. 승정원에서 그 내용을 보았는데, 들어줄 수 있는 것은 아니라고 답한다.

"어찌하여 그렇다고 생각하는가?"

황섬이 대답했다.

"시행할 만한 계책도 아니고, 말만 나올 것이기 때문입니다."

"소문이 난들 무슨 상관이 있겠는가. 차라리 왜인들에게 그런 말을 흘려보는 것이 좋지 않겠는가? 나는 그들의 사신이 온 속셈도 알지 못하는 상황이다."

황섬이 자신의 해석을 내놓았다. 왜인들이 우리나라에 자신들의 존재를 부각시키려는 데 불과하다는 것. 별것 아닐 테니 신경 쓰지 말자는 소리네. 그러면서 황섬은 슬쩍 말을 돌렸다. 일본 사신을 받지 말라는 당초의 전교는 만고萬古의 도덕적 기강을 잡자는 것이니 지극히 지당하다. 그러나 왜의 사정은 추측할 수 없어 자기도 잘 알 수 없단다.

홍인상이 거들었다. 임금을 시해한 역적은 보이는 대로 베어야 한다. 어찌 용납할 수 있겠는가. 그렇지만 바다 건너 사나운 족속들은 중국의 예의로 책임을 물을 수 없다.

찬탈 용납할 수 없다는 얘기는 잘 알아듣는군. 이건 왜인들 문제가 아니니까. 선조는 마지막으로 하고 싶던 이야기를 꺼내놓았다.

"그렇다. 그들이 와서 우리의 사신을 청하는 데는 반드시 그 속셈이 있는 것이니, 그 실정을 파악해서 잘 처리하는 것이 좋다."

황섬이 또 나섰다.

"지금 온 사신은 우리나라에 자주 왔던 자로 용렬한 무인일 뿐입니다."

무식한 칼잡이들이라 얘기가 안 풀리는 건가? 선조는 우려하던 점을 꺼냈다.

"그들 나라에 문자를 알고 있는 중[僧]도 없지 않을 텐데, 그런 중을 보내 수호修好를 청하지 않고 칼잡이 보낸 이유가 있을 것이다. 우리나라의 사신을 청하다가 허락을 얻지 못하면, 이를 핑계로 싸움을 일으킬지도 모를 일이다. 어떻게 생각하는가?"

또 황섬이다.

"우리에게 실수가 없으면 그만입니다. 왜인들의 입장까지 생각할 것이 있겠습니까. 지금 온 사신에게 원대한 계략은 없는 듯하니, 그저 찾아온 자는 거절하지 않는다는 의리로써 대우할 뿐입니다."

홍인상도 또 나섰다. '나라가 튼튼해서 대비가 허술하지 않다면, 저들이 아무리 흉계를 꾸민다 하더라도 염려할 나위가 없지만, 지금 나라가 병들어 그 뿌리가 흔들린다. 그래서 조그마한 도적을 만났어도 그 수모受侮가 적지 않았는데, 큰 도적을 만나면 어려움이 클 것이니 임금과 신하가 밤낮으로 노력해야 할 일'이란다.

그런 뻔한 소리 말고 좀 뾰족한 대책을 듣고 싶었는데, 항상 이 모양이다. 저렇게 구렁이 담 넘어가듯이 넘어가기만 하니, 뭐가 될는지.

1588년 2월

선조는 사헌부의 상소를 받았다. 지난번 일본 사신들에게 연회를 열어주었을 때 일어났던 사건으로 예조禮曹의 요인들을 처벌하라는 내용이다. 상종하고 싶지도 않은 왜놈들에게 우롱까지 당하게 한 사건이니 처벌하기는 해야겠지. 왜놈이 던져준 물건 서로 갖겠다고 싸웠다고 하니 기강이 무너지기는 무너졌나 보다. 선조는 귀찮다는 듯이 한마디 던졌다.

"그리하라."

1588년 3월

중추부中樞府에서 열린 회의의 결론이 나왔다. 일본에서 보내달라는 통신사通信使, 보내지 말자고 한다. 동·서반 2품과 육조의 참의參議 이상이 참석한 회의에서 나온 결론이니, 군소리 없겠지. 선조는 한껏 위엄을 갖추어 선언했다.

"의결에 따라 시행하라."

이렇게 결론짓고 나니 후련하다. 그렇지만 걱정도 된다. 상종하고 싶지 않은 일본의 사신 받아준 것도, 교류 끊었다는 핑계로 분탕질 칠까 봐 그런 건데. 보내달라는 사신을 보내주지 않으면 정말 난리를 치를지도 모르겠다.

그래서 선조는 비변사에 죄지은 자 중에서도 쓸 만한 무사武士를 추천해놓으라 했다. 난리가 터지면 뇌물 좀 받았거나 농땡이 핀 게 문제가 되지는 않겠지. 성적이 좀 떨어지는 자들이야 뭐….

그러자 비변사에서는 왜변을 대비하여 조방장助防將을 두자는 제의를 해왔다. 그런데 왜 하필 이의李艤냐? 이 녀석 부산첨사釜山僉使로 있었을 때, 문제 있다고 보고 올라왔는데…. 이렇게 인물이 없는 거냐, 아니면 능력 있는 녀석은 아예 천거도 하지 않는 거냐. 짜증이 난 선조는 비변사에 명을 내렸다.

"장수에 적합한 사람을 임명하지 않으면 병사들을 적에게 던져주는 셈이다. 전에 차출된 장수들을 보니 적합하지 않은 자가 많다. 큰일을 그르

친 뒤에 후회하는 것은 아무 소용이 없다. 이의처럼 보루堡壘 하나 제대로 관리하지 못해 말이 나온 자를 다시 조방장 같은 자리에 임명한다면 사기에 문제가 생길 것이니 변기邊璣로 대체하라.”

명을 내린 선조는 생각을 가다듬었다. 변기라는 녀석 모략을 심하게 당했던데, 이런 녀석이 차라리 나은 경우가 많더라.

1588년 4월

선조는 또 골치 아픈 보고를 받았다. 성주星州 팔거현八莒縣에서 일본 객인客人(조선 때 무역하러 와서 특별한 대우를 받던 일본인)을 형편없이 접대했단다. 안 그래도 문제 생길까 봐 마음 졸이는구먼, 이런 일까지 생기나. 게다가 뒤처리가 가관이다. 이 문제에 책임이 있는 지역 색리色吏들에게 제대로 책임 추궁도 못 했단다. 그러고도 감사監司에게 대충 떠넘겨버렸다고? 사소한 일이라고 그냥 넘겨버릴 수는 없겠다. 선조는 잊지 않도록 글을 써서 승지에게 넘겼다. ‘이웃 나라 사신을 접대하는 책임이 가볍지 않은데, 이를 엉망으로 처리한 점을 그냥 넘길 수 없다. 더구나 그 색리를 잡아들여 죄를 추궁하지 않은 무능은 더욱 용납할 수 없다.’

1588년 윤6월

남병사南兵使 신립이 이달 20일에 고미포古未浦의 오랑캐 부락을 정벌해서 전과를 올렸다는 장계를 올려왔다. 이자는 여전히 믿을 만하군.

그런데 북병사가 올린 장계는 뭔가? 온성 하늘에 불덩이 같은 것이 나타났다니? ‘불덩이 하나가 나타났는데, 마치 사람이 원방석圓方席에 앉은 것 같기도 하고 또 활과 화살을 휴대한 것 같기도 하였으며, 공중을 날아 북쪽으로 향하였다. 뒤이어 천둥이 쳤는데 얼음이 쪼개지는 듯한 소리가 나고 뜨거운 바람이 사람의 낯을 데웠다'라고 한다. 안 그래도 뒤숭숭한 데…. 좋은 소식이 있으면 나쁜 소식도 있는 법이니, 별거 아니겠지. 선조는 애써 좋은 방향으로 생각하기로 했다.

1588년 윤6월 28일

정언正言 신잡申礁이 찾아왔다. 사맹司猛 평렴계平廉繼라는 일본 사신이 충주忠州에서 하인下人에게 구타를 당했단다. 이건 또 뭔가? 요즘 왜놈들이 골치 아프게 굴어서 그런가? 생각 같아서는 잘했다고 하고 싶지만, 그렇게까지 하다가는 후환이 생길 것 같고. 신잡은 목사牧使와 판관判官을 파직하자고 한다.

"그리하라."

선조는 입맛을 다셨다. 왕이라고 마음대로 할 수 있는 것도 아니고 참.

1588년 10월

사간원의 상소를 받아본 선조는 짜증이 났다. 남도병사南道兵使 신립이 가을파보加乙波堡의 졸병 하나가 자기 직속상관을 모욕했다 하여 목을 베었단다. 전시戰時가 아니면 내릴 수 없는 처벌을 내렸으니 파직하라는 거다. 내가 아끼는 자인 걸 알 텐데…. 일단 무시했는데, 자꾸 상소가 올라온다. 벌써 세 번째인가? 또 안 된다고 하면 다시 올리겠지? 선조는 고민했다. 생각 같아서는 간관諫官들을 한번 요절내고 싶다. 하지만 그랬다가는

다 들고 일어나겠지? 선조는 결정을 내렸다.

"윤허하노라."

까짓것, 잠시 쉬라고 하지. 어차피 또 불러올리면 그만이니. 그런데 며칠 후 사헌부에서 또 상소가 올라왔다. 무능한 회령부사會寧府使 양대수楊大樹를 갈아치우고, 공무로 의주義州에 내려갔던 예조禮曹의 서리書吏 전운田耘이라는 자를 때려죽인 심우승沈友勝을 잡아 가두라는 말과 함께, 조정에 알리지 않고 제 마음대로 참형을 집행한 신립도 잡아다 국문하란다.

선조는 화가 치밀어 올랐다. 신립은 왜 이렇게 못 잡아먹어 안달을 하는지. 내가 아낀다는 점을 아니까 더 그런 것 같다. 이것들이 보자보자 하니까…. 그렇게는 못 하겠다. 선조는 답을 내렸다. 공무로 내려간 서리를 때려죽인 건 너무했으니, 심우승이라는 자는 하자는 대로 해주겠지만.

"양대수와 신립에 대한 요청은 윤허하지 않는다. 병사를 벤 일이 비록 지나치기는 하나 수졸의 죄도 있다. 장수가 휘하 군졸에게 적절하지 못한 조치를 취하였다고 국문까지 할 수 있겠는가. 심우승에 대하여는 아뢴 대로 하라."

그런데 며칠 후, 의미심장한 보고가 올라왔다. 지난해 겨울 북병사 이일이 조산造山의 토병土兵 송천수宋千壽 부자父子가 적과 내통했다는 이유로 목을 벤 다음에 보고했고, 경원부사慶源府使 한극함韓克諴은 졸병이 복종하지 않는다고 상관에게 보고도 않고 목을 베었다는 보고다. 선조의 입가에 묘한 미소가 떠올랐다.

"이들의 죄는 신립과 같으니 달리 처벌할 수 없다. 아울러 파직하라."

1588년 11월 8일, 석강

석강夕講이야 늘 하는 거지만 요즘 분위기가 심상치 않다 싶었는데, 아니나 다를까 며칠 전 있었던 이일과 한극함의 파직 문제가 거론되었다. 이 문제에 병조판서 정언신鄭彦信이 나선다. 대간臺諫이 신립의 파직을 주청한 것은 법에 의거한 말인데, 이미 지나간 일까지 문제 삼아 이일 등을 파직시키니 임금과 신하들이 서로 맞서는 것 같다. 북쪽 변방에 쓸 만한 사람도 몇 되지 않는데 한꺼번에 파직시키면 사기에 악영향을 줄까 봐 염려된단다.

그러면 이일이 한 짓은 법에 안 걸리는 거냐? 뭐 지나간 일을 문제 삼았다고? 왜 신립이 한 것도 한동안 가만두면 지나간 일 될 텐데. 지들 패거리가 한 짓은 묻어서 지나간 일 만들어버리고, 지 패거리 아니면 악착같이 들춰서 잘라야겠다?

선조는 속이 뒤틀렸지만 내색하지 않았다. 정언신은 계속 제 할 말 해댄다. 북도의 일뿐 아니라, 평안도의 일 또한 걱정이 된단다. 만포진滿浦鎭 첨사 조대곤曺大坤, 강계江界 부사 이태형李泰亨, 창성昌城 부사 김제갑金悌甲 모두 나이가 많은 부패한 유학자들이니 무슨 일을 하겠느냐는데….

수찬修撰 김신원金信元이 거든다. '임금께서 서방西方의 일을 걱정하여 강계·창성에 문관文官을 보낸 일은 매우 좋은 뜻이다. 그러나 활쏘기·말타기에 능한 젊은 문관을 추가로 보내야 하고 각 보堡의 장수는 무사武士를 가려서 보내는 것이 좋다.' 이건 또 뭐해달라는 건가?

정언신이 또 나선다. '강하고 날카로운 사람을 원한다면 홍여순洪汝諄이 적합하다'라고 한다. 아, 이거였어? 홍여순은 강계부사로 있던 시절 감사監司와 갈등을 빚고 파직당했던 인물인데, 이 틈에 구제해주자? 선조도 입을 열었다.

"우리나라의 문관이라는 자들은, 군대를 돌보는 일도 자기 업무라는 점을 모르는가. 평상시에는 임무를 수행하다가 어려움을 만나면 달아나곤 한다. 그저 시간만 때우자는 식이다."

이 정도 얘기하면 알아듣기는 하려나? 선조는 정언신에게 한마디 더 보탰다.

"나의 생각에는 북진北鎭을 보전하지 못할 것 같으니, 판서判書는 기탄없이 말하라."

정언신이 놀라 묻는다.

"어찌 갑자기 그런 말씀을 하십니까?"

"임금과 신하 사이에 숨길 말이 있겠는가. 오랑캐들은 편안히 살고 있는데 우리나라 병사와 백성은 살기가 어려워 자식을 낳아 돌무더기 속에 버리는 자까지 있다 하니, 아무리 한신韓信과 백기白起같이 유능한 자를 보내 지키게 한들 소용이 있겠는가. 판서 및 신립과 이일 같은 이들이 일선에 있을 적에는 그런대로 지탱할 만하였다. 명장名將이 항상 상주해 있지 못하기 때문에 저들 중에 유능한 자가 나온다면 마운령磨雲嶺 이북은 저들 것이 되고 말 것이다."

서로 물고 뜯는 짓 좀 그만하라는 얘기다. 선조의 속내를 알아차렸는지, 석강에서는 더 이상의 이야기가 나오지 않았다. 하지만 효과는 바로 나타났다. 며칠 후 함경감사 권징權徵의 상소가 올라온 것이다.

"북병사 이일의 명성이 오랑캐들에게 이미 알려져 있는데, 갑자기 파직

되어 변경 장수들이 두려워하고 있습니다. 계속 있게 해달라고 감히 청하는 것이 불가한 줄은 잘 알고 있으나 사태가 절박하여 황공하게도 감히 아룁니다.”

선조는 빙긋 웃었다. 그래 눈치 좀 주면 알아듣는 자들이 나오게 마련이지. 선조는 곧 명을 내렸다.

“현지에서 직접 상황을 살피고서 이와 같이 장계를 올린 것이니, 조정은 잘 의논하여 처리하라.”

곧 이일을 그대로 두자는 비변사의 보고가 올라왔다. 선조는 전교를 빙자해 훈계를 했다.

“변방 장수를 교체하건 그대로 두건 그 문제는 조정이 결정할 일이고 외신外臣이 왈가왈부할 일이 아닌데, 감사가 그것을 몰라서 지금 이런 장계를 올렸겠는가? 그만큼 사태가 절박하다는 뜻이 아닌가. 배우지 못한 사람들의 말에도 귀를 기울여야 할 판에, 감사의 의견을 무시할 수 없다. 그만두게 하랬다가 곧바로 유임시키는 것이 조정에 대한 신뢰를 해치기는 할 듯하나, 그렇다고 국사를 그르칠 수 없으니 이일을 그 자리에 두도록 하라.”

선조는 이일에게도 글을 내렸다. 우리끼리의 기 싸움에 말려든 거 안되기는 했으니 대충 달래놓자.

‘병사兵使가 한 도道의 군사를 통솔하는 위치에 있지만, 전시가 아니면 사람을 마음대로 죽일 수 없는 것이 국법이다. 요즈음 그 일로 조정에서 말이 많았다. 경卿이 전번에 조정에 알리지 않고 송천수 부자를 벤 것은 실수라 아니할 수 없어 파직시켰지만, 법의 원칙을 세우자는 것뿐이었다.

경이 북방을 잘 지켜서 오랑캐들이 무서워한다고 하기에 내가 가상하게 여겨 그 자리에 있도록 명을 내리니, 나의 지극한 뜻을 알아서 더욱더 맡은바 임무에 전력을 기울이라.'

　하는 김에, 권징에게도 한마디.

　'경의 장계를 보았다. 이일이 송천수 부자를 죽인 일이 나쁜 전례를 남길까 봐 책임을 묻지 않을 수 없어 파직시켰다. 그런데 이번 경의 장계를 보니 사세가 급박하여 이일이 아니면 반역을 저지른 오랑캐를 진압할 수 없다고 하였기에 조정과 의논하여 이일을 그 자리에 두는 바이니, 경은 나의 뜻을 잘 이해하라. 이후에도 군의 중요한 문제에 잘못 처리된 점이 있거든 개의치 말고 다 말하라.'

　선조는 속으로 씩 웃었다. 이렇게 하면 대충 수습이 될 것 같고, 신립 잡아다가 국문하자는 말은 더 안 나오겠지.

제2장

전쟁 전야

어긋난
첫 단추

1588년 11월 17일

선조는 또 머리를 싸매 쥐었다. 하루 이틀 된 문제는 아니지만, 한동안 잠잠한 것 같았던 왜와의 문제가 또 수면 위로 떠올랐다. 계기는 전라도 좌수영 진무全羅道左水營鎭撫 김개동金介同과 이언세李彦世 등이 지난해 봄 손죽도損竹島 싸움에서 왜놈들에게 잡혀가 남번국南蕃國에 팔려갔다가 중국으로 도망친 데에서 시작되었다. 이들은 중국에서 조사를 받고 북경北京으로 이송되었는데, 이번에 사은사謝恩使로 파견된 유전柳㙉이 돌아오는 길에 사신단을 따라왔다. 그런데 이들이 전해온 내용이 작년 사건을 다시 끄집어 올린 것이다.

이들이 전해온 내용을 들으니 사화동沙火同이란 자를 가만히 두면 안 될 것 같다. 진도珍島 출신이라는데, '왜의 풍속과 인심이 매우 좋아 살 만하다'라고 선동했단다. 더 기분 나쁜 건 왜가 살기 좋으면 저 혼자 조용히 살지, '조선은 부역賦役이 매우 고되고, 한도 없이 착취를 해가니, 여기서 살자'라고 선동까지 했다는 점이다. 요즘 관리들 착취가 심하다는 점이야 알고 있었지만, 이런 정도였나? 그래도 사화동이라는 자를 용서할 수는 없다.

지난해 초, 손죽도에 쳐들어온 것도 자기가 인도해준 것이라고 털어놓았다니. 이건 작은 도적떼 수준은 아닌 것 같다. 사화동이 사는 섬 이름이 오도五島라는데, 둘레가 며칠 길이 되고 사람이 꽉 들어차 하나의 큰 고을 [州] 수준이란다. 우리나라 사람이 꽤 많이 잡혀가 있고 배까지 500여 척을 빼앗겼다고? 전라우도全羅右道의 복병선 전부를 빼앗아가서 그렇단다. 배에 실려 있던 활·화살에 총통까지 빼앗겼다고? 그나마 다행이다. 사용할 줄 몰라 쌓아두기만 하다가 아이들의 장난감이 되었다니. 그렇다고 해도 이대로 놔두면 위험할 수도 있겠다.

그런데 얼마 후 일본에서 평의지平義智(종의지宗義智=소 요시토시)·현소玄蘇(겐소)라는 사신을 보내왔다. 이번에 사신이 바뀐 이유는 수길秀吉이 귤강광을 죽였기 때문이라 전해 들었다. 듣자 하니 평의지라는 자는 일본 장군 평행장平行長(고니시 유키나가)의 사위로서 수길의 심복이라고 한다. 대마주 태수對馬州太守 종성장宗盛長은 대대로 우리나라에 복종해왔는데, 그런 자리를 평의지 같은 자가 차지했다니 좋은 조짐은 아닌 것 같다.

지난번 귤강광이 돌아갈 적에 '수로水路가 험해서 사신 보내는 것을 허락하지 않는다'라고 했더니, 수길이 크게 화를 내며 귤강광의 일족을 멸족시켰다고 한다. 귤강광이 우리나라 편을 들어서, 수길이 원하는 대로 되지 않았다는 의심을 받아서였다는데…. 그리고 보면 귤강광이 건방져서 그렇지, 나쁜 놈은 아니었나 보다.

이번에 수길이 종씨宗氏를 제거하고 평의지를 그 자리에 대신 앉히려고 한다는 소리가 들린다. '평의지는 도주의 아들로 바닷길을 잘 알아 사신 일행을 인도하려고 보낸 것'이라 했다. 사실은 정탐하러 왔겠지. 이자를 현소와 평조신平調信(야나가와 시게노부)이 수행하고 있다고 한다. 현소의 역할은 모사謀士이고 조신調信의 역할은 호위무사라는데….

그런데 이 평의지라는 자 보통은 넘는 것 같다. 이조정랑 이덕형李德馨이 맞아 한양으로 데려오며 보았다는데 나이도 젊은 녀석이 사나워서, 다른 왜인이 무릎걸음으로 다니며 감히 쳐다보지도 못한다고 한다. 이 녀석, 사신을 보내준다고 할 때까지 동평관東平館에서 버틸 심산인 것 같다. 벌써 오랫동안 머물고 있는데, 갈 생각을 안 한다. 이 녀석 때문에 조정에서도 골치를 썩이고 있다.

그런데 누군가가 좋은 생각을 내놓았다. 손죽도 문제를 사신 보내주는 것과 연결시켜 해결하자는 것이다. 사화동을 비롯한 반역자들과 잡아갔던 우리 사람들을 돌려주면 사신을 보내주겠다고 해보자는 의도다. 좋은 생각 같다. 잘되면 손해 볼 것 없는 사신 파견과, 백성 되찾고 반역자 잡아들이는 것을 바꾸는 셈이 되니까. 그리해보라 했으니 곧 답이 있겠지.

1589년 3월, 쓰시마

작년, 양아버지 소 요시시게의 죽음으로 그 자리를 이어받게 된 소 요시토시는 새 도주로서의 포부 같은 것을 생각해볼 엄두조차 나지 않았다. 빌어먹을 히데요시. 예상했던 일이기는 하지만, 요즘 히데요시에게서 들어오는 압력이 점점 강해지고 있다. 조선국왕의 입조入朝가 2년씩이나 이루어지지 않고 있으니, 이번 여름에 직접 조선으로 가서 실현시키란다.

정말 환장하겠다. 히데요시가 보낸 국서國書에 '짐朕'이라는 말이 들어가 있다는 것만으로도 펄펄 뛰던 조선이다. '국왕이 직접 입조해오라'라는 것이 히데요시의 요구라는 점을 조선이 알게 된다면 어찌 될까? 요시토시는 진저리를 쳤다. 말하나 마나 그리되면 모든 관계는 파탄이다.

그런데 더 환장할 일은, 상황을 이렇게 만들어놓은 게 바로 자신이 자청한 일이라는 점이다. 이렇게라도 해야 했던 자신의 처지가 저주스러울 정도다. 원래 히데요시는 조선국왕이 입조해오지 않는다며, 가토 기요마사加藤淸正와 장인인 고니시를 중심으로 한 원정군을 구성하여 당장 조선으로 쳐들어가려 했었다. 이걸 막자니, 내가 직접 조선과 교섭해보겠다고 나설 수밖에 없었고….

내가 정말 잘한 건지 모르겠다. 일단 시간은 벌어놓았지만, 가능할 것 같지 않은 교섭을 해보겠다고 나선 꼴이니…. 시간만 벌었을 뿐, 어차피 안 될 일을 벌인 건 마찬가지 아닐까? 이런 게 장인이 떠받드는 야소耶蘇(예수)가 주는 시련이라는 걸까?

1589년 6월

선조는 이덕형에게 보고를 받았다. 일본에서 온 사신들이 이런저런 선물을 가지고 오면서 '이번에는 통신通信을 위해 나왔다'라고 했단다. 이덕형의 보고는 보내온 선물을 조정에 보고하고 처리하겠다는 거지만, 이것들이 겨우 선물이나 주자고 오지는 않았겠지. 일단 만나는 보자. 그래야 속셈을 알 수 있을 테니.

1589년 7월 29일

일본과의 문제로 골치를 썩이던 선조에게 다소 엉뚱한 보고가 올라왔다. 선산善山 부사府使 윤희길尹希吉을 파직시키라는 장령掌令 윤섬尹暹의 상소다. 지난번 왔던 일본 사신 일행 중 어떤 자가 수로水路를 따라 물품을 가지고 올라오다가 선산에 도착했을 때, 이를 맞던 전도 군졸前導軍卒이 관례대로 말을 달려 지나갔단다. 이게 일본 사신들의 비위를 건드려 열어준 잔치가 파행이 났는데, 사태를 수습해야 할 윤희길이 일본 사신에게 겁을 먹고 애걸했단다. 이렇게 나라 망신을 시켰으니 파직하라는 내용이다.

이제는 이런 일로도 속을 썩이나? 그러고 보면 왜인들에게 약한 모습 보이는 것이 심하게 비난받는 원인인 것 같다. 왜놈들에게 기죽어 좋을 것이야 없겠지만, 윽박지르는 것으로만 해결될 것 같지는 않은데…. 그래도 내막을 파헤쳐볼 엄두는 나지 않는다. 속사정을 모르겠지만, 일단 하자는 대로 해두자. 선조는 그대로 윤허한다는 답을 내렸다.

1589년 8월 1일, 석강

선조는 석강에 들어가며 복잡하게 머리를 굴렸다. 늘 하는 것이지만, 오늘은 좀 잘 이용해보자. 오늘 주제는 『강목綱目』이다. 핑계 김에 잘됐다. 왜놈들 때문에 골치 아픈데, 대책 좀 세워볼 빌미가 될 수 있을 테니. 선조는 변협邊協에게 촉한蜀漢의 사례를 들어 슬쩍 떠보았다.

"병가兵家에서 공격자와 방어자의 입장이 같지 않다고 하는데, 촉한의 사례를 통해 보면 어떤가?"

변협이 답했다.

"미리 대비해놓고, 먼 길 오느라 피로한 군사를 기다리는 데에서 차이가 나는 것인데, 촉한은 제대로 대비하지 못해서, 종회鍾會가 갑자기 침입했을 때 이점을 가지지 못한 것입니다."

말 잘했다. 선조는 변협의 말을 빌미로 정말 궁금한 것을 물었다.

"옛날에는 우리나라가 성을 지키는 데 능하였는데, 지금은 하루 이틀도 버티지 못할 것으로 보니 어떻게 된 것인가?"

변협의 대답이 적나라하다. '인심이 옛날과 달라 임금을 위해 죽으려는 마음이 없기 때문'이란다. 고려의 박서朴犀와 김경손金慶孫, 장순張巡을 들먹이며 군사가 아무리 많아도 인심을 얻지 못하면 소용없단다. 뻔한 원론이지만, 결론은 내가 인심을 잃었다는 얘기군. 기강이 엉망이라는 얘기로 돌리면 좀 민망해할까? 지가 관련되어 있던 일이니….

"지난 을묘년에 왜적이 쳐들어왔을 때 이덕견李德堅이 항복했었던 사실에 대해 경은 알고 있을 것이다."

변협은 술술 털어놓는다.

"그해 5월 9일에 감사監司는 해남海南에 들러 강진康津으로 향하고 있었고, 소신小臣은 군량을 계산하는 일로 밤중까지 공청公廳에 앉아 있었습니다. 그런데 갑자기 왜적이 쳐들어왔다는 보고가 들어왔습니다. 감사가 정예 병사를 뽑아 달량達梁을 구원하라 하기에 신이 100여 명을 거느리고 출발했습니다. 그러다가 길에서 가리포加里浦에서 배 만드는 사람을 만났는데, '왜적에게 생포되었는데 그들의 배에 오르게 하여 무기들을 구경시키고 나서 놓아주었다'라는 말을 들었습니다. 신이 병사兵使에게, 가리포·어란魚蘭·달량이 위태롭게 되었으니 빨리 군사를 나눠 구원해야 한다고 했더니, 병사가 신에게 어란 쪽으로 가라고 하였습니다. 달량은 포위되어 연기가 3일 동안 하늘을 덮을 정도로 왜적들에게 노략질을 당했습니다. 달량이 함락된 뒤 이덕견이 혼자서 찾아와 '왜적과 모처에서 서로 만나기로 약속하였으니, 군사를 일으켜 그곳에서 기다리도록 하라'라고 하기에, 신은 그의 말을 감사에게 보고했습니다. 그런데 감사가 임금께 이 사실을 아뢴 다음 그를 베도록 명하신 것입니다."

그래? 너는 시킨 대로 했을 뿐이다? 일단 그렇다 치고. 그때 상황부터 파악해보자.

"그때 왜적이 얼마나 되었는가?"

"배 70척에 군사가 약 6,000명쯤 되었습니다."

"수만 명이 쳐들어올 기미는 보이지 않던가?"

"왜선倭船은 중국 배처럼 크지 않아서 한 척에 100명밖에 실을 수 없습니다. 100척이면 1만 명이니 1만 명 이상 파견하기가 어려울 겁니다."

"혹시 변방 여러 지역 여기저기를 나누어 점령한 다음, 원군을 기다려 또 다른 곳을 점령하는 작전을 펼 가능성은 없겠는가?"

"침략해오는 입장에서 그렇게 하기는 곤란할 것입니다."

그 말에 유대진俞大進이 반론을 펴고 나섰다.

"임금의 말씀이 지당하십니다. 『동국통감東國通鑑』에 의하면 평안·함경 등 그들의 발길에 닿지 않은 곳이 없어, 세종 말년에 33척이 비인庇仁을 침범하였고 38척이 해주海州를 침범한 적도 있었습니다."

한 방 먹었지? 선조가 고소해하고 있는 사이, 변협이 기를 쓰고 변명하려 한다.

"그때는 왜인이 우리나라 해로海路를 잘 알고 있어서 가능하였지만, 지금은 해로를 알지 못하기 때문에 충청도에는 들어오지 못할 것입니다."

그걸 변명이라고 하냐?

"그럴 리가 없다. 우리나라의 사정을 저들이 죄다 알고 있는데, 우리가 전라도에만 신경 쓰다가 다른 도道로 쳐들어오면 어찌할 것인가?"

변협 녀석 끝까지 나댄다.

"작은 규모의 왜적이라면 천성天城·가덕加德 같은 곳이 염려되지만, 규모가 크다면 어느 곳엔들 들어오지 못하겠습니까."

결국 마음먹고 전면전 벌이면 아무 데나 쳐들어 올 수 있다는 얘기네. 그걸 걱정해야 할 것 같아서 말 꺼낸 건데, 쓸데없는 소리나 늘어놓기는. 이제 슬슬 진짜 걱정되는 문제를 꺼내보자.

"저들에게 화친을 단절할 기미가 있어 보이던가?"

"대마도가 우리에게서 후한 대접을 받아온 터라 가까운 관계인 줄 알고 있을 것이니, 굳이 이들을 내세운 점을 보아 화친을 단절하지 않으려는 의도인 것 같습니다."

이 녀석은 계속 근거 없이 낙관이네. 뭘 믿고.

"그게 대마도 마음대로 되는 것이 아니지 않는가. 만약 화친이 깨진다면 문제가 커질 것이다."

변협이 끝까지 나선다.

"그렇습니다. 그들이 많은 병력을 동원하지 않더라도 적은 병력으로 계속 침략해온다면 곤란해질 것입니다. 더구나 아래쪽 삼도[下三道]는 왜적 세상으로 변하였으니, 쳐들어오는 것 자체를 두려워하는 것이 아니라 희생이 커지는 사태가 두려운 것입니다. 그런 측면에서 지금 사신들이 가지고 온 물품이 많은지 적은지 보아야 할 것입니다. 만약 많다면 이익을 취하기 위한 것이니 다른 속셈이 없는 것이고, 적다면 진짜 걱정을 해야 할 것입니다."

그래도 이 말은 쓸 만하군.

"가지고 온 물품이 적다고 한다. 이번에 온 부사副使에 대해, 누구는 능력 있는 사람이라고 하고 누구는 대마도주의 아들이 아니라 국왕國王의 아들이라고 하는데, 어떤 것이 사실인가?"

이것도 변협이 답한다.

"절대 대마도주의 아들은 아닙니다. 아무리 국왕의 피붙이라 하더라도 그 정도로 사치스럽다면 사려가 깊지 못한 자입니다."

그럼 이 녀석 정체가 뭐라는 얘기냐.

"아무리 엉망인 그들이라 한들, 제 아비를 다른 사람이라 할 리야 있겠는가. 또 서둘러 사신을 보내달라 하는 것은 무슨 뜻인가?"

"우리와 관계를 과시해서 불안해진 자기네 백성의 인심을 진정시키려는 것인지, 우리에게 혼선을 빚게 만들려는 것인지 모르겠습니다."

그렇게 아는 게 없으면 대책이 나오겠냐? 좀 더 구체적으로 끌고 가보자.

"이쪽에서 통신사는 보내지 않고, 선물이나 두둑하게 주어 회유하는 것이 어떻겠는가?"

변협은 반대하지 않는다.

"의장衣章 같은 물품을 하사하는 것이 좋을 듯합니다."

그런 김에 한번 직접 보면서 알아볼까?

"그들을 접견하는 것이 어떻겠는가?"

변협은 계속 찬성이다. 내 비위 맞추려는 건가?

"이미 문서가 오고 갔으니, 접견하신들 무엇이 해롭겠습니까. 궐에서 잔치를 열어 먼 길 온 사람을 포용하시는 도량을 보이시는 것이 좋겠습니다."

말을 한번 바꿔볼까? 다른 녀석 말도 한번 들어볼 겸.

"보통 때에야 통신사를 보내는 것이 무엇이 어렵겠는가마는, 지금은 제 임금을 시해한 역적이라 곤란하다는 것이다. 경연관經筵官은 어떻게 생각하는가?"

허성許筬이 나선다.

"제 임금을 시해한 역적을 인정해주지 못하겠다는 뜻은 불변의 진리이고 인륜을 바로잡으려는 뜻이 지극하십니다. 다만 싸움이 계속 일어나 변방이 불안할까 염려되니, 산 사람을 위한 계획도 생각해야 합니다. 저들이 임금을 시해하는 악행을 저질렀다 한들 우리에게 무슨 영향이 있겠습니까. 신의 생각에는 그들과 교빙交聘하는 것도 괜찮다고 여깁니다."

저놈들 하는 짓 보고 나 쫓아내려는 놈 나오면 어쩌려고. 쳐들어오면 자신이 없다는 얘기야, 아니면 임금 죽이는 풍조가 생기든 말든 알 바 아니라는 얘기야?

"그런 생각은 문제가 있는 듯하다."

허성은 눈치가 심상치 않다는 점을 느꼈는지, 계속 사신 보내야 할 필요성에 대해 역설했다. 그러자 변협이 또 나섰다.

"지난 정해년 때의 전라도 인심을 보면, 수령은 장수의 명을 따르지 않고 백성은 수령의 영을 따르지 않는 상황이었습니다. 지금 이일을 보내더라도 임금께서 기강을 세워주지 않는다면, 이런 풍조를 뿌리 뽑지 못할 것입니다."

결국 쳐들어오면 자신이 없으니, 무난하게 넘어가자는 얘기인 것 같다. 나라꼴이 한심하게 되었군.

1589년 8월 4일

며칠 동안 일본에서 온 사신 문제로 고민하던 선조는 나름대로 결심하고 도승지 조인후曺仁後에게 명을 내렸다.

"일본이 사신을 보내달라고 할 때 우리가 매번 바닷길이 험해 보내기 어렵다고 하니, 대마도주의 아들을 보내 길잡이를 해주겠다고 한다. 우리가 더 이상 핑계를 대지 못하게 하자는 뜻이다. 원칙적으로 두 나라가 교류하게 되면 서로 예禮를 지켜 한 번씩 오가야 하는 것이라, 저쪽에 새 왕이 즉위하여 이웃 나라와 화친을 유지하려 하는 것을 받아주어야 한다. 그러나 우리는 바닷길이 험하다는 명분을 내세워 여러 번 거절한 바 있다.

바닷길이야 예로부터 달라진 게 없지만 거리낌 없이 왕래한 일도 있었는데, 오늘날에만 문제를 삼으니 우리 잘못이라 여기는 것도 무리는 아니다. 제대로 명분도 찾지 못하면서 그들에게 길 어렵다는 핑계만 대다가, 예법도 모르는 흉악한 자들이 예의 중시하는 나라에 용납되지 못함을 깨닫고 하루아침에 화친을 단절한 뒤 우리 강토를 침범해올 수 있다. 그렇게 되면 변방의 걱정거리를 감당할 수 없게 될 것이다.

나에게 이런 문제를 해결할 계책이 있다. 저들에게 '새 왕이 즉위한 뒤에 그 나라 해적선이 우리나라를 침략하여 피해를 주었으니, 우리 인심이 좋을 리 있겠는가? 아무리 해적들이 벌인 일을 낱낱이 알 수 없다 해도 이는 그쪽의 수치다. 귀국 조정이 시킨 일이 아니라면 해적의 수괴와 거기 가세한 조선인 반역자, 잡혀간 우리 백성들을 돌려보내야 할 것이다. 그러면 과인寡人이 성의를 표할 것이고, 길이 험하더라도 사신 보내는 일을 사양치 않겠다. 그래야 두 나라 사이가 훗날에도 부끄럽지 않을 수 있지 않은가'라고 한다면 우리 사신을 받기 위해 반성하고, 잡혀간 백성들을 되돌려 보낼 것이다.

그렇게만 된다면 우리가 사신을 보내는 것도 정성에 보답하는 것이 되고, 쓸데없이 역적에게 조공朝貢하는 뜻으로 해석될 여지를 없애게 된다. 사신 보내기는 마찬가지이나 그 의미는 같지 않으니 좋은 방법 같다. 저들이 우리의 요구를 받아들이지 않는다면, 우리는 구실을 얻게 될 것이다. 대신·비변사·예조는 충분히 의논하여 아뢰라."

선조는 나름대로 만족했다. 이걸로 가닥은 잡은 셈이다.

1589년 8월, 한양 동평관東平館

요시토시는 초조하게 방안을 서성거렸다. 이곳에 여장을 푼 지도 제법 오래 지났는데, 진척되는 것이 하나도 없다. 바로 전에 이곳에 사신으로 파견된 다치바나 야스히로橘康廣(귤강광)가 조선 사신을 데려오라는 명령을 수행하지 못했다는 이유로 목이 달아나는 꼴을 본 터이다. 요시토시는 자기도 모르게 중얼거렸다.

"칙쇼."

정말 욕밖에 나오지 않는다. 어쩌다 이 꼴이 되었는지…. 히데요시가 원하는 건 사실상 조선의 굴복인데, 그런 의도를 조선에 제대로 전달했다가는 입국도 못 해볼 것이다. 그런데도 히데요시는 한술 더 떠서 조선 사신을 데려오라고 성화다. 이번에도 히데요시의 요구대로 하지 못하면 내 목이 달아날 차례다. 그렇지만 조선 쪽에서는 사신을 보내고 싶어 하는 것 같지 않고. 처음부터 예상은 했지만, 조선과 히데요시 가운데 끼어서 이러지도 저러지도 못하는 꼴이 되어버렸다.

그러고 보면 조선이라는 나라도 참 답답하다. 모르긴 해도 다치바나 야스히로 역시 조선에 눈치를 주느라고 나름대로 애썼을 텐데…. 기생과 악공들 앞에 물건 뿌려놓고 '이 나라의 기강이 이 모양이니 거의 망하게 되었다'라고 했다는 것도 기강 얘기를 하자는 게 아니라, 곧 난리가 날 것이니 조심 좀 하자는 뜻이었을 거다. 그런데 정말 기강 무너졌다고 애꿎은 담당 관리들만 처벌했다지. 눈치가 없는 건지, 다른 속셈이 있는 건지. 어찌 되었건 난리 터지면 나도 골치 아프지만, 지들이 제일 큰 피해를 볼 텐데, 참 태평하다.

그때 밖에 있던 부하가 동평관의 관객館客(접대관)이 만나자고 한다는 말을 전했다. 내심 반가웠지만, 요시토시는 애써 내색하지 않고 말했다.

"잠시 기다려달라고 하라."

쓸데없이 옷매무새를 가다듬으며 시간을 끈 요시토시는 한껏 무게를 잡으며 관객을 맞았다.

"어쩐 일이시오? 하도 기다리기만 하다 보니 찾아주시는 게 신기하구려."

요시토시의 가시 돋친 말에 관객은 잠시 주위를 살폈다.

밖에 엎드려 꿇어앉아 있는 부하들의 분위기에 적지 않은 부담을 느끼는 듯했다. 하긴 그러라고 일부러 더 부하들을 위압적으로 다루는 거지만. 방문이 닫히고도 한참 뜸을 들이던 관객이 드디어 입을 열었다.

"아시다시피 귀하의 요청에 대해서 우리 쪽에서도 논란이 많아 오래 기다리시게 했습니다. 그러던 중에…."

관객은 또 뜸을 들였다.

"저희 쪽의 문제 하나를 해결해주시면 귀하의 요청에 대해 긍정적으로 생각해볼 수 있다는 말이 나와서…."

관객은 슬쩍 말꼬리를 흐리며 요시토시의 눈치를 살폈다. 몸이 달은 요시토시가 더 참지 못하고 물었다.

"무엇을 해결해달라는 것인지요?"

관객의 입가에 야릇한 미소가 떠오르는 것을 느꼈다. 아차, 내가 급하다는 것을 알려준 꼴이 되어버렸다. 관객은 요시토시를 안정시켜주려는 듯 곧 냉정하게 할 말을 이어 나아갔다.

"몇 해 전에 왜인들이 전라도 손죽도에 들이닥쳐서 우리 장수까지 죽인 적이 있습니다. 우리 입장에서는 매우 원통한 일이라…."

또 뜸을 들인다. 그렇지만 이제는 무슨 말을 하려는지 대충 감이 잡힌다.

"그런데 그때 생포한 왜인 중 하나가 실토한 사실이 있습니다. 그때의 습격은 조선 백성 사을화동沙乙火同이라는 자가 선동을 했다고…. 직접 길잡이 역할까지 했다지요."

"그래서 원하시는 것이 무엇입니까?"

다음에 나올 말은 뻔했지만 요시토시는 담담하게 확인했다.

"우리 조정에서는 묵과할 수 없는 일이라 귀하께서 그들을 추포하는 데

도움을 주십사 하는 겁니다. 아울러 그때 잡아갔던 우리 병사들도 돌려주셨으면 합니다. 그쪽에서 성의를 보여주신다면 우리 쪽에서도 사신 파견을 고려해보겠다는 거지요."

속셈이 뻔하군. 어차피 본전 한 푼 안 드는 사신 파견을 빌미로 최대한 챙겨보겠다는 수작이다. 잡아왔던 조선 병사들이야 그렇다 치더라도, 우리에게 협조적인 조선인들 우리 손으로 잡아다 주면 앞으로 조선인에게 협력 구하기 어려워질 텐데. 기분 좋은 일은 아니지만, 당장 내 목이 달려 있다. 지금 그 정도 희생은 문제가 아니다.

"그런 거라면 제 선에서 처리해드리지요."

요시토시는 시원하게 대답했다. 관객도 만족한 듯, 두 손으로 책상을 짚고 일어섰다.

"그럼 믿겠습니다."

관객이 방을 나가자, 요시토시는 곧바로 야나가와 시게노부를 찾았다. 요시토시는 그에게 급하게 쓴 서신을 전해주며 당부했다.

"지금 당장 본국으로 돌아가서 사을화동이라는 조선인과 그 무리들을 추포해서 돌아와라. 그리고 우리가 잡아갔던 조선 수군들도 데려와야 한다. 그래야 조선에서 사신을 보내준다고 본국에 전해라. 만약 사화동인지 사을화동인지를 못 찾겠으면 비슷한 놈들이라도 잡아서 끌고 와야 한다. 내 목이 걸린 일이니 확실하게 처리하도록."

1589년 8월 27일

이번에 온 일본 사신에 대해 선조는 가벼운 고민을 해야 했다. 이번에도 뭔가를 요청해올 텐데, 어떻게 해야 하나? 아예 접견을 거절해버리면 간단하겠지만, 지금 그럴 상황은 아닌 것 같다. 선조는 우승지 이유인李裕仁에게 명을 내렸다.

"일본 부관副官은 다른 경우와 다르니, 단자單子를 올리도록 허락해야 할 것 같다. 승정원은 검토해서 아뢰도록 하라."

그러자 바로 회답이 왔다.

'먼 데서 온 사신을 대접하는 것은 매우 중요한 일이니, 예관禮官에게 논의해서 정하도록 하는 것이 어떻습니까.'

자기들끼리 결정했다가 책임지기 싫다는 얘기군. 그래 여러 사람이 의논해서 나쁠 건 없겠다. 선조는 바로 답을 주었다.

"그리하라."

그 결과를 보는 데에는 얼마 걸리지 않았다. 예조에서 논의한 결과가 빨리 올라온 것이다. '일본에서 보내온 부관에게 이미 특별한 혜택을 준 바 있기 때문에, 다른 경우와 달리 허락하여도 별 문제가 없을 것'이라는 답이다. 많은 사람들이 그리 생각한다면 해주지 뭐. 단 나중에 전례前例로 굳어지지 않도록 임시 조치라고 못을 박아놓기나 하자.

"그러하다면 임시로 부관에게도 단자를 올리도록 허락한다는 조항을 만들어 시행하는 것이 마땅할 것 같다."

며칠 후

오늘이 일본 사신을 맞는 날이다. 일단 대접을 잘해놓고 보자. 선조는 아침 일찍 인정전仁政殿에 나아가 자리에 앉았다. 곧 예조판서가 절차를 진행시켰다.

"사신을 위로하시기 바랍니다."

예조판서에게 이 뜻을 전해들은 일본 사신은 '천세千歲 천세千歲' 하고 외쳤다. 그때 선조는 눈에 거슬리는 장면을 발견하고 명을 내렸다.

"사신을 접대할 때 사관史官이 엎드려 있어서는 안 된다. 이후부터는 그렇게 하지 말라."

이러면 위엄이 좀 있어 보일 테지. 한껏 위엄을 과시한 선조는 도승지 조인후에게 명을 내렸다.

"의물儀物(궁중의식에 쓰는 물건)의 우구雨具(비를 막는 기구)를 벗겨라."

이 명과 함께 의식이 시작되었다. 의식이 진행되자, 우승지 이유인에게 또 명을 내렸다.

"평의지平義智에게도 술잔을 받으라 일러라."

일본 사신이 엄숙하게 술을 받았다. 이걸로 대마도주의 마음은 좀 잡아놓을 수 있겠지. 자리가 무르익자 이번에는 좌부승지 황우한黃佑漢에게 명을 내렸다.

"지난번 결정한 대로 저들을 접대한 뒤에 별도로 술을 내리도록 하라."

잔치가 진행되며, 선조는 이런 정도로 일본과의 문제가 해결되기를 바랐다.

얼마 후

석강을 빌미로 일본에 보낼 사신 문제에 대한 가닥을 잡았던 선조는, 작은 문제로 또 고민을 해야 했다. 2~3일 전 일본에서 보내온 공작을 담당 부서에서 처리하게 하라고 했더니, 우승지 이유인이 예조의 입장을 전해왔다.

담당 부서인 예조는 '이웃 나라의 성의를 받아들이지 않는다면 교린交隣하는 도에 크게 어긋나고 먼 데 사람을 포용하는 도량에도 어긋난다'라는 입장이다. 그러면서 태종, 세조 때 선물받았던 전례를 들먹인다. '지금 되돌려 보낸다면 처음부터 받지 않았던 것만 못하고, 섬에 놓아준다면 갈등을 드러내는 꼴'이라는 얘기다. 이유인은 장원서掌苑署에 보내자고 한다. 어차피 거기서 새[鳥]를 기르는데, 여기에 보탠다면 새도 갖출 만큼 갖추는 셈이고 교린에 갈등도 드러나지 않을 것이니 나쁠 것 없지 않느냐는 것이다.

나쁘지 않은 방법 같지만, 나중에 문제 생기면 더 골치 아플 것 같다. 선조는 이유인의 제안을 받아들이지 않기로 결심했다.

"담당 부서에 관리를 맡긴다면 문제가 더 심각해질 터이니 절대 그렇게 할 수 없다. 사신이 돌아간 뒤 제주에 놓아주는 것이 좋겠다."

다음 날 예조에서 또 보고가 올라왔다. 이번에는 말[馬] 때문이란다. 일본 사신이 개인적으로 말을 바쳤는데, 어떻게 처리해야 하는지 몰래 보고해온 것이다. 선조는 한숨을 쉬었다. 뭐 하나 받는 것까지 일일이 골치를 썩여야 하는군. 가만히 보니 말을 빌미로 또 만나자는 것 같은데… 그렇게 할 수는 없고. 에라, 쉽게 가자.

"사신을 다시 만날 수는 없으니 담당 부서가 그 말만 받아서 올리도록 하라."

며칠 후 예조에서 선조의 명에 따라, 일본에 통신사 보내는 문제에 대해 정2품 이상 대신들의 의견을 모아 보고를 올렸다. 높은 자리에 앉아 온갖 부귀영화 다 누리는 것들이 필요할 때 내놓은 의견이 별게 없다. 불안해진 선조는 며칠 지나지도 않아 또 신하들을 불러 모았다. 이번에는 벼슬자리와 상관없이 좀 제대로 알 것 같은 인물로. 그래서 불려온 신하가 우상右相 정언신, 동지同知(동지중추부사) 신립, 전라병사全羅兵使 이일이었다. 그래도 뾰족한 대책은 없었다.

선조의 고민을 아는지 모르는지, 며칠 후 사헌부에서는 일본 사신을 접대할 때 연주하는 음악 문제로 상소를 올렸다. 관행적으로 여악女樂(궁중에서 잔치를 베풀 때에 기생들이 하던 노래와 춤)·정재呈才(궁중에서 여령女伶이나 무동舞童, 지방 관아에서 기녀들이 공연했던 악가무樂歌舞의 종합예술)를 연주해왔는데, 엄숙한 분위기를 연출하기 위해 남악男樂(궁중의 외진연外進宴에서 무동들이 행하던 춤과 노래)으로 바꾸어 연주하자는 것이다.

자식들이 한가하구먼. 지금 왜놈들하고 교린을 유지하느냐 마느냐, 잘못되어 충돌이 생기면 어떻게 감당해낼 거냐 고민해야 할 판인데 비싼 녹 받아먹고 이런 거나 따지고 앉았다. 이런 것들이 사대부의 기개는 혼자 다 보이고 있는 것처럼 굴겠지. 선조는 짜증스럽게 답을 내렸다.

"하던 대로 하라."

그러나 며칠 후 사헌부에서는 같은 요청을 해왔고, 윤허하지 않았더니 다음 날 또 같은 상소가 올라왔다. 이것들을 그냥⋯. 선조는 울화가 치밀어 올랐지만 꾹 참았다. 생각 같아서는 이런 것 가지고 물고 늘어지는 작자들을 싹 쓸어버리고 싶다. 하지만 그랬다가는 언로言路를 막는다고 발

광하겠지? 나라 앞날에는 관심도 없는 것들이, 지들 생색이나 내는 일에는 사소한 것에도 목숨을 건다. 미개한 오랑캐들이 좋아하는 대로 해주면 그만이지, 지들 취향 강요해가지고 교린이 되나? 그러다 말썽 생기면 수습할 의지도 능력도 없는 것들이…. 그래도 이런 걸로 간관諫官들과 맞서봐야 꼬투리만 준다. 그냥 좋은 말로 끝내자.

"그 말이 옳다. 그렇지만 전부터 시행해오던 데다, 평소 연습이 없었던 남악으로 바꾸었다가 현장에서 서투르게 연주하다 오히려 망신당할까 염려되니 아직은 여악을 그대로 사용하라."

좋은 말로 명을 내려놓은 선조의 속은 편하지 않았다. 그런데도 며칠 후 같은 상소가 올라왔다. 이런 것들 쓸어버리지 못하는 나도 한심하다. 그냥 깔아뭉개버리자. 결심이 선 선조는 또 허락하지 않았다.

며칠 후 선조는 대마도에서 보내온 선물로 골치를 썩여야 했다. 공작孔雀 한 쌍과 조총 몇 정을 바쳤는데, 조총이야 어차피 구해서 살펴봐야 할 것이었으니 군기시軍器寺에 두면 되겠는데, 이놈의 공작은 어떻게 처리해야 하나? 왜 쓸데없는 걸 보내가지고….

고맙지만, 진귀한 짐승을 좋아하는 것도 아니고 우리나라 풍토에도 맞지 않는다고 되돌려 보낸다고 하면 어떻겠느냐는 말도 있다. 그렇지만 저쪽에서 성의를 무시한다고 여기면 곤란해진다. 우리나라에는 놓아기를 만한 곳이 없다지만, 그냥 섬 같은 데 보내버려야겠다. 그래도 의논은 해봐야겠지?

1589년 9월 9일

선조는 대제학 류성룡柳成龍이 뵙자고 청한다는 보고를 받았다. 류성룡이 일본에 보낸 문서를 제대로 작성하지 못했기 때문에 처벌을 받겠다고 한다는 것이다. 또 무슨 속셈이야? 선조는 명을 내렸다.

"처벌할 필요 없다. 직접 만나겠다."

선조는 오후가 시작될 즈음 선정전宣政殿에 나아갔다. 미리 명을 받은 류성룡이 기다리고 있었다. 류성룡을 본 선조는 점잖게 시작했다.

"오랫동안 경을 만나지 못하였더니, 내가 일을 제대로 처리하지 못하게 된 것 같다. 경의 집에 우환이 있다 하니 유감이다. 그러나 나랏일이 매우 중요하니, 감당할 만한 일은 나와서 처리하라."

말을 들은 류성룡이 일어나 감사를 표시한다. 달래는 건 이 정도면 된 것 같다. 처벌해달라는 거야 말뿐일 테고, 사실 입장 곤란하니 빨리 결론 내려달라는 거겠지. 선조는 본론을 꺼냈다.

"일본에 보낸 문서의 내용이 미진하다는 것이 아니라, 나중 일을 생각해서 처리해야 한다는 것이다. 저들이 우리 백성들을 되돌려 보내고 나서, 통신사를 요청한다면 보내지 않을 수 없을 것 같다. 나도 처음에는, 저들로 하여금 해적 수괴를 포박하여 보내게 한 뒤에 통신사를 보내면 우리가 우위에 서리라 여기었다. 만약 백성들만 되돌려 보내고 통신을 청한다면 불쾌할 것 같으나, 그렇게 되면 사신을 보내지 않을 수도 없게 되니 어떻게 하면 좋겠는가?"

류성룡이 대답했다.

"소신도 많이 생각해보았지만, 일본의 속셈에 대하여는 사실 잘 모르겠습니다. 임금께서 일본에 보낼 문서에 내린 명命의 내용을 보니 참으로 지당한 것이었습니다. 우리나라가 매번 바닷길이 험하다는 이유를 내세웠으나 저들이 곧이듣지 않고 있으니, 다른 명분이 필요합니다. 만약 일본의 행각을 문제 삼는다면 관계를 끊어야 옳겠지만, 살아 있는 사람 생각을 한다면 저들이 교류의 희망을 버리게 하지는 말아야 합니다.

저들이 자기 입으로 해적이 소탕되었다고 했고 이를 전제로 사신을 보낸다고 했으니, 진정 사신을 원한다면 지난 왜구 침범의 재발 방지를 위해서라도 반드시 해적 수괴를 포박하여 보내고 우리 백성들을 돌려보내줄 것입니다. 그때 한 번쯤 사신을 보내준다 한들 무슨 손해가 있겠습니까."

"우리 의도가 그렇게 전달된다면, 해적 수괴를 포박하여 보낼 것 같지 않다. 해적 수괴를 포박하여 보내고 백성도 돌려보내주기를 원한다는 두 가지 조건을 밝히는 것이 어떻겠는가?"

"그러면 우리 속셈이 너무 드러나게 됩니다."

류성룡의 대답에 선조는 잠시 고민했다. 속셈 드러내지 않고 점잖게 요구조건을 관철시켜야 한다는 건가? 선조는 다시 물었다.

"그렇다면 백성만 돌려보내는 데 그쳐도 통신사를 보낸다는 말인가?"

류성룡은 보내자고 생각하는 것이 분명하다.

"많은 백성들을 되돌려주고, 또 변방에 해적의 도발이 없도록 해준다면, 한 번쯤 사신을 보내는 데 해로울 것이 있겠습니까."

그럴 수도 있겠군. 그렇지만 왜놈들이 장난이라도 친다면? 선조는 다시 물었다.

"저들이 만약 2~3명만을 되돌려 보내주면서 통신사를 요청한다면 어찌해야 하는가? 만약 해적 수괴를 포박해 보내라는 조건을 내세운다면, 관철 여부에 상관없이 우리 위엄이 설 것이다. 승지의 생각은 어떠한가?"

홍여순이 답했다.

"신의 생각에는 해적 수괴 포박과 백성 쇄환 두 가지를 모두 요구하는 것이 좋을 듯합니다."

선조는 다시 물었다.

"이번에 통신사를 보내야 한다고 주장하는 자들도 있는데, 경의 생각은 어떤가?"

류성룡은 조심스럽게 대답했다.

"경솔하게 말씀드릴 수 없습니다. 지금의 왜가 귤광련橘廣連처럼 함부로 움직이지 않는다면 통신사를 보내지 않을 명분 찾기가 어렵겠으나, 지금은 오히려 명분을 주고 있는데 무턱대고 사신을 보낼 필요가 있겠습니까. 그러나 통신사를 보내야 한다고 말한 이도 생각이 있을 것입니다.

오랑캐를 다루는 데는 도道가 있습니다. 또 우리의 대비태세에 따라 저들이 소란을 피울 여건이 달라집니다. 지금은 나라에 해마다 흉년이 들고 변방이 허술합니다. 어떤 지역에 문제가 생기건 총체적으로 대처할 역량이 있어 하삼도下三道에 일이 생긴다 해도 조용히 적을 기다릴 수 있다면 무리가 없겠습니다. 그러나 지금은 한 지방에 일이 터지면 전국적으로 동요하는 실정이므로, 만약 대처를 잘못하여 한 번 불리해지면 우려할 만한 상황이 됩니다. 더욱이 금년에는 하삼도에 적이 활개를 치는 상태입니다."

홍여순이 나섰다.

"해적 수괴를 포박해 보내라는 말을 넣기 어려울 것 같으면, 선위사宣慰使로 하여금 상황을 파악하도록 한 뒤에 그들에게 내세울 적절한 조건을 찾는 것이 어떻겠습니까?"

그러자 류성룡이 정리했다.

"예조가 저들에게 연회를 베풀 때나 선위사가 접대할 때 말을 흘려보는 것이 좋겠습니다. 그들을 접대하는 사람들이 '통신사 보내는 문제를 두고 조정에서 아무 생각도 하지 않은 것은 아니나, 예전에는 해적이 출몰하고 바다가 험난했기 때문에 오랫동안 보내지 않아왔다. 얼마 전에도 해적이 우리의 남쪽 변방을 침범한 바 있고, 이때 잡아간 우리나라 백성을 일체 돌려보내지 않고 있다. 그러한데도 해적 문제가 해결되었다고 하는가. 지금 해적 수괴를 포박해 보내고 우리 백성을 되돌려 보낸다면, 통신사에 관해 생각해 볼 수 있을 것이다'라고 말을 흘리도록 하소서."

선조도 결론을 내렸다.

"주서注書(승정원에서 기록을 맡은 관리)는 이를 자세히 정리해서 담당 부서에 이르라."

1589년 9월 21일

좌상 이산해李山海, 우상 정언신이 뵙자고 청했다. 일본에 보낼 통신사에 관한 문제라니, 만나보자. 만나는 김에 종2품 이상은 다 모이라고 하자. 선조의 명에 따라 종2품 이상의 대신들이 모여 의논했다. 이산보李山甫만 빼고 모두가 통신사 보내는 것이 편리하다 한다.

예조판서 류성룡은 '빨리 결정해서 문제가 생기지 않도록 하자'라고 재촉한다. 대장 변협을 비롯한 대신 대부분이 보내자는 의견이다. '일본에서 사신을 보냈으니 답례하는 것이 도리이며, 핑계 김에 저들의 동정을 살피는 것도 잘못은 아니다'라는 주장들이다. 대세가 이러니 아무래도 통신사를 보내는 편이 나을 것 같다.

1589년 10월 2일

비밀 장계 한 통을 받아 든 선조의 손이 떨리고 있었다. 황해감사 한준의 비밀 장계였다. 정여립鄭汝立이 모반을 꾀하고 있다는 내용이다. 안악군수 이축李軸이 자기 관할지역에 사는 정여립의 일당 조구趙球가 수상한 행동을 하기에 잡아 족쳤더니, 역적모의를 털어놓았단다. 그래서 이축이 재령군수 박충간朴忠侃과 상의했다. 박충간은 신천군수 한응인韓應寅이 신뢰를 얻고 있으니, 조구를 신천으로 보내 이들이 협력하여 함경감사에게 보고하여 그 내용이 장계로 올라왔다는 것이다.

정여립의 계획은 황해도와 전라도에서 군사를 일으켜, 겨울이 되면 한양으로 쳐들어와 신립과 병조판서를 죽이는 것이라고 한다. 그다음 교서를 위조해 지방관들을 죽이거나 쫓아내고 혼란을 일으켜 정권을 장악할 계획이란다.

정여립, 처음부터 이놈 인상이 좋지 않았다. 어려서부터 난폭했다는 말도 들은 바 있다. 이놈 태몽에 정중부鄭仲夫가 나왔다니, 태어날 때부터 역적의 기운을 타고 난 놈이다. 일고여덟 살밖에 안 된 녀석이, 동네 아이들과 놀면서 칼로 까치 새끼를 부리에서 발톱까지 토막 내버린 일도 있었다지. 지 애비가 난도질된 까치 새끼를 보고 누가 이렇게 했느냐고 물으니까, 여종이 사실을 실토했다가 그날 밤 정여립에게 배를 갈려 죽었다고 한다. 아버지가 현감이었을 시절에는 지가 현감 노릇했다는 말도 들었다. 그런데도 꼴에 죽도竹島 선생이라 불린다지.

하긴 이놈 말발은 보통이 넘었지. 그 때문에 이이, 성혼成渾이 그렇게 아껴서 노수신을 통해 조정에 천거하기까지 했다. 자기를 아끼는 사람들이 성질 좀 죽이라고 그렇게 타일렀는데 끝까지 고치지 못했지. 성질만 못 고쳤나? 이이가 죽으니까 같이 벼슬길에 올랐던 이발李潑에게 붙어 서인에서 동인으로 당도 바꾼 놈이다. 그다음부터는 공자에 버금가는 성인이라던 이이를 두고, 나라를 망친 소인배라고 욕하고 다녔다. 이런 배은망덕한 꼴 보기 싫어서 쫓아냈더니 황해도로 내려가 일을 꾸미기 시작했군.

이놈이 하필 임꺽정林巨正의 난이 일어났던 황해도 안악에 내려갔다는 점부터 의심스럽다. 변숭복邊崇福·박연령朴延齡·지함두池涵斗와 승려 의연義衍·도잠·설청 같은 놈들이 정여립 패거리렷다. 요즘『정감록鄭鑑錄』이 유행한다지. 이걸 이용해서 '목자(木子=李)는 망하고 전읍(奠邑=鄭)은 흥한다'라는 노래를 퍼뜨린다는 말은 이미 듣고 있었다. 그 구절을 옥판玉板에 새겨 지리산 석굴 속에 숨겨두고 의연으로 하여금 산 구경 갔다가 우연히 발견한 것처럼 장난을 쳤단다. 그래서 패거리가 늘어났다지. 유치한 방법 같은데, 이런 수법이 의외로 잘 먹힌다.

그러다 보니 수십 년 전에 천안 지방에 출몰했던 길삼봉吉三峯 이야기까지 이용해먹었다지. 관군이 이것들을 못 잡으니까, 지함두라는 놈을 시켜 황해도 지방에 '길삼봉·길삼산吉三山 형제는 신병神兵을 거느리고 지리산에도 들어가고 계룡산에도 들어간다', '정팔룡鄭八龍이라는 신비롭고 용맹

한 이가 곧 임금이 될 것인데, 머지않아 군사를 일으킨다'라고 소문을 냈다. 팔룡이 여립의 어릴 때 이름이라며? '호남·전주 지방에서 성인이 일어나서 만백성을 건져, 이로부터 나라가 태평하리라'라는 소문이 황해도 지방에서 시작되어 퍼진 것도 이 때문이라던데….

이런 놈이 '장차 나라에 변이 일어나게 된다'며 안악에 가까운 고을의 무사들과 노비들을 모아 대동계大同契를 조직해놓았다고 한다. 왜구가 손죽도에 쳐들어왔을 때 전주부윤 남언경이 대동계 쪽에 지원을 요청했다고? 기고만장했겠군. 이놈 봐라. 왜구를 진압한 후 군대를 해산할 때, 훗날 일이 발생하면 각기 군사를 이끌고 모이라고 이르고 군사 명부 한 벌을 가지고 돌아갔다네.

게다가 뭐? 천하는 모두의 것이니 주인이 없다고? 충신이 두 임금을 섬기지 않는다는 것도 왕촉王蠋이라는 자가 죽을 때 한 말일 뿐이지, 성현聖賢의 가르침이 아니란다. 이놈이 왕실을 이 따위로 알고 있으니…. 아무리 봐도 위험한 놈이다. 이놈들을 어떻게 처리한다?

장계를 읽으며 한동안 생각에 잠겨 있던 선조의 눈이 순간적으로 번득였다. 잘하면 정여립을 이용해서…. 생각을 정리한 선조는 조용히 명을 내렸다.

"중신회의를 소집하라."

그리고 한마디를 더 보탰다.

"예문관 검열 이진길李震吉만은 빼라 하라."

그자는 정여립의 조카라 어떻게든 연결되어 있을 수 있다. 잘못하면 모든 기밀이 흘러나가는 수가 있으니…. 얼마 가지 않아 중신들이 줄줄이 들어왔다. 영의정 이산해, 우의정 정언신을 비롯해 대부분의 중신들이 동인들이다. 정여립이 속한 당파이니 이것들이 온 힘을 다해 비호하겠지. 아니나 다를까 회의가 시작되자, 동인들이 적극적으로 나선다. 이발·백유양白惟讓은 정여립을 고변告變한 것은 이이의 제자들이 벌인 음모라고 몰아간다. 우의정 정언신은 특히 적극적이다. '정여립이 어떻게 역적일 수 있겠는가'라며 하늘을 쳐다보고 웃기까지 한다. 선조의 얼굴에 묘한 미소가 떠올랐다.

중신회의가 끝난 뒤에도 정여립에 대한 변호는 계속되었다. 백유양의 아들 백진민白震民은, 황해도는 수령의 절반이 서인이고 또 이이의 제자들이 많은 곳이라 그들의 무고일지도 모르는 만큼, 정여립이 올라와 입장을 밝힐 때까지 기다려야 한다고 했다. 또 정여립이 모반을 꾀했다는 재령군수 박충간의 제보에 대해서는 근거 없는 말이라며 오히려 참형에 처해야 한다는 주장도 한다. 그런데 사태는 묘하게 흘러갔다.

1589년 10월 7일

정여립을 잡으려고 보낸 금부도사 유담柳湛의 장계가 올라왔다. 전주까지 정여립을 쫓아가보았지만, 이미 눈치를 채고 빠져나갔다는 것이다. 선조는 이런저런 경로를 통해 들어온 내용을 가지고 머릿속으로 사건의 개요를 만들어보았다.

조구가 고변한 것을 알게 된 변숭복邊崇福이라는 자가, 안악에서 사흘 반나절 만에 금구로 달려가 정여립에게 그 사실을 알렸다. 정여립은 그날 밤으로 변숭복, 아들 정옥남鄭玉男 등과 함께 진안현 죽도로 달아났다. 그래서 금부도사 유담이 잡으러 갔을 때 없었던 것이고. 그러자 진안현감 민인백閔仁伯이 관군을 이끌고 죽도로 정여립을 추격했다. 이들에 쫓겨 포위된 정여립은 먼저 변숭복·정옥남을 친 다음 칼자루를 땅에 꽂아놓고 스스로 목을 찔러 자살했다. 이런 그림이면 밀어붙이는 데 지장이 없겠지. 정여립이 자살했다는 보고 하나로 정국은 돌변했다. 그의 말을 들어보고 사태를 파악하자던 동인들은 할 말을 잃고 만 것이다. 반면 서인들은 죄가 없는데 무엇 때문에 자살했겠느냐고 기세를 올렸다. 선조는 그런 기세를 타고 정여립 일당을 처벌하라고 밀어붙였다.

그러자 이 사건에 대한 의혹이 파다하게 퍼졌다. 정여립이 변숭복의 꾀임에 빠졌다는 것이다. 그렇지 않고서야 문서들을 없애버리지도 않고 도망갔을 리 없다는 이유 때문이다. 그래서 유인당한 사실을 깨닫자 변숭복을 죽였고, 이런 상황에서 관군이 정여립을 죽이고 자살로 위장해놓았다는 소문이 번졌다. 급한 상황에서 하필 칼을 거꾸로 꽂아놓고 어렵게 자살한다는 것이 말이 되지 않는다는 얘기였다.

그가 도망을 가면서 하필 자신의 연고지인 죽도를 택하고, 더욱이 추격해달라는 듯이 행방을 알린 일부터가 이상하다는 말도 있다. 그러지 않았으면, 진안현감이 그렇게 쉽게 추격할 수 없었다. 게다가 서인의 거두 정철鄭澈은 보고가 올라오기 전부터 정여립은 도망갔을 것이라고 떠들고 다녔다.

하지만 선조는 이런 의혹에 대해 신경 쓰지 않았다. 보고가 올라온 다음 날인 10월 8일, 정여립 사건의 죄인들에 대한 신문이 시작되었다. 재판관[委官]은 영의정 유전柳㙉, 좌의정 이산해, 우의정 정언신, 판의금부사 김귀영金貴榮 등이다. 동인이 많으니 무사히 넘어갈 것 같나? 선조의 얼굴에 야릇한 미소가 피어올랐다.

바로 다음 날, 양사兩司에서 이진길을 쫓아내라는 상소가 빗발쳤다. 선조는 순순히 그 요청에 따랐다. 그리고 11일, 정철이 올라와 비밀리에 보고를 올렸다. 속히 역적을 체포하고 도성 지역을 엄하게 지키라고 한다. 정언신은 정여립 일가이니 재판관 자리를 주어서는 안 된다고도 한다.

선조의 입가에 묘한 미소가 떠올랐다. 잘되었다. 정철 이자를 이용하면…. 선조는 비답을 내렸다. '경의 충절을 알겠으니, 앞으로 의논하여 처리하리라.' 이후 2, 3일 동안 사람들이 줄줄이 잡혀왔다. 정여립은 죽었지만, 그의 집에서 나온 문서들은 확보했다. 이거면 잡아넣기에는 일단 충분하다.

1589년 10월 19일

선조는 직접 국문하는 곳에 나타났다. 직접 죄인들을 신문하겠다고 선언하고 나타난 것이다. 정여립의 아들인 옥남과 박연령의 아들 춘룡春龍에게 신문이 집중되었다. '너희 집에 왕래하던 자가 누구인가?'라는 정도의 물음에 자기 패거리 이름을 술술 털어놓는다. 미리 손질을 잘해놓았군. 이것을 근거로 또 다른 녀석들을 엮을 수 있다.

며칠 후인 27일, 저잣거리에서 정여립과 변숭복의 시체를 찢었다. 선조는 신하들에게 이 장면을 똑똑히 지켜보도록 명을 내려두었다. 이런 꼴 보면 역심을 품지 못하게 하는 데 조금이라도 도움이 되겠지.

버티어봤자 이진길처럼 매 맞아 죽는 게 고작일 테니. 이진길이 놈이

'지금 임금이 날로 암울해진다'라고 쓴 글이 발견되었다. 이 정도면 역심품은 거다. 그래서 역적을 다스리는 법으로 처단하라고 했다. 이발은 내가 '시기심 많고 모질며 고집이 세서 임금의 도량이 없다'라고 했다지. 그래서 내 밑에서는 아무런 일도 할 수 없다고 통탄했단다. 이런 소리 하고 다닌 놈이 한두 놈이 아니다. 그게 정여립이 쓴 글에도 비슷하게 나온다. 그러니 역적이지. 이번 기회에 정여립이 비호하던 놈들은 아예 뿌리를 뽑아버리자. 선조는 정여립 패거리를 비난하는 교서敎書를 써내려갔다.

1589년 11월 2일

양천회梁千會라는 생원 녀석의 상소가 올라왔다. 정여립 패거리들을 처단해야 한다는 내용이다. 기다리던 상소이기는 하다. 그렇지만 자식 좀 일찍 올리지, 늑장을 부리나. 지금 올리면 뒷북이 되는 거 아닌가. 선조는 가상하게 여긴다는 비답을 내리면서도 한마디 보탰다. '상소가 너무 늦었다. 역모가 드러나기 전에 이 상소를 올렸다면 조헌과 견줄 만한 것이 되었겠으나, 옥사獄事가 벌어진 다음에야 알고 있었다고 하는 것은 군자의 도리가 아닐 뿐 아니라 자신을 위해서도 좋지 않다.'

그렇지만 이런 상소가 올라온 효과는 충분했다. 이후로 동인 대신들의 사직 상소가 줄을 이었고, 서인들은 세상에 다시없는 충신들처럼 역적을 고발하고 나섰다. 특히 백유함白惟咸이 적극적이었다. 고발의 근거라는 것이 정여립과 가까웠던 사람들을 문초해서 얻어낸 자백과 여기저기서 얻어낸 문서에 좀 불온하다 싶은 내용이 나오는 정도였지만, 상관하지 않고 증거로 삼았다.

이틀 후인 11월 4일, 선조는 우상 정언신이 정여립과 통한 서찰에 '시답지 않은 세상일을 말하자니 지루하고 가소롭다'라는 말이 나왔다며 조사를 명령했다. 그리고 3일 후, 양사兩司에서 정언신에 대한 탄핵 상소가 올라왔다. 정언신이 정여립과 인척 사이이며, 정승 자리에 있으면서도 역적과 교류한 일이 없다고 거짓말을 했다는 이유다. 그 김에 이조참판 정언지 등도 몰려났다.

곧 정언신은 파직되었고, 그 자리는 정철이 차지했다. 정언지의 자리이던 이조참판 자리에도 성혼成渾이 임명되었다. 백유함도 헌납獻納(조선시대 사간원의 정5품 관직) 자리에 올랐다. 그리고 며칠 가지 않아, 백유함은 양사의 관원들을 갈아치우기 시작했다.

뒤이어 동인 대신들이 줄줄이 귀양을 갔다. 그렇지만 그것도 끝이 아니었다. 이후 12월 12일에 선홍복宣弘福이라는 교생을 문초할 때, 이름이 나온 이들은 다시 잡혀와서 곤장을 맞고 죽었다.

며칠 후

한참 정여립 사건을 처리하던 중에, 일본에서 평의지에게 요구했던 문제에 대한 해답이 도착했다. 잡혀갔던 포로 김대기金大璣·공대원孔大元 등 116명이 돌아오고 사화동까지 잡아오겠다는 보고다. 여기에 더해서 재작년에 쳐들어왔던 왜구 긴시요라緊時要羅·삼보라三甫羅·망고시라望古時羅 3명까지 잡아 보낸단다.

그래놓고 이들이 조선에 쳐들어갔던 사실은 자기들이 모르던 일이고, '사화동이라는 자가 오도五島의 왜인을 선동하여 조선의 변방을 약탈한 것'

이라 한다. 변명은…. 그래도 성의는 보인 셈이다. 보답은 해주어야겠지.

1589년 11월 18일

정여립 사건을 처리하며 국내 정국을 정리한 선조는 드디어 결단을 내렸다. 황윤길黃允吉·김성일金誠一을 일본 통신사의 상사上使·부사副使로 삼고, 허성許筬을 서장관書狀官으로 차출했다.

1589년 12월 3일

통신사로 임명된 황윤길이, 선조에게 일본 사신과 나눈 대화에 대해 보고를 해왔다. '우리나라가 바닷길이 험하고 해적이 날뛰어 오랫동안 일본에 통신사를 보내지 못했는데, 이번에 우리 전하께서 귀국에서 새로 등극한 왕과의 관계와 사신의 정성을 가상하게 여기어 특별히 통신사를 보낸다'라고 한 다음, 일본에 도착한 다음 열릴 접대 의례에 대해 말해달라고 했다는 것이다. 그리고 일본의 풍토병에 대해 미리 알려주면 대비하겠다는 말도 보탰다고 한다.

그랬더니 현소가 '자기 나라에서 접대할 의례를 지금 자기가 정하기 어려우니 도착한 다음에야 알려줄 수 있다'라고 했단다. 일본의 풍토병은 크게 위험한 것도 없고, 조선의 병과 별 차이도 없다는 식으로 넘어간 모양이다. 그리고 평의지가 통역을 통해 자기네 국왕이 '말[馬]과 매[鷹]를 좋아하니 이것들을 얻어 가고 싶다', '예전에도 일본에 파견되는 사신은 대개 글 짓는 데에 능한 선비가 있었다'라며 어무적魚無迹·조신曹伸 등의 이름을 거론했단다.

그래서 황윤길은 이번에 차천로車天輅를 데려가고 싶다고 한다. 이런 정도야 별로 어려운 문제가 아니니…. 선조는 황윤길의 요청을 허락하고 몇 마디 보탰다. 자신이 신경 쓰는 나랏일을 위해 파견되는 것이니 잘 다녀오라는 인사말은 기본이고. '필요한 것이 있으면 거리낌 없이 아뢰고, 직접 보고할 일이 있으면 만나자고 청하여도 좋다'라는 말까지 전했다.

며칠 후에는 예조에서 사신이 돌아간 다음 제주濟州에 놓아주기로 했던 공작을 '제주까지 운반하기 어려우니 남양南陽의 섬 중에 수목이 울창한 곳에 놓아주자'라고 청해왔다. 이런 것도 어려울 것은 없다. 선조는 큰 고민 없이 허락하며 생각했다. 만날 이런 정도의 일만 있으면 좋겠다.

1590년 1월 17일

해가 바뀌면서 선조는 일본과 관련된 몇 가지 조치를 더 취했다. 먼저 일본 사신을 접대할 선위사宣慰使 문제. 이왕 교류를 트기로 한 거, 기선 제압이 중요하다. 전통적으로 왜인들 기죽이는 데에는 글발이 최고였다. 더구나 현소는 왜인 치고 문장을 좀 한다니 기죽이려면 적당히 잘하는 사람 가지고는 안 될 것 같다. 그래서 선위사 후보로 글발 좋은 사람을 추천하라고 명을 내려놓았다. '성품이 너그럽고 도량이 커야 한다'라는 말이야 그냥 붙여놓은 거니 별 지장 없겠지. 하긴 이런 말도 붙여놓기는 해야 한다. 지 제주만 믿고 까불다가 문제 일으키면 곤란하니. 그랬더니 심희수沈喜壽·조원趙瑗·오억령吳億齡이 물망에 올랐다. 이런저런 말을 들어보니 오억령이 나을 것 같아서 그자로 결정했다.

그렇지만 뭔가 불안하다. 아무래도 왜놈들이 그냥 이익이나 좀 얻자고 통신사 보내달라는 것 같지는 않다. 그래서 밀부密符(군대를 동원할 때 쓰던 병부兵符. 임금의 이름을 친서親書·수결手決하여 그것을 둘로 나누어, 하나는 관리들에게 주고 다른 하나는 궁중에 보관했다) 세 짝을 새로 만들도록 명을 내려두었다. 병조판서와 팔도의 감사·병사·수사에게 주어놓았으니 유사시에 좀 낫겠지. 그런데 이런 정도로 되려나. 선조는 조금씩 걱정이 되기 시작했다.

얼마 후, 창경궁

요시토시는 조선의 궁궐에 들어서며 안도의 한숨을 내쉬었다. 분위기를 보니 일이 잘 풀릴 것 같다. 적어도 당분간은 내 목이 날아갈 걱정은 안 해도 될 듯하군.

조선의 궁궐은 그리 넓지 않았지만, 분위기는 묵직하게 잡혀 있었다. 조선 측에서는 갑사甲士들을 정렬시키고 북을 울리며 위압적인 분위기를 연출했다. 곧이어 요시토시의 지시를 받고 잡아 보낸 사을화동 패거리가 포박을 당한 채 끌려 나왔다. 한동안은 그들을 꿇어앉힌 채 신문이 진행되었다. 그렇지만 신문도 오래 계속되지는 않았다. 어차피 형식적인 것, 몇 가지 간단한 사실만 확인하고 곧 사을화동 무리는 성 밖으로 끌려 나가 목이 잘렸다.

사을화동 무리를 내보낸 조선 임금은 만족스러운 표정으로 몇 가지 명을 내렸다. 통역이 요시토시에게 귀엣말로 알렸다.

"전하께서 내구마內廏馬 한 필을 내려주신답니다."

말 자체도 싫지 않은 선물이지만, 조선국왕이 만족했다는 사실 자체가 더 큰 소득이다. 이를 증명하듯, 조선국왕은 미리 준비해둔 연회장으로 요시토시 일행을 불렀다. 그 자리에서도 복잡한 절차를 다 거친 다음, 조선국왕이 요시토시와 일행인 겐소 등에게 술잔을 올리도록 했다. 요시토시는 잔을 올리면서 안도의 한숨을 내쉬었다. 이 정도면 일은 성사된 거나 다름없다. 이제 살았다. 요시토시의 머릿속은 벌써 히데요시에게 보낼 보고 내용에 대한 고민으로 채워지고 있었다.

통신사가
파견되었지만

1590년 3월

요시토시가 그렇게 고대하던 조선 사신 파견이 이루어졌다. 요시토시가 황윤길, 김성일, 허성 등과 함께 한양을 출발한 것이다. 이후 4월에 바다를 건널 때까지도 순조로웠다. 무리 없이 일이 진행되자, 요시토시는 마음을 놓았다.

그런데 정작 문제는 쓰시마에 도착한 다음 터졌다. 조선 사신들은 당연히 일본 조정에서 영접사를 파견해서 맞은 것이라고 생각했다. 그렇지만 일본 조정에서는 이번에 오는 조선 사신들을 그렇게 맞을 생각이 없었다. 그러자 조선 사신, 특히 김성일이 펄쩍 뛰었다. 일본 조정이 이렇게 거만하게 나온다면 자기는 움직일 수 없다는 것이다.

김성일이 하도 펄펄 뛰니까 일단 역관을 시켜 '바닷길에 문제가 생겨 영접사가 늦는 것뿐'이라고 거짓말을 해두었다. 물론 일본 조정에서는 쓰시마까지 조선 사신을 맞을 영접사를 보낼 생각 같은 것이 없다. 요시토시는 다시 골머리를 싸매야 했다. 이렇게 넘어가는 데에는 한계가 있다.

이대로 가다가 조선 사신들이 돌아가는 날이면 다시 내 목이 날아갈 것이다. 젠장, 이걸 어쩐다. 고민하던 요시토시의 뇌리에 문득 생각 하나가 스쳤다. 요시토시는 급히 부하를 찾았다.

"조선 사신 황윤길을 모셔오라."

며칠 후

요시토시는 마음이 바빴다. 오늘 고쿠분지國本寺에서 조선 사신들에게 연회를 연다고 해놓았는데 늦어버렸다. 워낙 고민이 많다 보니 이 생각 저 생각 하다가 나올 때를 놓쳐버렸으니, 참 정신머리 하고는….

"서둘러라."

말을 던져놓고 나니 민망하다. 가마꾼들은 안 그래도 서두르다 지쳐 있다. 여기다 대고 더 서두르라는 건 무리다. 뻔히 알면서도…. 그래도 어쩔 수 없다. 달리는 말에도 채찍질을 하는 법이니. 그래도 산 위까지 올라가려면 시간이 제법 걸릴 텐데, 늦었다고 골치깨나 아프게 생겼다. 그나저나 오늘 조선 사신들은 어떻게 구워삶아야 하나….

요시토시는 다시 생각에 잠겼다. 그러다 보니 어느 새 절간이 가까워졌는지도 모르게 입구를 지나 마당으로 들어서고 있었다. 생각 없이 교자에서 내리는데 조선 사신 하나가 노발대발하기 시작했다. 또 김성일이다. 통역을 통해 들으니, '번신藩臣인 대마도주가 왕명을 받든 사신이 앉아 있는 자리에 어찌 가마를 타고 들어올 수가 있느냐'라고 한다.

요시토시는 순간 멍해졌다. 김성일이라는 작자, 이게 기 싸움이라고 생각하는 모양이다. 그동안 교역하느라고 오냐오냐해주었더니, 이제 우리가 자기들 속국인 줄 아나? 제멋대로 생각하는 거야 어찌할 수 없을지 모르지만, 이러다 정말 큰일 날 텐데….

요시토시가 멍해 있는 사이, 김성일이 황윤길에게 뭐라 하고 있다. 그래도 황윤길이 점잖게 앉아 있자, 김성일이 앞장선 조선 사신 일부가 자리를 박차고 일어나 나가버렸다. 요시토시는 짐짓 상황을 모른 체하고 자리에 앉았다.

"제가 좀 늦었지요? 죄송합니다. 많이 화가 나신 분도 있는 것 같네요."

진세운이라는 역관이 답했다.

"몸이 안 좋아서 먼저 들어가신 것뿐입니다."

그러자 요시토시는 남아 있던 조선 사신들에게 다시 한 번 고개를 숙였다.

"다시 한 번 사죄드립니다. 요즘 제가 골치 아픈 일이 좀 많아서…."

황윤길이 조용하게 말을 받았다.

"이해합니다만, 중요한 일을 앞두고 결례가 생기면 일을 그르칠 수도 있습니다. 어디나 성격 괄괄한 사람들이 있게 마련 아니겠습니까."

조용하게 따지는 게 더 무섭다. 요시토시는 아차 싶었다. 이대로 조선 사신들이 돌아가버린다면 조선과의 대화 창구가 닫혀버린 것은 변명할 여지가 없이 요시토시의 탓이 되고 만다. 어떻게 수습한다? 즐겁게 해주자고 열어준 연회였지만, 바늘방석이 되고 말았다.

그 뒤의 연회는 그야말로 시간만 때우는 데에 불과했다. 요시토시는 황윤길의 말없는 압력을 받으며 수습 방법을 고민하면서 별말도 나누지 못하고 시간만 흘려보냈다.

다음 날

요시토시가 어제의 무례를 사과한다는 명분을 내세워 자리를 마련했 건만, 김성일이라는 자는 나오지 않았다. 몸이 아파 나오지 못한다는데, 이건 뻔한 핑계일 뿐이고…. 어제 몸이 아파 들어갔다고 전한 역관 진세 운이 김성일에게 곤장을 맞았다고 한다. 의전 문제 가지고 단단히 한 꼬 투리 잡았다고 생각하는 게 분명하다. 이걸 어쩐다.

갑자기 요시토시의 눈이 번뜩였다. 그는 부하를 불러 뭔가를 지시했 다. 그리고 얼마 후 요시토시는 김성일을 필두로 한 조선 사신들과 자리 를 같이할 수 있었다.

"어제는 죄송했습니다. 제가 아랫것들 단속을 잘 못하는 바람에 그 만…."

겉으로는 온화하게 웃으며 조선 사신들을 맞이하고 있었지만, 요시토 시의 속은 뒤틀리고 있었다. 저 김성일이라는 작자 때문에 애꿎은 가마 꾼들 목숨만 날아갔다. 그래도 가마꾼들이 서두르다가 잘못해서 들어온 걸로 몰아간 것이 먹혔으니 다행이다. 하긴 알면서도 이쯤에서 적당히 넘어가자는 수작일 수 있겠다. 입만 열면 도(道)가 인(仁)이 어쩌니 찾는 것들이 같잖은 지들 체면 때문에 사람 목숨을 희생시킨다. 이 작자들 비위 틀리면 내 목이 달아날 판이니 당장은 참는다.

그래도 가마꾼들 목숨을 날린 덕분에 이날의 모임은 무난하게 넘어갔 다. 그렇지만 모임이 끝난 후 요시토시의 얼굴을 차갑게 굳었다. 그는 측 근들을 모아놓고 일갈했다.

"앞으로는 조선 사신, 특히 김성일이라는 자의 비위를 건드리지 말도록. 멀리서라도 그 작자가 보이면 무조선 말에서 내려 예를 표시하라. 안 그러면 내 손에 죽는다.”

명령을 내리면서 요시토시는 이를 갈았다. 나중에 정말 전쟁이라도 나면 저것들부터 요절을 내고 싶다. 특히 저 김성일이라는 자.

연회가 끝난 후 김성일은 연신 헛기침을 해대며 들으라는 듯이 말했다. ‘사람이 죽은 것은 안 되었지만, 이걸로 깎여버린 나라의 체면은 조금 씻었다’라고. 그러나 친선을 다지자고 열어준 연회 때문에 사람이 죽어나간 것을 본 사신단의 분위기는 좋지 않았다. 이 때문에 얼마 후 김성일은 허성의 편지를 받았다. ‘체면만 따지다가 사람을 죽였다’라는 비난이 내용의 핵심이다.

얼굴이 시뻘게진 김성일은 답장을 썼다. ‘대체 우리나라와 이 섬이 어떤 관계에 있는가? 대대로 우리나라의 은혜를 입어서 동쪽 울타리가 되었으니, 임금과 신하 사이이자 부용국附庸國이다. 이번 사신이 파견될 때에 평의지가 공손하게 대했지만, 우리가 그들의 환심을 얻고자 지나치게 겸양의 미덕을 보이자 교만한 마음이 든 것이다. 그래서 며칠도 지나지 않아 우리를 대하는 태도가 달라진 것이다.’

답장의 문장은 공손한 것처럼 보였지만, 그 내용이 허성에 대한 비난임은 분명했다. 김성일이 허성에게까지 그렇게 나오자, 사신단 내부에서 더 이상 제지하려고 나서는 사람이 없었다. 그러는 사이 한 달이 흘렀다.

얼마 후 황윤길은 김성일을 찾았다. 그리고 부드럽게 말했다.

“부사. 이제 떠납시다.”

김성일은 펄쩍 뛰었다.

"무슨 소리요. 아직 저쪽의 영접사가 도착하지 않았소."

"언제까지 영접사 타령만 하고 있을 것이오? 우리는 일본의 정세를 알아보라고 파견된 거요. 여기서 이렇게 시간만 보내고 있어서야 되겠소?"

"나라의 체면을 깎아 먹어가면서 무슨 일을 한다는 거요."

김성일이 고집을 부리자 황윤길의 언성도 높아졌다.

"당신은 나라의 체면을 생각하는 거요, 당신 성깔을 부리자는 거요? 나는 정사의 권한으로 출발할거요. 따라오든 말든 당신 마음대로 하시오. 따라오지 않으면 당신은 정사 지시를 무시하고 무단이탈한 자가 될 테니."

김성일은 부들부들 떨었지만 별 수 없었다. 어쩔 수 없이 따라 나서는 김성일은 속으로 이를 갈았다. 두고 보자.

김성일은 얼마 가지 않아 황윤길을 몰아붙일 기회를 잡았다. 막상 배에 오르자 출항 허가가 나지 않았다는 이유로 출발하지 못하는 사태가 벌어진 것이다. 김성일은 황윤길이 들으라는 듯이 큰 소리로 떠들었다.

"허허, 이거 보시오. 바삐 떠나야 한다고 난리치더니, 막상 배에 오르니 떠나라는 허가가 나지 않았다네. 평의지 녀석이 기 싸움 하려고 일부러 출항 허가를 내주지 않는 거 뻔한데, 우리 대★조선국 사신단이 이렇게 왜놈들에게 놀아나고 있구먼. 사신단 수장에 이상한 자가 임명되더니 별 꼴을 다 보게 되네."

황윤길은 대꾸하지 않았다. 김성일의 성격과 의도는 잘 알고 있는 터, 뭐라고 하든 기다렸다는 듯이 말꼬리를 잡고 늘어질 것이 뻔했다. 그렇게 시비를 걸어 더 큰 소리로 떠들어 상대의 입을 막아버리면 이긴다고 생각하는 자다. 황윤길은 시끄럽게 떠드는 김성일의 목소리를 지우려 평의지의 말을 되새겼다.

자신을 찾은 평의지는 솔직하게 털어놓았다. 풍신수길이라는 자가 전쟁을 일으키려 한다고. 조선 사신을 찾는 것도 조선을 통해 뭔가를 해보겠다는 것이 아니라, 전쟁을 일으키기 전에 탐색을 하는 데 불과하다고 한다. 자신은 수길이 전쟁을 일으키게 되기를 바라지 않는데, 그렇다고 수길의 명을 거역하다가는 자기 목부터 날아가기 때문에 어쩔 수 없다고 한다. 그래서 조선 사신을 모시게 되었으니, 사정을 제대로 알려 어떻게든 전쟁을 막는 데 협력하잔다. 말을 들고 보니 지금 돌아가는 상황이 대충 짐작된다. 영접사가 제대로 오지 않은 것도 우리를 얕보는 수길의 장난이렸다. 그런 것을 수습하려는 평의지 저 친구도 골치깨나 아프겠다.

그러면서 선물도 후하게 주었다. 앞으로 가는 곳마다 사신단 일행을 섭섭하지 않게 대접할 것이라고도 한다. 어차피 해야 할 일, 개인적으로 챙길 것 챙겨두는 게 나쁘지는 않겠지. 어차피 왜놈들 재산인데.

그래서 영접사의 도착을 기다리지 않고 출발하려는 것이고, 출항 때 평의지와 손발을 맞추려 하는 것인데…. 그런데도 김성일 저 벽창호는 사태 돌아가는 데에는 관심도 없으면서 고집만 부린다. 오죽 질렸으면 평의지도 저놈하고는 말을 섞으려 하지 않는다. 그나저나 평의지가 늦지 않게 와야 할 텐데….

상대를 해주지 않자, 김성일이 다가와 제안을 한답시고 또 소리를 지른다.

"당장 출발합시다. 우리가 출발하면 지들이 안 따라오고 어찌할 것이오. 우리가 뭐하러 왜놈들의 허가를 기다리는 것이며, 왜놈들 비위 거스를까 봐 염려를 해야 한단 말이오."

그때 왜인 하나가 헐레벌떡 달려왔다. 출항 허가를 알리러 온 자였다. 황윤길은 김성일을 무시하고 조용히 명을 내렸다.

"이제 떠나자."

일기도─岐島

이곳에 도착하자마자 황윤길·김성일·허성은 둘러앉아 눈싸움을 해야 했다. 사실 도착하기 전부터 시비는 걸리고 있었다. 얼마 전 왜인들에게 음식을 받은 것부터 문제였다. 서해도의 왜인이 와서 예물로 음식을 바쳤을 때, 올린 글 중에 '조선 사신이 조공을 바치러 왔다'라는 구절이 있었다는 것이다. 처음에는 이 구절을 보지 못하고 음식을 종자從子들에게 나누어주었다. 뒤늦게 이런 구절이 들어가 있음을 알게 된 김성일은 황윤길과 허성에게 따졌다. '이런 모욕을 당하고도 음식을 받았으니, 어찌하겠느냐'라고 한다. '왜인들이 무식해 몰라서 그런 걸 가지고 끝까지 따져야겠느냐'라고 하자, '오랑캐가 무식하다고 사신까지 따라서 무식한 짓을 해야겠느냐'라고 따지고 들었다. 난감해하던 황윤길과 허성은 결국 받은 음식만큼 사가지고 돌려주기로 했다.

민망한 꼴을 당한 일본 측 사자는 '우리가 한자漢字를 잘 몰라 사람을 시켜 글을 쓰다가 잘못된 것일 뿐, 우리 주인의 뜻이 아니다'라고 변명했다. 대마도주 역시 '일본 글자로 써와서 번역을 시킬 때 한문을 잘 몰라 실수를 했고, 모두 내 잘못이니 용서해달라'라고 했다. 이렇게 해서 이 문제는 간신히 넘어갔지만, 이후로도 가마 타는 문제나 복장 문제 등을 두고 끊임없이 갈등을 겪었다.

그리고 영접사가 도착했다는 연락을 받고 나서 또다시 큼지막한 갈등이 터졌다. 황윤길은 반가운 마음에 얼른 영접사를 만나자고 하고, 당파가 다른 허성도 이것만은 동의해준다. 그런데 김성일이 또 딴지를 걸고 나선다. 언제나처럼 체면이 핑곗거리다. 대조선국 사신이 왜놈을 먼저 찾아가서는 안 된단다. '아무리 만나는 것이 급해도 주인이 손님을 청해야지 손님이 먼저 청해야 할 일이 아니다'라는 논리다. 참 별걸 다 갖다 붙인다. 전쟁이 날 판에 예법 타령이라니. 매사 이런 식으로 나오니 이제 당연히 거쳐야 할 과정까지 시빗거리가 된다.

시비를 하다 못한 황윤길이 일어섰다. 김성일과 얘기 계속해봐야 결론이 나지 않을 것이 뻔하다. 황윤길은 일어서면서 허성에게 눈짓을 했다. 눈치 빠른 허성이 따라 나섰다. 조용히 얘기할 수 있는 곳에 이르자 황윤길은 나직한 목소리로 허성에게 말했다.

"우리끼리라도 가봅시다."

허성이 말없이 고개를 끄덕였다. 황윤길은 미소를 띠며 물었다.

"서장관도 감을 잡은 것이오?"

허성은 또 웃음으로 대답한다. 눈치가 있으니 당색이 달라도 말은 통하는군. 황윤길은 조용히 역관 진세운을 불렀다.

그런데 몇 시간 후 돌아온 대답은 뜻밖이었다. 적관赤關(시모노세키)에서 만나잔다. 젠장. 이놈은 평의지가 아니라 수길이 직속으로 있는 놈이라는 점을 간과했다. 완전히 한 방 맞았다. 이게 알려지면 김성일이 놈은 더 펄펄 뛸 것이다.

영접사 놈의 수작은 적관에 도착해서도 계속되었다. 이번에는 몸이 아파 만나지 못하겠단다. 이놈이야말로 기 싸움을 하고 있다는 게 확실하다. 처음에는 하인이라도 보내더니 나중에는 아예 모른 척한다. 이에 따라 김성일의 기세도 점점 등등해져갔다. 황윤길의 속도 답답해졌다. 이제 평의지의 심정을 이해할 것도 같다.

영접사는 계빈주界濱州에 도착한 다음에야 만날 수 있었다. 참을성 많은 황윤길의 속도 뒤집혔다. 이 자식 일기도에 오기는 했던 거냐? 만나기는 했지만 뻔한 덕담 이외에 쓸모 있는 내용도 없다. 가만히 생각해보면, 애초부터 수길이는 영접사 자체를 보낸 적이 없는지도 모르겠다. 이놈들 혹시 일부러 가는 길까지 돌리는 거 아닌지 모르겠다.

1590년 7월, 교토

몇 달 만에야 통신사 일행은 수도 교토에 도착했다. 황윤길은 슬슬 답답해지기 시작했다. 대덕사大德寺라는 절을 숙소로 정해주는데, 나쁘지는 않지만 산속이다. 게다가 도착하면 만날 수 있을 줄 알았던 수길이는 산동山東 정벌에 가서 만날 수 없단다. 언제나 되어야 만날 수 있는 건지….

한 달쯤 지난 뒤 수길이가 돌아왔다는 소식이 들렸다. 그런데 또 만날 수 없단다. 궁전을 수리해야 한단다. 아무래도 농락당하는 것 같다. 단순한 농락을 넘어 협박하는 것 같기도 하다. 그러고 보니 이곳은 왜국이다. 우리를 죽이건 살리건 수길이 마음에 달렸다. 자기 마음에 들지 않으면 이곳을 떠날 수도 없다는 뜻을 이런 식으로 전하는 것은 아닌지….

시간은 점점 흘렀다. 사신단 내부에서 뇌물이라도 써서 빨리 수길을 만나야 하는 것 아니냐는 말도 나온다. 이런 말에 솔깃해지는 것을 보면 초조하기는 한가 보다. 황윤길은 자신의 처지를 깨닫고 픽 웃어버렸다.

그런데 김성일이 서신이랍시고 보내왔다. 뇌물 쓰자는 이야기를 들었나 보다. '왕명을 받든 사신이 나라 밖으로 나와서 임금을 욕되게 해서는 안 되는데, 하물며 뇌물을 돌려서야 되겠느냐'라는 내용이다. 누구는 뇌물까지 주고 싶은 줄 아나.

뇌물 주자는 얘기가 아니라 예물 교환하자는 얘기였다고 일러두었지만, 속이 뒤집힌다. 젠장. 생각 같아서는 김성일을 두들겨 패면서 얘기하고 싶다. 여기는 왜국이라고. 네놈이 따지는 논리, 여기서는 안 먹힌다고. 네놈이 성질부리다가 뭐가 잘못되면 네놈 혼자 다치는 게 아니라고.

답답해하던 황윤길에게 평의지가 찾아왔다. 내심 반가웠다. 이곳에서 그나마 의지할 수 있는 사람은 이 친구뿐이다. 그 심정을 짐작했는지 이런저런 덕담을 나누다가, 한 가지 제안을 한다. 사신 일행 중에 장악원掌樂院 소속의 악사들이 있으니, 일본 요인들에게 이들이 연주하는 기악伎樂을 들려주자고 한다. 그런 자리 마련하면 수길이와 가까운 측근들도 일부 올 테고, 뭔가 계기를 마련해볼 수 있지 않겠느냐는 거다.

솔깃하다. 무료하게 시간만 보내고 있으면 불안만 커진다. 데리고 온 장악원 악사들도 마찬가지다. 그러느니 뭔가 해보는 편이 나을지도 모르겠다. 잘하면 평의지 말대로 수길이에게 말을 넣어줄 놈 하나 포섭할 수도 있을지 모른다. 평의지가 돌아가자 황윤길은 슬쩍 사신단에 말을 흘려 반응을 보았다.

그런데 김성일이 또 난리다. '국서國書를 아직 전하지도 않았는데 먼저 기악을 보여주는 것이 바로 수모受侮'라며 펄펄 뛴다. '외국에 사신으로 가서 왕명을 전하지 못한 것은 시집가지 않은 처녀와 같다. 그러니 왕명을 전하지도 못한 상태에서 왜인들에게 우리 음악을 들려주는 것은 처녀가 기생처럼 노래를 파는 것'이란다. 나 참. 해괴한 논리 만들어 갖다 붙이는 게 주특기인 줄은 알았지만, 이제는 정말 뭣 같은 논리까지 만들어 나댄다. '저들이 애걸해도 안 되는 것인데, 명령까지 해대니 절대 불가하다'라며 말을 부풀린다. 젠장. 이런 식으로 분위기 망치면 연주는 해봐야 소용이 없을 수 있겠다. 김성일이 저놈 때문에 정말 아무것도 안 된다.

며칠 후 사신단은 요시토시의 방문을 받았다. 그가 찾아온 용건은 '관백이 내일 천궁天宮에 들어갈 것이니 구경하시라'라는 것이다. 김성일은 시키지도 않았는데 또 나선다.

"사신으로서 국명을 전하지 못하였으니, 사사로이 나가서 유람할 수가 없소."

요시토시는 기가 막혔다. 이놈이 소갈머리 없이 놀러가라고 하는 줄 아나. 사태 파악 좀 하라고. 어떻게든 히데요시를 만날 기회를 마련해주려는데, 이 벽창호는 시도 때도 없이 나서서 산통을 깨놓는다. 속이 뒤틀린 요시토시는 나직하지만 힘을 주어 말했다.

"제 말 무시하시면 언제 돌아갈지 보장할 수 없을 것입니다."

사신 일행 전체에 두려워하는 기색이 뚜렷하게 나타났다. 하긴 내 입에서 이런 말이 나온 것도 드문 일이니…. 그동안은 어떻게든 사신을 데려와야 해야 해서 싫은 소리 못 했지만, 이제는 사정이 다르다. 정신 좀 차리게 험한 말도 할 수밖에 없다. 이렇게라도 해서 정신 좀 차렸으면 좋으련만, 그래도 김성일은 꼿꼿하게 서서 외면한다. 그러든지 말든지. 나도 할 만큼 했다. 요시토시는 긴 말을 더 보태지 않고 돌아와버렸다.

다음 날 조선 사신 중 허성이 찾아왔다. 김성일이 똥고집 때문에 사신단이 공식적으로 천궁에 가는 것은 곤란해졌단다. 심지어 정사인 황윤길이 움직이는 것마저 김성일에게 트집 잡힐 공산이 커서 부득이 자신만 움직이게 되었다고 한다. 그래도 뜻을 알아주는 사람이 있어서 다행이다. 누가 되었건 히데요시를 만나 사태 파악하고, 조선 쪽에 제대로 전달하여 전쟁을 막을 수 있으면 좋으련만….

뜻을 전한 허성은 천궁을 향해 발걸음을 옮겼다. 그런데 몇 시간 후 요시토시는 황당한 소식을 들었다. 히데요시가 갑자기 일정을 변경시켜 천궁에 가지 않았다는 것이다. 요시토시는 순간 멍해졌다. 아무래도 히데요시가 조선 사신들 길들이기를 하려는 것 같다. 하긴 히데요시도 바보가 아니다. 조선 사신들의 태도에 대해서는 여러 경로를 거쳐 말이 들어갔을 터다. 이쯤 되면 조선이 자기에게 순순히 굴복하고 요구를 들어주지 않을 것이라는 점은 감을 잡았을 것이다. 그래서 짐짓 만나주지 않으면서 이래저래 골탕을 먹이는 것일 텐데…. 허성만 바보가 된 셈이다.

같은 일이 다음 날에도 되풀이되었다. 허성은 또 갔다가 헛걸음으로 돌아왔다. 어제 골탕을 먹고 다시 가준 것만 해도 고마운 생각이 든다. 어떻게든 파탄을 막아보자는 듯일 테지. 깽판 놓는 인간은 속 편하고 수습하려는 사람만 애를 먹는군.

그나마 세 번째 가서야 허성이 관백의 행차를 구경할 수 있었다는 말을 전해 들었다. 그러나 큰 성과는 없었던 것 같다. 그런데 김성일은 애를 먹은 허성에게 또 서신을 보내서 비난을 퍼부었다고 한다. 나라의 체면을 손상시켰다고. 요시토시는 답답해졌다. 이러다가 정말 파탄이 나는 건 아닌지….

그렇게 애끓는 시간이 지나고, 평의지를 통해 관백을 만나자는 통보가 왔다. 수길이가 만나주기는 할 모양이다. 그런데 만날 때 절차를 두고 또 사신단 내부의 갈등이 불거졌다. 김성일을 상대하는 데 지친 황윤길은 은근히 허성의 도움을 요청했다. 그래도 같은 당색이니 허성이 나서면 나보다는 좀 잘 받아들이겠지. 그러나 김성일은 그런 소박한 기대조차 용납하지 않았다.

수길이를 대할 때 예법부터 시빗거리가 되었다. 허성은 '우리나라 주상主上과 실질적으로 상대하는 이가 관백關白이니 동등한 예로 대해야 할 것이고, 의당 정배正拜를 해야 한다'라고 주장했다.

김성일은 어김없이 딴지를 건다. '관백은 천황의 신하일 뿐이지, 왕이라 할 수는 없지 않느냐. 그동안은 사정을 잘 몰라 국서에는 대등한 예로 대하였으나, 이곳에 와서 그가 왕이 아님을 알았으니 수길을 대하는 예법도 사신의 재량으로 고쳐야 한다'라는 논리다.

하긴 미개한 오랑캐라서 그런지 이 나라가 좀 이해가 가지 않게 복잡하기는 하다. 우리 주상에 해당하는 것이 천황이어서 수길이까지도 신하로서 그를 섬기지만, 나랏일은 모두 관백이 맡아 처리하고 천황은 형식적인 지위만 가지고 있다 한다. 허수아비라는 얘기인데…. 그런데도 부처를 받들듯이 깍듯하게 모신다니, 우리가 봐도 헷갈린다.

그렇지만 허성이 왜놈들 좋으라고, 이곳 법도 따라주자는 소리를 한 게 아니다. 평의지를 통해서 들은 이야기도 그렇고, 여기 와서 돌아가는 꼴을 보아도 그렇고 수길이는 우리를 하찮게 여기고 있다는 점을 과시하려는 것 같다. 그런데 그런 자에게 함부로 대하겠다고 했다가는 만나주지 않을 수도 있다. 어쩌면 만나느냐 마느냐가 문제가 아니라 우리가 여기서 몰살당할지도 모른다. 우리 목숨도 목숨이지만, 그렇게 되면 이곳 실정은 누가 어떻게 전하나. 그래서 웬만하면 이쪽 법도대로 따라 하면서 무난하게 넘어가자는 건데…. 그러기 위해 허성이, 일본 측에서 '우리 사신은 너희 나라에 가서 정하배庭下拜(뜰아래에서 절을 올리는 것)를 했는데, 너희들은 왜 안 하느냐'라고 하면 할 말이 없다고도 해보았다.

그래도 김성일은 막무가내다. '하늘에 두 해가 없고, 땅에 두 임금이 없는 것이 이치'란다. 그러니 관백이 정하배를 받겠다는 것은 천황을 자처하는 꼴이 될 것이니, 이 점을 내세워 타이르면 받아들이지 않을 수 없을 거라고 한다. 만약 그렇게 하지 않으면 나중에 오는 통신사들은 '아무개가 사신으로 왔을 때부터 정하배를 하는 관례가 생겨 우리까지 욕을 보게 되었다'라고 할 것이란다.

저놈의 똥고집은 시도 때도 가리지 않는다. 지금이 예법이나 따지고 앉았을 시국으로 보이나 보다. 빨리 돌아가서 이곳 사정 알리고 전쟁을 막아야 되는데…. 이러다가 일 틀어지면 제 목숨까지 날아갈 판인데 저러면서 꼴에 기개를 떨쳤다고 자랑하고 다니겠지. 하긴 저런 놈을 인재라고 떠받드는 것들이 한둘이 아니니….

결국 사신단 내부에서 결론이 나지 않았다. 그러자 김성일이 자리를 박차고 일어선다. 김성일은 자기가 해결하겠다고 큰소리를 치며 밖으로 나가버렸다.

며칠 후, 연회석상

젠소는 연회가 시작될 때부터 굳이 자신의 옆자리에 앉겠다고 고집하는 김성일을 보면서 불안감을 느꼈다. 이 벽창호가 이렇게 나오는 것을 보면 뭔가 또 시비 걸 거리가 있다는 얘기인데…. 아니나 다를까 연회가 무르익자, 대뜸 시비조로 말을 꺼낸다.

"귀국의 요인들이 관백을 볼 때에는 뜰아래에서 절을 하오, 아니면 마루 위에서 절을 하오?"

젠소는 어리둥절해서 반문했다.

"관백을 포함해서 모두 천황의 신하인데, 왜 그런 식으로 인사를 하겠습니까?"

그러자 김성일은 기다렸다는 듯이 따지고 들었다.

"당신들은 우리 대조선국 사신을 뭐로 보는 것이오?"

영문을 모르는 젠소는 어안이 벙벙해져서 물었다.

"무슨 말입니까? 좀 알아듣게 말씀하시지요."

"아무리 미개한 오랑캐로서니 기본적인 예법은 지켜야 할 것 아니오."

손으로 탁자를 치며 큰소리다.

"도대체 무슨 예법을 어떻게 지키지 않았다는 겁니까?"

"당신네 관백은 신하일 뿐이지 왕이 아니라면서요. 그런데 우리나라에는 왜 왕 행세를 했던 거요? 그리고 왕이 아니라는 점이 드러났으면 의당 예법도 분수에 맞게 적용해야지, 우리가 뻔히 알게 되었는데도 왕 행세를 하겠다는 것은 또 뭐요?"

이거였어? 겐소는 기가 막혔다. 어째 인사법을 물을 때부터 뭔가 이상했다. 내가 걸려들었나 보다. 그런데 지금 이런 문제 가지고 이렇게까지 따지고 들어야 하나? 전쟁이 나느냐 마느냐에, 잘못하면 제 목숨까지 보장할 수 없는 판에 이런 것까지 시비 걸어 히데요시를 자극하려 한다. 난감해진 겐소는 일단 부드럽게 진정시키려 했다.

"우리나라 사정이 조선과는 좀 다릅니다. 천황 폐하가 계시기는 하지만, 통치는 사실상 관백께서 하시니…."

김성일은 끝까지 듣지도 않고 말을 끊어버린다.

"뭐라 하든 관백이 왕은 아니지 않소."

이런 인간하고 말을 섞는 것 자체가 바보짓일지도 모르겠다. 겐소는 진저리가 났다. 이럴 때는 간단하게 끝내는 게 최고다.

"그래서 어떻게 해달라는 겁니까?"

"신하라면 신하답게 예법도 분수에 맞게 하자는 거요."

"분수에 맞게요?"

겐소가 반문하자 김성일은 구체적으로 방법을 제시했다.

"우리 사신들이나 관백이나 다 같은 신하이니, 우리는 가마를 타고 궁문을 들어가도록 허락하시오. 그리고 가각笳角(갈대로 만든 피리)을 울려 안내할 것이며 당堂 위에 올라가 기둥 밖에서 절하는 것으로 합시다."

겐소는 잠시 망설였다. 이 작자를 어떻게 해야 하나? 일단 시간을 좀 벌자.

"이 문제는 제 마음대로 결정할 수 없는 것이니, 위에 보고하고 의논해보겠습니다. 잠시 말미를 주시지요."

김성일은 대답 없이 고개를 돌렸다. 이런 시비를 하고 난 겐소에게는 나머지 연회가 어떻게 돌아가는지는 눈에 들어오지도 않았다.

얼마 후, 애를 태우던 요시토시에게 반가운 소식이 전해졌다. 히데요시가 조선 사신을 만날 일정을 잡았다는 것이다. 김성일이 내건 절차도 다 받아들였다고 한다. 요시토시는 안도의 한숨을 내쉬었다. 히데요시가 형식에 얽매이지 않아 다행이다. 그렇지만 미천한 출신이라는 열등감을 항상 안고 사는 히데요시가 김성일 같은 작자의 요구를 받아들였을 때에는 뭔가 생각이 있을 수도 있을 텐데…. 얼핏 불안한 생각도 머리를 스쳤지만, 접어두기로 했다. 일단 만나기로 했다는 것만 해도 어디냐.

1590년 11월, 주라쿠다이聚樂第

요시토시의 가슴은 뛰고 있었다. 드디어 모든 것이 결정되는 날이다. 오늘만 무사히 넘어가면 적어도 절반은 성공이다. 히데요시가 짊어지운 임무는 조선 사신을 데려와 만나게 한 것이니 일단 해낸 셈이고, 이곳의 실상을 알려 전쟁을 막는 것은 조선 사신들의 몫이다. 다음에도 애를 먹겠지만, 그래도 당장 목이 날아갈 일은 면할 것이다.

요시토시는 힐끗 히데요시의 모습을 보았다. 몇 번 만났지만, 정말 못생겼다. 땅딸막한 키에 원숭이처럼 생긴 얼굴이 시커멓기까지 하다. 저런 몰골로 이 자리까지 올라온 걸 보면 저 뱃속에는 구렁이가 천 마리는 들어 있겠다.

사람을 쏘아보는 눈길은 언제나 등골을 서늘하게 만든다. 김성일이 히데요시 앞에서 어떻게 나올지도 오늘의 구경거리겠다. 히데요시는 사모紗帽와 흑포黑袍 차림으로 방석을 포개어 앉아 있었고, 그 옆에는 신하 몇 명이 배열해 있었다.

협의된 절차를 거친 다음 조선 사신들이 좌석에 앉았다. 변변한 도구도 놓지 않은 채, 앞에다 탁자 하나를 놓고 그 위에 떡 한 접시를 놓은 게 전부다. 술도 옹기사발에 담긴 탁주다. 하다못해 주인과 손님이 서로 술을 권하고, 엎드려 절하는 것도 없다. 그렇게 술이 세 순배 돌려지고 연회는 그만이었다.

성대하다고 할 수 없는 대접이다. 역시 히데요시다. 까탈스러운 절차를 다 받아준 대신 이렇게 대접을 하는군. 네놈들이 나를 무시한 만큼 돌려준다는 뜻일 것이다. 요시토시는 슬쩍 조선 사신, 특히 김성일의 표정을 살폈다. 그렇게 잘난 척하더니, 이런 대접에는 별다른 말을 못 한다. 분위기 파악 좀 했으려나?

그런데 히데요시는 여기서 그치지 않는다. 조선 사신들을 앉혀놓고는 가타부타 말도 없이 안으로 들어가 버린다. 그래도 꼼짝 않고 있는 일본 요인들의 태도를 본 조선 사신들의 얼굴에 당혹스런 표정이 뚜렷하게 나타난다. 잠시 후 히데요시는 속옷 차림으로 어린 아기를 안고 나타났다. 아이를 어르며 당堂 위에서 서성거리던 히데요시는 또 밖으로 나가 조선 악공들에게 음악을 연주하도록 시킨다. 한 곡도 아니고 여러 곡을 연주시키면서 혼자 감상에 빠진다.

김성일의 얼굴이 똥 색깔로 바뀐다. 요시토시는 코웃음을 쳤다. 자식아, 벌써 그러면 어쩌냐. 이건 시작에 불과하다. 요시토시의 기대를 저버리지 않고, 조선 사신에게 모욕적인 장면은 계속 연출되었다. 세상 모르는 아이까지 도와준다. 히데요시의 품에 안겨 있던 어린 아이가 오줌을 싸버린 것이다.

히데요시는 특유의 웃음소리를 내면서 시종을 불렀다. 시녀 한 명이 대답하며 나와 그 아이를 받았고, 히데요시는 태연자약하게 다른 옷으로 갈아입는다. 조선 사신들이 보고 있건 말건 아랑곳하지 않는다. 너희들 존재감이 이런 정도에 불과하다는 뜻을 노골적으로 보여주는 것이다.

요시토시는 김성일을 힐끗 훔쳐보며 비웃었다. 어떠냐 자식아. 네놈이 잘난 척해봐야 여기서 히데요시에게 받는 대접은 이런 것이다. 그 나이 처먹도록 철도 안 든 놈아. 이런 꼴 보면 철 좀 들려나.

히데요시는 조선 사신들에게 실컷 모욕을 주고 나서야 기본적인 답례를 한다. 조선의 상사上使와 부사副使에게 각기 은 400냥을 주고, 서장관 이하는 차등을 두었지만 그래도 적지 않은 은덩이를 나누어주었다. 우리가 없어서 너희를 소홀하게 대접하는 건 아니라는 시위도 되겠다.

연회가 그렇게 끝나는 기미가 보이니까 조선 사신 측에서 돌아가야 하니 답서答書를 달라고 재촉한다. 이런 꼴을 당했으니 얼른 돌아가고 싶겠지. 히데요시는 이 장면에서도 애를 태운다. 가서 기다리란다. 그러자 김성일이 참지 못하고 발끈한다. '우리는 사신으로서 국서를 받들고 왔는데 만일 답서가 없다면 이는 왕명을 천하게 버린 것과 마찬가지다'라며 볼멘소리를 한다. 드디어 성질 나오는 군. 어디 히데요시 앞에서도 통하는지 볼까?

아니나 다를까 히데요시가 엷은 미소를 띠며 한마디 한다. 통역이 어떻게든 순하게 말을 고쳐 전하려고 애를 먹는다. 그래봐야 소용없다. 아무리 벽창호 김성일이라도 이런 분위기를 눈치 채지 못하지는 않는다. '네 놈은 목숨이 몇 개쯤 되냐'라는 말을 돌려서 하려는 통역도 우습지만, 히데요시의 표정만 보고도 뜻을 알아들은 김성일의 꼴도 볼만하다. 그렇게 성깔 부리던 놈이 히데요시 앞에서는 별말도 못 하고 우물쭈물한다. 이 자리에서 개수작하다가는 당장 목이 달아날 수 있다는 점은 감 잡은 것 같다. 꼴좋다. 요시토시는 속이 후련해졌다. 제 놈도 히데요시 앞에서는 별수 없구먼.

그래도 꼴에 자존심 챙긴다고 물러 나오려 하지는 않는다. 어쭈. 생각 같아서는 히데요시가 벌컥 화를 내며 김성일이 목 날리는 꼴을 보고 싶다. 그래도 생각이 있는 다른 조선 사신들이 김성일에게 눈치를 준다. 그리고 얼른 인사를 하며 물러난다. 김성일도 못 이기는 척하며 따라 나간다. 아이고, 그 용기 어디 갔나. 좀 더 버티어보지. 이 정도로 수습된 것이 다행이라는 점을 알면서도 일면 섭섭한 생각이 든다. 히데요시가 아니면 김성일이 놈에게 이렇게 대놓고 모욕 주는 장면 보기 어려운데. 이 좋은 구경거리가 여기서 끝났다니 정말 아쉽다.

그건 그렇지만, 이제 히데요시가 조선의 속을 다 알아차렸을 텐데…. 그동안 우리가 말 못 하고 있었던 것 눈치 채고도 문제가 없을는지 모르겠다.

통신사 일행이 히데요시와의 면담을 마치고 나온 이후에는 다시 만날 기회가 없었다. 수길은 국서를 받고 난 나흘 후에야, '국서를 다듬어 보낼 것이니, 계빈界濱에 가서 기다리라'라는 전갈만 보냈다. 혼이 난 통신사 일행은 더 이상의 항의나 심지어 확인도 없이 짐을 싸 출발을 서둘렀다.

물론 김성일은 또 딴지를 걸었다. '국서를 받지 못했으니 임무를 마치지 못한 것이다. 사신이 일도 마치지 않고, 수도에서 나간 일이 있었느냐? 내가 아무리 보잘것없는 사람이라도 조정에서 임명해 같이 온 사신인데, 의논도 제대로 하지 않고 외면하기만 하는 법도가 어디 있느냐?' 그렇지만 이번에는 아무도 김성일을 상대해주지 않았다. 김성일과 시비 걸리는 것이 아무리 지긋지긋해도, 수길이에게 목숨을 위협받는 것보다는 낫다. 더욱이 수길이 태도를 보니 심상치 않다. 한시 바삐 돌아가, 이 사실을 알리고 대책을 세우도록 한다는 것이 통신사 일행을 감싸고 있는 기류였다.

보름 정도 지난 뒤 답서가 도착했다. 답서를 받아본 통신사들 사이에는 동요가 일었다. 짐작되지 않았던 바는 아니었지만, 조선 조정에서 경악할 만한 내용이다. 그래도 일단 임무를 완수한 셈이었지만, 김성일이 또 나섰다. 이런 답서를 가지고 돌아갈 수 없다는 것이다.

맙소사. 수길이에게 그 수모를 받고도 정신을 못 차렸나 보다. 붕어의 기억력도 저놈보다는 낫겠다. 황윤길은 허성을 쳐다보았다. 차라리 이런 답서를 그대로 받아가면 우리 조정에서도 좀 더 정확하게 상황을 파악할 수 있지 않을까? 허성은 대충 공감하는 것 같았지만, 김성일은 막무가내였다. 기어코 답서를 들고 현소를 찾아갔다. 그리고 고쳐달라고 요구했다. 한 번으로 안 되니 두세 번을 찾아간다. 사신단 사이에 불안감이 퍼졌다. 김성일이 때문에 돌아가지 못하고 여기서 목숨을 잃는 것 아니냐는 말도 나온다. 그래도 김성일의 똥고집을 꺾을 사람이 없다.

황윤길은 허성과 함께 '시간 끌어봤자 소용없다'라고 말렸지만, 김성일은 귓등으로도 듣지 않고 계속 현소를 다그친다. 현소, 저 친구도 골치깨나 아프겠다. 그래도 믿을 것은 저 친구밖에 없다. 왜국까지 와서 동료라는 놈은 깽판 치고 왜놈이 수습해주기를 기다리는 꼴이 되다니….

그래도 김성일은 끝까지 편지질을 해댄다. 특히 선위사 평행장平行長에게 '대명大明이 우리 부모의 나라여서, 우리 전하가 경외하는 정성이 변하지 않았다. 북으로 신성한 수도[神京]를 바라보면 천자의 위엄이 지척에 있음을 깨닫는다. 그래서 조공이 끊이지 않고 있다. 당신 나라도 지금은 명과 국교를 끊었으나, 수십 년 전에는 사신이 다닌 적이 있었으니, 우리나라가 대명과 한 집안임을 알지 못하는가? 이런 내용이 들어간 것은 글을 잘못 작성한 것이지, 관백의 뜻은 아닐 것이다. 그런데도 국서의 문구가 이와 같은 것을 보고 아무 말 없이 돌아가는 것이 사신의 도리겠는가? 그러니 귀하가 관백에게 이 뜻을 아뢰어달라'라는 편지를 보냈단다.

어떤 내용의 편지를 보내며 시비를 끈다는 점을 잘 알고 있는 사신단 전체가 한동안 불안에 떨었지만, 다행히 큰일로 이어지지는 않았다. 현소가 적당히 답서를 고치며 성의를 보였고, 김성일도 끝까지 물고 늘어지지는 못했다. 수길이가 우리를 죽일 생각까지는 없었는지, 현소가 적당히 기지를 발휘한 것인지는 모르겠지만 어쨌든 살았다.

돌아오는 길은 여러 가지로 편했다. 돌아갈 수 있다는 안도감에 왜인들의 대접도 극진했다. 지나오는 곳마다 왜인들의 선물이 빗발쳤다. 원래 통신사에 대한 대접이 좋았다지. 150년 만에 오는 통신사니 이상할 것도 없다. 지나는 곳마다 통신사들이 써주는 글을 얻어가려 줄을 서는 광경은 흔한 장면이 되었다.

물론 그것만은 아니리라. 평의지처럼 전쟁을 막는 데 역할을 해달라는 무언의 부탁도 있을 터. 이런 일에서도 김성일은 튄다. 특별히 우리에게 피해를 줄 일도 아닌데, 왜인들이 성의라고 주는 선물을 굳이 물리치고 받지 않는다.

그래놓고 우리가 선물을 받았다고 또 막말을 하며 시비를 건다. 누가 저보고 받지 말란 놈 있었나. 참 엉뚱한 데서 청렴결백한 척한다. 무슨 뇌물도 아니고…. 손해될 것 없는 일이니 챙겨두는 것도 나쁘지 않을 것이라 받는 거고, 이렇게 선물 교환하면서 우의를 다져 외교 비선 만들어두는 건 상식인데. 그러거나 말거나 이제는 알 바 아니다. 시도 때도 가리지 않고 시빗거리 만들어내는 데 신물이 난다. 돌아가면 저런 작자와 얽히는 일이 없기만을 바랄 뿐이다.

돌아가는 조선 사신들을 배웅하는 요시토시의 마음에는 만감이 교차했다. 일단 임무를 달성했으니 목이 무사하다는 것에 감사한 일이고…. 그러고 보면 히데요시도 조선의 사정에 대해서는 미리 알고 있었던 것 같다. 하긴 속 뻔히 들여다보이는 변명으로 일관하는 걸 눈치 못 채는 수준이면, 그 자리에 올라갈 수도 없었겠지.

다 알면서도 '조선 사신이 국왕의 대리인으로 와서 자신에게 복속의 예를 취했다'라고 소문을 냈다. 그 이전부터도 아무 근거도 없이 '고려가 중국 정벌에 길잡이를 할 것'이라고 소문을 내왔지. 처음부터 조선이 어떤 태도를 보이건 아무 상관 없이 자기 과시하는 데 이용하자는 거였다. 그러니 실제로는 소문과 완전히 다른데도, 조선 사신을 데려온 것만으로 우리에게 큰 문책이 없는 거다. 이런 게 정치라는 것인가 보다. 덕분에 우리가 무사한 것이니, 그렇게 제멋대로 생각하는 게 다행이기는 한데….

아직도 갈 길이 멀다. 그런데도 당분간은 내가 할 수 있는 일이 없다. 이제 전쟁 막을 일은 조선 사신들에게 맡길 수밖에. 겐소와 야나가와 시게노부를 딸려 보내니, 이들이 잘 처리해주기를 바랄 뿐이다.

조선 사신들이 떠나는 날, 이들을 접대하던 일본 쪽 요인들이 후련한 마음에 저마다 김성일에게 비아냥거리며 인사말을 던진다.

"기개가 대단하십니다."

김성일이 호탕하게 웃는다. 저 소갈머리 없는 병신. 속뜻도 모르고 진짜인 줄 아는 거 아냐? 아니나 다를까 마주치는 사람마다 우리가 자기 처신에 감복하여 칭송한다고 떠벌린다. 설마 조선인들도 저런 벽창호의 말을 믿는 건 아니겠지.

히데요시가 제멋대로 생각하는 거야 지가 칼자루 쥐고 있으니 이해는 가는데, 조선 쪽에서 김성일이처럼 생각하는 건 차원이 다르다. 전쟁을 일으키는 건 김성일이 아니라 히데요시 마음에 달렸으니, 그의 의도를 제대로 파악하고 대비하지 않는다면 정말 험악한 꼴을 보아야 할 것이다.

1591년 1월 9일

조선 정계는 아직도 작년에 있었던 정여립의 모반 사건의 후유증을 겪어야 했다. 이 때문에 일본에 사신으로 간 허성까지 엮였다. 의금부에서는 '전 판관判官 성천지成天祉와 허성을 잡아다가 조사하라는 명이 떨어진 지 오래지만 통신사 일행이 아직 돌아오지 않았기 때문에 잡아오지 못하고 있다'라며 사람을 보낼 것 없이, 돌아오자마자 체포하여 동래부東萊府에 가두고 즉시 보고하게 한 다음 잡아오게 하자고 한다. 일단 정여립과 엮였다니 하지 말라고 할 수는 없지. 선조는 의금부의 요청을 허락했다.

1591년 1월 10일

대마도에서 또 조선인 표류자 9명을 구조해서 보내왔다. 얘들은 우리 좋은 일을 하는 데 꽤 애를 쓰는 것을 보니 적이 될 필요는 없는 것 같다. 선조는 대마도에서 보내온 사신들에게 상과 벼슬을 주라는 명을 내렸다. 그리고 예조에 이들을 한양으로 올려 보내 전례에 따라 후하게 접대하여 보내라고 당부해놓는 것도 잊지 않았다.

1591년 1월 13일

오랜만에 일본에 보냈던 통신사에게서 보고가 들어왔다. 보고에 의하면 작년 7월 21일이 되어서야 일본의 수도에 들어갔으나, 11월 7일에야 비로소 보고서를 올릴 수 있었다고 한다. 11일에 일본 수도를 떠나 사포沙浦에 이르렀고, 20일에야 비로소 일본에서 우리에게 보내는 문서를 받았는데 여기에 문제가 있어서 논쟁을 벌였단다. 그 때문에 평조신이 문서 내용을 바꾸기 위해 도로 일본 국왕에게 갔는데 이달 2일에야 돌아온다고 하였고, 이에 따라 3~4일이나 되어야 배가 출발하게 될 것 같다고 하는데….

선조는 뭔가 마음에 걸렸다. 도대체 무슨 문제가 있기에 문서를 뜯어고 쳐야 한다는 건지…. 그런데 이렇게 궁금한 내용은 대개 알려주지 않는 다. 일본에서 회례사回禮使로 상관上官 현소와 부관副官 평조신을 임명하여 함께 돌아온다고 한다. 통신사가 이들과 함께 돌아오면 다 파악이 되겠 지. 필요한 물건을 모두 배 안에 놔두고 밖에 묵고 있어서 얇은 종이에 서 신을 보내게 되어 매우 황공하다는 말까지 덧붙였다. 이런 거야 별거 아 닌데, 나름대로 예의 차리느라 애쓰는군.

1591년 초

정철은 심술궂은 표정으로 류성룡을 바라보았다. 긴히 할 이야기가 있 다고 해서 조용한 방으로 오긴 왔는데, 동인의 괴수 놈이 무슨 이야기를 하려고? 류성룡은 정철의 마음을 읽은 듯, 횡설수설하며 말을 꺼내기 시 작했다.

"주상의 나이가 꽤 되셨지요?"

정철은 말없이 고개를 끄덕였다. 그래서 어쨌다고 이놈아. 말없이 흐 르는 침묵이 어색할 텐데도 류성룡은 계속 말을 돌린다.

"중전께는 아직도 소생이 없으시니…."

그래도 이 말까지 나오니 대충 감이 잡힌다. 이쯤 되었으면 속을 털어 놓을 만도 한데, 류성룡은 그래도 말을 돌린다.

"주상께서 요즘 인빈仁嬪 김 씨와 신성군信城君께 너무 마음을 주신다지요?"

"그래서 대신들 사이에서 세자 책봉 문제가 조금씩 거론되고 있지요."

정철은 참지 못하고 말을 뱉었다. 그러자 류성룡은 마치 전혀 생각을 못 하고 있었다는 듯이 맞장구를 쳤다.

"아, 그렇지요. 요즘 그런 말이 돌고 있습디다."

뭔가 말려드는 것 같다는 생각을 하면서도, 정철은 다그치고 나섰다.

"그래서 대감께서도 세자 책봉을 서둘러야 한다고 보시는 거요?"

류성룡은 늘 그렇듯이 말을 돌린다.

"대신들이 그리 생각한다면, 저야 뭐라 할 이유가 없지요. 아무래도 국본國本이 세워져야 유사시에 대한 대비가 되는 거 아니겠습니까?"

"그렇다면 주상께 건의를 드리면 되지 않소."

류성룡은 마치 오랜 동지를 격려하는 것처럼 고개를 크게 끄덕였다.

"그렇지요. 그리해야 할 일이면 해야죠."

"그러면 주청하면 되지 않겠소."

"그렇지만 국가의 대사는 혼자서 결정하는 게 아니니…."

"여러 사람과 얘기해봐야 한다?"

정철은 넘겨짚었다. 그런 건 기본이니…. 류성룡은 또 과장이라고 할 만큼 크게 고개를 끄덕인다.

"그렇지요. 모든 일은 순리대로 처리해야지요."

"그럼 누구와 의논하자는 말이오?"

"최소한 이산해 대감과는 의논을 해보아야 하지 않을까요?"

"그 사람이 우리 말을 잘 들을는지…."

"우리 둘이서 하자면 안 듣겠습니까?"

"그렇다면 그리하시오."

"알겠습니다. 시간을 정해보겠습니다."

정철은 별 싱거운 사람 다 보겠다는 표정을 지었다. 뭐 이런 얘기를 하는데 조용한 곳을 찾아? 그런데 이후 이산해는 대궐 안에서 만나기로 약속을 해놓고도 두 번이나 나오지 않았다.

그러는 사이 이산해가 술을 하기로 약속을 한 사람은 따로 있었다. 김빈金嬪의 오라비 김공량金公諒이다. 그런데 이산해는 김공량과의 술자리에 아들인 경전慶全을 먼저 보냈다. 이를 대수롭지 않게 여긴 김공량은 이경전과 먼저 술자리를 시작했다. 술잔이 몇 순배 돈 다음, 갑자기 누군가 찾아와 이경전을 찾았다. 이산해 집의 계집종이다.

"무슨 일이냐?"

이경전이 묻자 계집종은 쩔쩔매면서 대답했다.

"대감마님께서 오시려 하시다가요, 무슨 말을 전해 들으시면서 방 안으로 다시 들어가시더니 눈물만 흘리시네요. 왜 그러시는 건지 저희 같은 아랫것들이 물어도 대답을 안 해주셔서…."

이경전을 뒷말을 듣지 않고 일어섰다. 그리고 곧바로 집으로 돌아왔다. 그렇지만 곧 이경전은 김공량과의 술자리로 돌아왔다. 이번에는 김공량이 더 놀랐다.

"어인 일이시오? 부친께 무슨 변고가 있는 것 같더니…."

"큰일 났습니다."

이경전은 김공량의 말까지 끊어가면서 자리에 앉았다. 영문을 모른 김공량은 되물었다.

"무슨 일이기에 그러시오?"

이경전은 주위를 한 번 둘러보고 소리를 낮추며 속삭였다.

"부친께서 신성군 마마와 관계된 일로 황망한 이야기를 들으신 모양입니다."

"뭣이라?"

이경전의 말을 들은 김공량이 더 긴장했다. 임금이 요즘 자신의 누이와 조카에 애정을 쏟고 있는 터였다. 은근히 훗날에 대한 기대를 하고 있는 터에 그들에게 문제가 생길 말이 돈다니, 긴장할 수밖에 없었다.

"좌의정 정철 대감이 세자 책봉을 건의한 다음, 신성군 모자를 제거하려 한다고 합니다."

그 말을 들은 김공량은 펄쩍 뛰었다. 임금의 총애를 받는 후궁과 왕자를 제거하려 한다? 정철 이 작자가 간이 부었나 보다. 이번에는 김공량이 술자리를 박차고 일어섰다. 그리고 누이인 김빈에게 달려갔다.

얼마 뒤 1591년 2월

선조는 잠시 일본 관계 문제를 접어두고 새로운 골칫거리를 처리해야 했다. 발단은 정말 사소한 베갯머리송사에서 시작되었다. 요즘 인빈 김씨를 좀 예뻐했더니 기어오르나? 그래도 여자가 살짝 눈물 흘리며 말하니 마음이 흔들리기는 했다. 그렇지만 설마 그 말대로 정철이 신성군 모자를 죽일 생각이야 하려고. 공연히 소문에 여자 마음이 흔들리는 것이라 생각해서 믿지 않았다.

그런데 정철 이놈이 오늘 경연에서 세자를 세우자고 건의하는 꼴을 보니 생각이 달라진다. 선조는 정철의 말이 나오자마자 얼굴이 시뻘게져

언성을 높였다.

"내가 지금 살아 있을 뿐 아니라 아직도 정정한데, 세자 세우기를 청하는 이유가 뭐냐?"

정철은 놀라 류성룡을 돌아보았다. 주상께서 화를 내시니, 같이 세자 책봉을 주청하기로 한 당신이 한마디 거들어야 하지 않느냐는 뜻이다. 그렇지만 류성룡은 갑자기 벙어리가 된 것처럼 아무 말도 하지 않았다. 정철은 그제야 뭔가 잘못되었다는 점을 느꼈다.

그렇지만 때는 이미 늦었다. 며칠 후, 정철에 대한 탄핵 상소가 줄을 이었다. 정권을 좌우하며 횡포를 부린다는 것부터 최영경 등을 억울하게 죽였다고 지나간 일까지 들추기 시작했다.

선조는 줄을 잇는 탄핵 상소를 보면서 쓴웃음을 지었다. 이전부터 정철이 일을 제멋대로 처리한다는 말이 있었다. 이 문제는 상소문으로 다 이야기할 수 없으니, 임금을 만나야겠다는 요청이 줄을 잇고 있다는 점도 모르는 바 아니었다. 이들 중 일부를 만나서, 정철이 주색을 탐하여 나라를 어지럽히고 있다는 극언을 듣기도 했다. 몰려온 무리들은 '상소의 내용을 보았다' 하고 적당히 얼러 돌려보내왔다.

그렇지만 세자 책봉 문제로 상황이 달라졌다. 동인 놈들이 기회를 잡았다고 생각하는군. 사실 그렇다. 동인 놈들이 나까지 무시하고 세도 부리는 꼴이 보기 싫어, 기축옥사己丑獄事 때 정철이 무리하게 죄인 만드는 것을 눈감아주었다. 그래서 기축옥사 재판관으로 넣어주었더니, 아예 송익필 놈을 집 안에 들여놓고 동인 타도에 몰두했다. 그러고 보면 정철 이놈 정말 흉악한 놈이다. 고향에 있던 이놈이 송익필·성혼의 충동질 받고 올라왔다는 것도 다 알고 있었다.

겉으로는 이발 등을 구하는 척하면서, 뒤로는 갖은 수법으로 이들을 옭아 넣으려 했다는 점도 모르지 않는다. 그 김에 평소 미워하던 사람들을 모두 역당으로 몰아 처단했지. 이놈 때문에 3년 동안 죽은 자만도 1,000여 명이 넘었다. 덕분에 평소 건방지게 놀던 것들을 처리할 수 있었다고 조금 봐주었더니, 이제 정철 이놈이 기어오르려 드는 것 같다. 그동안은 내가 필요해서 눈을 감아주었지만, 이제는 그만둘 때다.

결국 3월 6일 정철은 파직되었다. 그 결과 이산해를 영의정, 이양원李陽元을 우의정으로 삼고, 류성룡을 좌의정으로 승진시켰다. 기축옥사에서 죽었던 최영경을 비롯한 동인 대신들에 대한 사면 조치도 잇달았다.

선조는 '간사한 성혼, 악독한 정철'이라는 말까지 쓰면서 서인을 배척했다. 그러면서도 내심 걱정했다. 이렇게 정철이 물러나게 만들기는 했지만, 인심은 여전히 흉흉하다. 반란 모의를 밀고하는 자가 있다는 말이 공공연하게 나돈다. 심지어 승지라는 작자가 이런 데 엮일까 봐 유생들을 만날 때 관례를 무시하고 참석을 피한다. 특히 이정립 같은 놈. 나중에 알고 보면 고발한 것도 없는데 쓸데없이 겁을 낸다.

역모로 걸리면 끝장이라는 생각인지 간관이라는 놈들도 이런 문제에는 몸을 사리는 게 뻔히 보인다. 무리도 아니지만, '화를 당할 것이 뻔하니 차마 말할 수 없다'라는 말이 나돈다며? 이런 개자식들. 평소 사소한 문제만 걸려도, 목숨이라도 걸 것처럼 거품 물기 좋아하는 족속들이 정작 시비를 가려야 할 때는 비겁하다. 하긴 나도 이런 점을 잘 이용해먹고 있기는 하지만.

1591년 2월 6일

정국이 뒤숭숭한 와중에 병조에서 외적이 쳐들어오는 사태에 대비한 제안을 올렸다. 적의 침입을 받았을 때, 맞서 싸울 무기로는 철환鐵丸만 한 것이 없는데, 제대로 다룰 줄 아는 자들이라고는 화포장火砲匠 몇 사람에 불과해서 유사시 문제가 된다고 한다. 의논해본 결과 철환은 연습만 하면 누구나 사용할 수 있다고들 하니, 각 부대마다 병조 주관 아래 군기시 제조軍器寺提調와 함께 연습을 시키고 싶다는 것이다. 대신들도 동의하니 허락해달라는 내용이다. 나쁠 것 없겠다. 선조는 허락의 뜻을 밝히면서, 의아한 생각도 들었다. 그런데 철환 쏘는 훈련을 하려면 비용이 꽤 들 텐데, 염출해낼 수는 있으려나? 그렇지만 선조는 곧 걱정을 털어버렸다. 알아서 하겠지, 뭐.

선조가 외적의 침입 문제로 골치 썩일 여유를 빼앗는 듯, 곧 '통신사가 돌아와서 종사관 허성과 성천지를 동래부에 수감하였다'라는 경상감사의 보고가 올라왔다. 그래 이것부터 처리하자. 일단 왕좌는 지키고 봐야 하니…. 며칠 가지 않아 의금부가 허성을 잡아다 가두었다는 보고가 올라왔다.

전쟁을 막을
희망은 사라지고

1591년 3월

선조의 머릿속은 복잡했다. 허성에 대한 처리는 처리고, 통신사들이 돌아왔으니 일본에 대한 소식도 좀 들어야겠다. 부산으로 돌아오자, 황윤길은 그동안 있었던 일에 대해 문서를 올려 보고하면서 '전쟁이 일어날 것이다'라고 했다. 그 말을 듣고 불안해서 얼른 올라오라고 했는데, 마침 통신사들이 도착했다는 내관의 보고가 들린다.

"들라 하라."

황윤길이 앞장서서 들어온다. 선조는 앞서 올라왔던 보고를 확인했다.

"전쟁이 일어날 것 같다지?"

"그러하옵니다."

그런데 김성일의 눈치가 이상하다. 결국 한마디 뱉는다.

"그러한 정황은 발견하지 못하였는데 윤길이 장황하게 아뢰어 인심이 동요되게 하니, 도리에 매우 어긋납니다."

이거 뭐냐? 선조는 당황했다. 당황하기는 황윤길도 마찬가지였다. 김성일이 저놈 속이 뒤틀린 것이야 지겹도록 보아왔지만, 설마 임금 앞에서까지 어깃장을 놓을 줄이야. 황윤길의 정신은 아득해졌다. 돌아와서 일본의 정세를 말하고 전쟁에 대비할 대책을 세워야 한다고 말하면 끝나는 줄 알았다.

그런데 분위기가 심상치 않다. 김성일이가 아무리 속이 뒤틀린 놈이라도, 믿는 구석이 없으면 임금 앞에서 이렇게까지 나올 수 없다. 아니나 다를까 많은 대신들은, 자신이 아니라 김성일을 밀어주는 눈치다. 조정은 동인들이 장악하고 있는 판이니 이상할 것 없을지 모르지만, 이럴 상황이 아닌데. 다른 일도 아니고 전쟁이 나느냐 마느냐다.

맙소사. 같은 동인인 허성이 자신과 함께 본 사실을 말하면 김성일이 아무리 거짓말을 해도 소용없을 줄 알았다. 그래야 할 허성은 도착하자마자 잡혀 들어가 버렸다. 그때부터 심상치 않기는 했지만, 이렇게까지 될 줄은 몰랐다. 이제 어찌해야 하나.

선조는 잠시 숨을 고르며 마음을 다졌다. 둘 중 한 놈은 거짓말을 하는 게 분명한데…. 그렇다고 노골적으로 어느 놈이 거짓말하느냐고 따지고 들기도 곤란하다. 선조는 슬쩍 말을 돌렸다.

"수길이 어떻게 생겼던가?"

그놈 인상에 대해 얘기하다 보면 짐작이라도 해볼 수 있겠지.

황윤길이 먼저 나섰다.

"눈빛이 빛나는 것이 담력과 지략이 있는 사람인 듯하였습니다."

김성일은 또 딴지를 건다.

"그의 눈은 쥐처럼 생긴 것이 두려워할 위인이 못 됩니다."

선조는 할 말을 잃었다. 아무래도 김성일 저놈 심보가 뒤틀린 것 같다. 왜놈들 하는 짓을 봐서는 태평한 소리를 할 상황은 분명 아닐 텐데. 생각 같아서는 임금을 우롱했다는 죄로 주리라도 틀고 싶다. 그렇게 할 수 없는 내 꼴이 한심할 뿐. 태종대왕이 새삼스럽게 존경스러워진다. 그때는 신하들을 손바닥 위에 놓고 갖고 놀았다는데…. 선조는 짜증스럽게 명을 내렸다.

"물러가도록 하라."

주르르 나가는 통신사들을 보며 선조의 얼굴은 일그러져갔다.

곧 중신회의를 소집해봤지만, 뾰족한 대책은 나오지 않는다. 저것들은 왜놈들이 쳐들어온다는데 신경도 안 쓰이나 보다. 서인이라는 것들은 김성일이 감정 좋지 않은 황윤길에 분풀이하려고 일부러 반대 일삼는다고 몰아가고, 동인이라는 것들은 '서인들이 세력을 잃으니까 인심을 흔들어 기회를 잡으려 한다'라고 몰아간다. 양쪽 다 심보는 시커먼 게 뻔히 보이지만, 한숨밖에 안 나온다.

진짜 문제는 이렇게 되면 확실하게 대비하자고 몰아붙일 수가 없게 된다는 거다. 김성일이 놈부터 시작해서, 이걸 모르는 놈 없을 텐데…. 전쟁 준비하려면 귀찮아진다 이거지. 지들이 나랏일 한답시고 누리던 특권 내려놓아야 할 일이 많을 테니. 개자식들. 어떤 일이 일어나건 지들 편하게 이용해먹으려 하는 놈들뿐이고, 앞일 걱정하는 놈은 없다. 선조는 한숨을 내쉬었다. 하긴 나도 마찬가지지. 그저 자리 지키는 거 이외에는 뭘 해볼 엄두도 내지 못하니.

얼마 후 선조는 왜인의 답서가 거만하다 하여 김성일이 현소에게 따졌다는 보고를 받았다. 왜인의 답서에, 전에는 전하殿下라고 하던 것을 합하閣下라 하고, 보내는 예폐禮幣도 '방물方物은 받았다' 하였으며, 또 '한 번 뛰어 곧바로 대명국으로 들어간다'느니 '귀국이 앞장서라'라는 등의 말이 나왔다는 점을 문제 삼았다는 것이다. 그래서 김성일이 '이는 대국 명나라를 치는 일에 우리를 앞세우려 한 것이다' 하고 따졌다고 한다. '이 글을 고치지 않으면 죽어도 가져갈 수는 없다'라고 했다는데…. 사실 그런 구절이 들어 있는 게 기분 좋지는 않다. 그렇지만 지금 그런 게 문제가 아닐 텐데.

현소가 사과하면서 글을 쓸 때 잘못 들어간 것이라고 핑계를 댔다지만, 전하와 예폐 등 몇 글자만 고쳤을 뿐, 말투는 손대지 않았다. '명나라에 입조入朝한다는 뜻'이라고 핑계를 대지만 이게 진짜 속셈인 게 분명하다. 김성일이 두세 차례 고쳐달라고 했는데, 끝내 해주지 않았다고 하지 않는가.

황윤길과 허성이 '시간 끌어봤자 소용없다'라고 해서 그냥 돌아왔단다. 이게 차라리 낫지. 김성일이 놈은 글자 몇 개 고치려 했다고 대단한 일이나 한 것처럼 생색내는 모양이지만, 그렇게 고쳐오면 오히려 왜놈들 속셈 파악하기 어려워진다. 그나저나 돌아가는 꼴을 보면 왜놈들 동태가 심상치 않은데, 김성일이 놈 때문에 대책 밀어붙이기가 더 어려워졌다.

덕분에 오억령만 억울하게 되었다. 현소를 접대하면서 '내년에 길을 빌어 상국上國을 침범할 것이다'라고 단언하는 말을 듣고 즉시 보고했는데, 조정 대신이라는 것들이 면직시키라고 난리쳤다. 그래서 심희수로 교체해버렸다. 오억령이 억울했는지, 일본 실정에 대해 대화한 내용을 모두 기록하여 앞서 올렸다.

오억령이 성격 모난 자가 아닌데, 이렇게까지 한 걸 보면 나름대로 위급하다고 생각한 것 같다. 이런 녀석을 파직시켜 질정관質正官으로 명明에 보내야 하니 내 꼴도 참 한심하다.

이런 와중에 조헌이 놈까지 또 날뛴다. 옥천에 있던 놈이 대궐로 찾아와 또 상소문을 올렸다. 이놈이 작정하고 짜증나게 만들려고 했는지 읽어보기도 힘들게 길게 써왔다. 내용은 지난번 것과 별 차이도 나지 않는데, 이놈은 지치지도 않나 보다.

일본에서 사신 온 일에 노중련魯仲連·정몽주鄭夢周는 왜 갖다 붙이누. 왜놈들이 사신 보낸답시고 사실상 협박해오는 것, 누구보다 내가 기분 나쁘다. 왜놈들이 트집 잡아 분탕질 칠 게 걱정도 된다. 그렇다고 왜倭 사신들 목을 베고 사지를 잘라 중국에도 보고하고 다른 나라에 돌리라고? 누군 성질 가는 대로 하고 싶지 않은 줄 아나. 지놈이 수습할 거 아니라고 말 막한다.

여기서 그치지 않고 이만주李滿住 이야기까지 끄집어내며, 왜놈들이 우리나라 지나지 않고 중국부터 치면, 명에서는 우리가 왜놈과 한패라고 생각하고 중국이 응징할 거라고 협박이다. 그런데 이놈은 우리나라 걱정하는 거냐, 명나라 걱정하는 거냐. 그래놓고 별자리 들먹이며 왜놈들이 우리나라부터 쳐들어올 거라네. 그러니 명장을 뽑아 대비하란다. 그러니까 오합지졸 데리고도 왜놈들 물리칠 수 있는 명장이 누구냐고 이놈아.

수길의 죄를 성토하도록 격문檄文 지어 돌리면 칼끝을 돌리는 왜놈도 나올 거라고? 그래서 중국 조정에 보고할 상소문에 유구국왕琉球國王과 일본·대마도에 뿌릴 격문을 초안(草案)도 잡았단다. 우국지사 나셨군. 결국 지놈 써달라는 얘기 아냐. 말이 말단으로 써달라는 거지, 정말 불러올릴 거면 그렇게 하겠냐. 그리고 써주고 싶어도 좀 말 같은 소리를 해야 어떻게 해보지. 게다가 천거한답시고 10여 명 이름까지 올렸네. 네놈 말대로만 해서 모든 게 해결되면 정치하기 참 쉽겠다. 아예 네놈이 임금 해라. 그리고 보니 아예 지놈이 임금 하겠다고 나서는 거 아냐? 이런 소리 해놓고 기밀 지켜야 하니 지 이름은 밝히지 말란다.

대답이 없으면 적당히 물러날 것이지, 또 상소 올리는 건 뭐냐? 같은 말 길게 되풀이하는 게 이놈 특기인가 보다. 누굴 어린애로 아나? 다시 올린 것까지 받지 않았다고 궐 앞에서 기다리다가 돌에 머리 찍으면서 시위했다며? 그래서 간관들이 상소 받으라고 난리 치나 보군.

이런 놈에게 비답 한 번 잘못 내렸다가는 더 날뛸 거다. 그래서 아무 소리 안했더니 승정원에서 난리다. 상소의 내용은 모르겠지만, 이렇게 하면 언로가 막히는 문제가 생기니 담당 승지를 파직하란다. 그렇게는 못하겠고. 그렇다고 아무 조치 취하지 않으면 사방에서 난리 칠 테니, 상소문을 다시 살펴보라는 명이나 내려놓아야겠다. 승지 녀석들도 눈치는 있을 테니, 이 정도 말해놓으면 알아서 처리해야 하는데…. 요즘은 승지라는 놈들도 내 눈치보다는 대신 놈들 눈치를 더 보는 것 같다.

이 모양이니 나중에 진짜로 전쟁 일어나면, 이런 선각자가 있었는데도 알아보지 못했다고 사방에서 난리 치겠지. 물론 이놈이 하라는 대로 왜(倭)사신들 목을 쳤다가 전쟁 터져도 내게 손가락질할 것이고. 임금 노릇하기도 참 더럽다.

며칠 후, 황윤길 자택

궐에서 나온 후, 황윤길은 망연자실해 있었다. 며칠 전 자신의 눈앞에서 벌어진 일이 아직도 믿어지지 않는다. 옥에 갇혀 있는 허성도 자신처럼 전쟁이 일어날 것이라는 말을 전했지만, 대신들은 꿈쩍할 생각이 없다. 이건 상황을 이해하지 못하는 게 아니라 이해하기 싫은 거다. 전쟁이 나면 너 나 할 것 없이 모두가 피해를 볼 텐데, 어떻게 이럴 수가 있나. 김성일이야 원래 미친놈이라 치겠지만, 그런 놈을 싸고도는 것들은 도대체 뭐냔 말이다.

김성일이를 싸고돌다 못해 이젠 내게 인신공격까지 해온다지. 원래 비루한 자가 글발 좀 있다고 사신으로 뽑혔지만 적임자가 아니었단다. 허성까지 도매금으로 넘겼다지. 김성일의 친구로 기대를 걸었는데, 행실이 엉망이라고 소문을 냈다. 허성의 인생도 험난해지겠다. 이럴 때만큼은 파당도 없다. 노골적으로 나오지는 않지만, 심지어 서인 중에서도 은근히 김성일에 동조하는 작자도 있다는 말이 들린다. 어떻게 나라 흔들 일에는 이렇게 단결이 잘되나.

1591년 윤3월, 동평관

겐소는 자신을 찾아온 김성일을 보고 속이 뒤집혔다. 그렇게 눈치를 줬는데, 지 임금 앞에서 '히데요시는 미친놈이고 전쟁을 일으키지 못할 것'이라고 해버렸단다. 맙소사. 저놈을 처음 보았을 때만 해도 별 미친 놈 하나가 하필 통신사에 끼어서 애를 먹이나 싶었다. 그런데 임금 앞에서 개소리를 하고도 무사한 것을 보면, 조선에는 저런 미친놈이 하나둘이 아닌가 보다.

　조선이라는 나라, 아무래도 정신 못 차리는 것 같다. 그래도 제정신 박힌 자들이 있긴 있으니 상황 좀 알아보려고 나를 찾으라 했겠지. 그러면 뭐하나. 왜 하필 찾아온 놈이 김성일이냐고. 하긴 황윤길이 찾아오는 건 의미가 없겠다. 그는 이미 눈치 채고 상황 파악했으니, 나와 만나봐야 서로 뻔히 아는 얘기 확인하는 것밖에 안 될 테니까. 그나마 허성은 도착하자마자 잡혀 들어갔다지. 무슨 죄를 지었는지 몰라도 전쟁을 막는 것보다 더 급한가? 뭐가 제대로 되려면 이런 벽창호 말고 제정신 박힌 실권자가 와야 될 거 아니냐고.

　겐소의 속을 아는지 모르는지 김성일은 일껏 마련한 자리에 앉아서 예법과 도리 타령을 늘어놓는다. 히데요시에게 그 모욕을 당하고도 어떻게 저런 소리가 나오나? 이런 작자에게 말 돌리면서 눈치를 줘봐야 소용없겠다. 조금 직설적으로 얘기하자.

　"명나라와 우리 일본 사이의 국교가 끊긴 지 오래되었습니다. 그 바람에 조공도 못 가게 되었는데, 히데요시는 명나라의 이러한 처사에 상당히 화가 나 있습니다. 곧 전쟁이라도 일으킬 것 같습니다. 조선에서 명나라에 이러한 상황을 전하고 조공을 재개할 수 있도록 해준다면 조선도 평안하고 일본 백성도 평안할 것입니다."

　이 정도 얘기하면 알아들으려나? 이놈아 전쟁 난다고, 전쟁. 이렇게 직설적으로 얘기해야 알아듣겠냐? 그러나 겐소의 기대는 여지없이 무너졌다. 이 말을 들은 김성일은 호통부터 친다. 조공이 끊겼으면 자신에게 무슨 잘못이 있는지 먼저 돌아봐야 한다며, 수신제가修身齊家 치국평천하治國

平天下라는 문자를 늘어놓는다. 그러면서 조그만 섬나라 오랑캐가 어떻게 대명국을 치려 하느냐고 을러댄다.

아이고, 이 미친놈아. 전쟁을 일으키려는 건 내가 아니라 히데요시라고. 나는 전쟁 막고 싶어서 이러는 거라고. 히데요시에게 문자 써봐야 무슨 소용 있냐고. 참을성 많은 겐소도 소리를 지르고 싶은 것을 간신히 참고 있었다. 겐소의 표정을 본 김성일이 나름대로는 수습한답시고, 타이르듯이 말한다. 그러니 돌아가서 예법과 도리로, 모시는 주군을 설득하란다. 당신은 문자를 아는 승려이니 무식한 칼잡이들하고 다르지 않느냐고 하면서. 이런 짓을 하면서 나름대로 수습한다고 생각하나 보다.

그런데 이 미친놈아, 결정은 바로 그 무식한 칼잡이가 하는 게 현실이란다. 내 앞에서 아무리 도리 타령 해봐야 소용없다고. 나라고 그런 놈 앞잡이 하고 싶어서 하는 줄 아냐고. 그런 놈 비위 거스르면 내 목이 바로 날아간다고. 겐소는 김성일의 머리통을 쥐어박으면서 말하고 싶은 충동을 간신히 참았다. 그렇다고 이 말까지 했다가는 언제 히데요시의 귀에 들어갈지 모른다. 이런 벽창호 설득하자고 그런 모험을 할 수는 없고. 조선에서는 이런 상황을 '벙어리 냉가슴'이라 한다지. 도대체 어떻게 말을 해야 비슷하게라도 알아들을까.

한참 고민하며 김성일의 말을 듣던 겐소는 속에서 뭔가 뜨거운 것이 울컥 치밀어 오르는 것을 느꼈다. 그는 자기도 모르게 말을 뱉어버렸다.

"예전에 원나라 군사를 우리나라까지 인도해 침략에 나서도록 한 것이 바로 고려였습니다. 이번 일로 인해 전쟁이 벌어진다 해도 우리로서는 고려의 원수를 갚는 것에 불과합니다. 도리에 어긋나는 일은 아니라고 봅니다."

말을 해놓고 겐소는 스스로도 놀랐다. 내가 도대체 무슨 소리를 한 거지? 지금 도리나 명분 내세울 상황이 아니라는 말을 하고 싶었던 건데, 벽창호를 상대하다 보니 나도 말 같지 않은 소리를 하게 된다. 에라, 모르겠다. 좋게 생각하자. 어차피 무슨 소리를 해도 알아들으려 하지 않는 작자이니, 무슨 말을 해도 상관없을 것 같다. 겐소는 자포자기하는 심정으로 마구 말을 뱉었다.

"의리니 명분이니 하시는데, 전쟁 나면 그런 게 소용 있을 것 같습니까? 명나라와 통하는 데 협조를 안 해주면 관백께서는 힘으로 해결하려 할 것인데, 그러면 대감도 무사하지는 않을 텐데요."

김성일은 탁자를 치며 일어선다. 무례한 놈이라며, 자신은 그야말로 무례한 말로 소리를 지른다. 그러더니 더 말해봐야 소용없을 거라며 나가버렸다. 겐소는 방을 나서는 김성일의 뒷모습을 보며 쓴웃음을 지었다. 그래, 더 말해봐야 소용없다는 점에는 동감한다. 조선이라는 나라가 어찌 되려고 이 모양인지.

며칠 후, 왕궁

조헌의 상소로 속을 썩인 선조는 며칠 되지 않아 다시 불안해졌다. 아무래도 돌아가는 것이 심상치 않다. 비변사에 이 문제 의논하라고 시켰더니, 황윤길·김성일 등 안면 있는 자들에게 개인적으로 술과 음식을 가지고 가 대접하면서 왜놈들 사정 파악하게 해보자는 말이 나왔다.

그랬더니 현소가 김성일에게 의미심장한 말을 했단다. '일본이 오랫동안 중국에 조공을 바치러 가지 못하는 바람에, 평수길平秀吉이 분한 마음에 전쟁을 일으키고자 한다. 조선에서 먼저 말을 넣어 조공할 수 있는 길을 열어준다면 조선은 반드시 무사할 것이고 일본 백성들도 전쟁을 피할 수 있을 것'이라 했다던데.

김성일은 점잖게 타일렀다고. 그랬더니 현소가 화를 냈단다. 옛날 고려 때 원나라와 함께 쳐들어갔던 일까지 들먹이며 '이 원한을 갚으려 한다'라고 했다지. 대화도 그걸로 끊겼단다. 그런데 이런 정도면 왜놈들 속셈은 분명해진 거 아닌가? 그럼에도 불구하고 뾰족한 대책 내놓는 놈은 없다.

1591년 4월

인정전에서 일본 사신을 접견하면서 연회를 베풀며, 연주하는 음악을 듣는 선조는 속이 뒤집혔다. 대간 놈들이 하도 떠들어서 이전과 달리 이번부터는 여악이 아닌 남악을 연주하기로 했다. 결국 내가 졌다. 별것도 아니지만 기분은 정말 더럽다. 그래도 왜의 사신들 앞에 두고 내색할 수도 없다. 내가 져주어야지 어쩌겠나.

문제는 왜인들도 영 좋아하지 않는 것 같다는 점이다. 젠장. 저 녀석들 기분까지 잡치면 곤란한데…. 요즘 왜놈들 동태가 심상치 않다. 이놈들에게라도 좀 잘 대해줘서 말이라도 잘 넣어주기를 바라는 상황인데, 대간 놈들 똥고집 때문에 조짐이 영 안 좋다. 그러면 다른 걸로 인심 좀 써보자.

선조는 평조신에게 내려주는 벼슬을 특별히 한 급 높여준다고 공표했다. 이 정도면 생색이 좀 날까? 선조는 확인이라도 하듯이 평조신에게 말했다.

"예로부터 이런 예가 없었지만 그대가 전부터 왕래하며 공손했기 때문에 특별히 예우해주는 것이다."

평조신 녀석 그래도 공손하게 인사한다. 그랬더니 예조판서 정탁鄭琢과 도승지가 나선다. 우리 임금께서 특별대우를 하는데 어쩌니 저쩌니 하고…. 이것들아 과잉 충성도 좀 때와 장소를 가려서 해라. 지금 나한테 생색내서 뭐하게. 왜놈들이 난리 치면 골치 아플 것 같아서 저놈들에게라도 좀 잘해줘서 수습해보려는 거다. 그래서 좀 달래두려는데 니들이 나서서 깽판 치면 어쩌라고. 진짜로 난리 터지면 책임지지도 않을 것들이. 점잖게 신하들을 나무라는 선조의 속은 또 끓고 있었다.

며칠 후

선조는 조강朝講에 참석하면서 마음을 단단히 먹었다. 조헌이 놈 말이 아니더라도 왜놈들 의도를 중국에 알려야 하는지에 대해서는 신중하게 생각해볼 필요가 있다. 오늘은 대책 같은 대책 좀 세워야겠다. 조강이 끝나고 신하들이 물러나려 할 때 선조는 대사헌大司憲 윤두수에게 들으라는 듯이 일렀다.

"여러 대신과 왜의 정세에 대해 은밀히 의논하고 싶다. 대사헌도 참석해야 할 인원은 아니지만 물러가지 말도록 하라."

그리고 직설적으로 왜의 정세를 중국 조정에 알려야 하는지의 여부를 가지고 의논하도록 시켰다. 그런데 대신들이 눈치만 보고 제대로 얘기하려고 하지 않는다. 그나마 윤두수가 '중국에 관계된 중요한 일이고, 전하의 진심은 중국 쪽에서도 잘 알고 있을 테니, 곧바로 알리자'라고 한다.

그런데 이산해는 반대다. 알리면 중국 조정에서 도리어 '우리가 왜국과 한통속이라 여길까 염려된다'라는 논리다. 병조판서 황정욱만 윤두수에 동조했을 뿐, 나머지는 이산해에 찬성이다. 그냥 깔아뭉개자? 아무래도 그건 아닌 것 같은데…. 중국에까지 말 넣고 나면 우리도 대비해야 한다고 할까 봐 저러나? 그나저나 오늘은 더 얘기해봐야 끌려 다니기나 할 것 같다. 선조는 선언했다.

"그만 물러가도록 하라."

며칠 후, 선조는 다시 중신회의를 소집했다. 잠시 대신들의 의견을 구하기는 했지만, 선조는 듣는 둥 마는 둥 하다가 결론을 지었다.

"중국에 알리도록 하라."

내가 아무리 휘둘리는 왕이라 해도 이 문제만은 저것들에게 맡겨놓을 수 없을 것 같다. 중국에 알리지 않고 있다가 나중에 문제 터지면 저것들이 수습할 것도 아니고…. 모처럼 단호하게 나오자 대신들도 별말을 하지 않는다.

1591년 5월

주강晝講에 들어갔더니, 또 일본의 정세를 중국에 알리는 문제가 나왔다. 이번에는 부제학 김수金晬가 나선다.

"평수길은 미친 자일 뿐입니다. 그저 겁 한번 주려고 한 것인데, 이런 이야기를 중국에까지 알려서야 되겠습니까?"

이놈이 일껏 결론 내려놨는데 또 딴지를 거네. 선조는 황정욱을 돌아보았다. 무슨 뜻인지는 알겠지.

"병판兵判의 의견은 어떠한가?"

황정욱은 눈치 있게 대답했다.

"신은 그렇지 않다고 생각합니다. 우리나라는 200년 동안 정성을 다해 중국과 교류해왔습니다. 지금 일본에게 흉악한 말을 듣고서 어찌 알리지 않을 수 있겠습니까."

그런데 김수 녀석이 버틴다. 대의大義로 보나 왜에서 보내온 국서를 보면 그렇지만, 사신 세 사람의 말이 다르니 증거가 없단다. 이놈아, 국서 내용 보고도 지금이 증거 타령 할 때라는 거냐? 정말 사소한 일에 목숨 건다. 선조는 참지 못하고 나섰다.

"사신 세 사람의 말이 엇갈리더라도, 일본에서 보내온 국서 내용이 이와 같다면 알려야 한다. 어찌 이런 일을 두고 가만히 있을 수 있겠는가?"

김수 놈, 그래도 버틴다. 확실하다면 급히 알려야 할 것이지만, 실상을 제대로 파악하지 못한 채 갑자기 알려서 혼선을 유발한다면 후회할 일이 아니겠느냐다. 그러자 황정욱이 지원을 해준다. 일본의 국서에 나온 내용이 수길의 헛소리에 불과하더라도 중국이나 우리가 대비를 하는 것이 나쁠 것은 없지만, 중국에 아무것도 알려주지 않았다가 갑자기 중국이 침략이라도 당한다면 후회해도 소용이 없다는 논리다.

김수 녀석, 끝까지 물고 늘어진다. 일본이 중국을 침략한다는 것은 가정에 불과한 것이란다. 중국의 복건福建 지역은 일본과 가까워서 장사꾼이 오가고 있으니, 우리나라에서 중국에 알린다면 왜국에서 모를 리가 없다. 중국에 알린 뒤에 왜국이 중국을 침략하는 일이 없다면 중국에서는 사실이 아닌 것을 알렸다고 비웃을 것이고, 왜국에서는 우리에게 깊은 원한을 갖게 될 것이란다. 아이고, 이놈아. 그런 쓸데없는 걱정을 이유라고 대고 있냐.

"그렇다면 우리가 입수한 내용이 이미 중국에도 전달됐는지 어찌 알겠는가. 설사 침공이 없더라도 국서에 일본의 의도가 드러난 상황이다. 아무 말도 전하지 않았다가 중국에서 '일본이 너희 나라에 이런 소리까지 했는데, 어찌하여 알리지 않았는가?'라고 책임을 추궁한다면 어찌 수습할 것인가? 알려야 한다."

김수가 작정을 한 것 같다. 알릴 때 알리더라도, 일본이 실제로 군사를 출동시키기 전에 알리는 것은 너무 앞뒤가 맞지 않는 것 같단다. 이놈아, 왜놈들 군대가 움직이고 난 다음에 알려주면 그게 알려주는 거냐?

"그렇게 알려주려면, 일본 군사가 출동한 다음에 알려주는 꼴인데, 어떻게 그럴 수 있겠는가."

그래도 김수 녀석 말꼬리를 물고 늘어진다. '군사 출동 시기에 대해 분명히 언급하는 것은 문제가 있다. 그리고 누구에게 이런 말을 들었다고 해야 하느냐? 중국 쪽에서 일본과 통신했던 일을 거론한다면 난처하지 않겠는가?' 정말 질렸다. 선조는 좌승지 유근柳根을 돌아보며 말했다. 네가 좀 도와주라.

"승지의 의견은 어떠한가?"

유근은 슬슬 눈치를 보며 말을 돌린다.

"신이 마침 내의원內醫院에서 좌의정 류성룡의 말을 들었습니다. 그의 말로는 '대의로 보면 알리지 않을 수 없다. 그러나 미친놈에 불과한 수길이 쳐들어올 수 없을 것이니, 만일의 경우 우리가 그 화를 억울하게 당할 필요도 없다. 통신사로 갔다 온 사신의 말을 들어보면 왜적은 쳐들어오지도 않을 것이며, 쳐들어온다 하더라도 두려워할 것이 없다고 한다. 실체가 없는 사실을 알려 중국에 혼란을 초래하고, 한편으로는 이웃 나라인 일본에 깊은 원한을 살 필요 없다. 일본에 사신을 보낸 일을 곧이곧대로 알릴 경우, 중국에서 따진다면 난처하게 될 것이다. 부득이하다면 일본에 사로잡혀 갔다가 도망 온 사람에게서 들은 말이라고 알리는 것이 좋을 것이다' 하였습니다."

이놈이 류성룡이 팔아 모면하려고 하네. 선조는 다그쳤다.

"내가 묻는 것은 승지 자신의 의견이다."

유근은 그제야 자기 의견을 내놓는다.

"신의 생각에는 대의로 보면 알리지 않을 수 없지만 곧이곧대로 알릴 경우 난처한 일이 생길 듯싶습니다. 적당히 알리는 것이 합당할 듯합니다."

핑계 김에 다른 놈들 말도 들어보자. 선조는 수찬 박동현朴東賢을 돌아보고 물었다.

"경연관의 의견은 어떠한가?"

박동현도 비슷한 의견을 제시한다.

"제후로서 상국이 위협받는 말을 들은 이상, 알려야 합니다. 그러나 알리는 내용을 허술하게 작성할 수 없으니, 대신으로 하여금 널리 의논해서 처리하게 하는 것이 마땅하겠습니다."

그래. 그게 정답이다. 다음 날 아침 선조는 다시 대신을 불러 의논하도록 시켰다. 이산해·류성룡·이양원 등이 의논을 거친 후 보고했다.

"경연에서 나온 말을 검토해보니, 김수가 일을 주도면밀하게 하려고 우려를 표시한 듯하지만, 상국을 위협하는 말을 들은 이상 어찌 침묵을 지키고 있을 수 있겠습니까. 다만 말을 신중히 하지 않으면 뒷날 반드시 난처한 일을 당하게 될 것입니다. 적당히 알리자는 유근의 주장이 상당히 일리가 있습니다. 일본에 잡혀갔다 도망해온 김대기金大機 등에게서 들었다는 식으로 말을 만들어 알리는 것이 가장 좋을 듯합니다. 그리고 일본에 보내는 답신 내용에 있어서도 대의大義를 내세워 분명하게 거절하되, 자극하는 말을 넣지는 않도록 해야 합니다."

그래. 이렇게 하는 편이 무난하겠다. 조정의 입장도 이 방향으로 정리하자.

중국에 대한 조치를 확정해둔 선조는 일본으로 돌아가는 현소에게 보낼 답서를 쓰도록 명했다. 대신들이 말한 대로 분명하게 거절하면서 수길을 자극하는 말은 피하도록. '평안하다는 말을 들으니 위로가 된다'로 시작해서 '보내준 물건을 보니 성의를 느껴 감사하다'라는 인사까지, 황정욱이 마음에도 없는 글 쓰느라고 애쓴다.

진짜 본심은 항상 뒤에 넣어야 한다. 특히 곤란한 것일수록. '다만 두 차례에 걸쳐 보내준 서신은 내용이 장황한 데다 중국에 들어가려 하니 우리나라에게 도와달라는 말이 무슨 뜻인지 모르겠다'라고 딴청 피우는 것, 좋다. 그래놓고 '사대에 입각한 중국과의 관계를 강조하면서 상국을 침범한다는 말을 감히 거론할 수 없으니, 이해 바란다. 중국의 버림을 받아 분해하는 마음은 이해한다'라고 해놓고 결론은 훈계조로, '자신의 도리를 다해보려 하지는 않고 좋지 못한 계획에 의존하려 하느냐'라고. 마무리는 '무더운 계절에 무리하지 마시고 몸 건강하시기를 바란다'라는 인사말로. 황정욱이 참 고생했다.

얼마 후 선조는 김응남金應南을 명에 하절사賀節使로 파견하면서, 왜의 정세에 대해 전했다. 전해 들은 말이라고 적어 명의 예부禮部에 보내도록 조치한 것이다. 그러고도 못 미더워 비변사에서는 김응남이 떠날 적에 당부까지 해놓았다. '요동에 들어서거든 정보를 수집해서 중국 측이 일본의 동태에 대해 전혀 알지 못하면 재량껏 그만두고, 알리려고 했던 내용은 절대로 누설하지 말라.'

1591년 6월

요시토시의 마음은 착잡했다. 조선 통신사들을 따라갔다 돌아온 겐소의 보고를 받을 때부터 억장이 무너졌다. 사실 처음에는 믿기지도 않았다. 그렇게 전쟁이 날 거라는 눈치를 주었는데도, 김성일은 히데요시가 미친놈일 뿐이라고 몰아갔다니. 그 미친놈 앞에서 모욕을 당했으면 앞으로 어떻게 될지 짐작을 못 하나? 겐소가 뭔가 잘못 전하고 있는 줄 알았다. 차라리 그렇게 믿고 싶었는지도 모르겠다. 히데요시의 눈치를 살펴가며 조선으로 가려 한 것도 이 때문이다. 자신이 가서 말하면 좀 나을지도 모르겠다는 실낱같은 기대를 해보고 싶었다.

이대로라면 전쟁은 피할 수 없을 것이다. 히데요시는 벌써 양인洋人들에게까지 공공연히 중국으로 쳐들어갈 것이라는 얘기를 한다는데…. 전쟁이 일어나면 조선을 치는 데 자신들이 앞장서야 할 것은 뻔한 사실. 전쟁에서 입을 피해도 피해지만, 만에 하나 조선을 정복하게 된다 해도 요시토시 자신이 얻을 것은 별로 없을 것 같다. 조선을 손아귀에 넣은 히데요시는 제 마음대로 조선 전체를 주무르려 할 텐데, 그러면 쓰시마 입장에서는 조선과 무역을 중계해가며 얻던 이익조차 보장받을 수 없을 것이다. 지기라도 하는 날이면 그야말로 피해만 보고 끝나는 것이고. 그래서 어떻게든 전쟁을 막고 싶은 건데, 세상일 참, 마음 같지 않다.

조선 관리는 왜 이리 늦는 건지. 그는 앉아 있지 못하고 선실에서 왔다 갔다 하고 있었다. 이게 조선에 평화롭게 오는 마지막 방문일지도 모르겠다. 하긴 지금까지 목이 붙어 있는 것만 해도 다행이다. 무턱대고 조선에 굴복을 강요하려는 히데요시와 바깥 사정에는 도통 관심이 없는 조선 사이를 오가며 타협을 이루어낸다는 것 자체가 처음부터 무리였다.

그러고 보니 이 조선이라는 나라는 도대체 상황을 파악이나 하고 있는 건지 모르겠다. 특히 김성일이라는 작자. 얼마 전에 겐소를 보냈을 때도 이 작자 때문에 깽판이 났다. 어떻게 대가리가 그리 굳어 있는지. 히데요시가 '조공 가고 싶어 한다'라면서 전쟁 운운하는 거 보면 좀 알아들어야 하는 거 아닌가. 겐소와 중간에서 말 전하는 역할밖에 못 하는데 거기다 대고 도리 운운하며 훈계를 해대서 뭘 어쩌자는 것인지. 외교를 맡았다는 작자가 돌아가는 상황과 관계없이 훈계나 하려 든다. 이런 작자에게 외교의 중책을 맡긴 걸 보면 조선이라는 나라도 참…. 그러니 애써 히데요시를 만나게 해줘도 전쟁 안 난다고 보고했다지. 저 자신은 물론이고, 나라의 무덤까지 파는구먼. 이러다 전쟁 나면 정말 꼴좋게 될 텐데.

안 될 때 안 되더라도 하는 데까지는 해보자. 요시토시가 마음을 다잡는 순간에 맞춰 밖에서 부하들이 조선 관리가 왔음을 알렸다. 왔군. 곧 선실 문이 열리고 조선 관리가 들어왔다.

"어서 오십시오. 찾아뵙지 못하고 모시게 되어 죄송합니다만⋯."

"그렇게까지 하신 걸 보니 몹시 급하신가 봅니다. 중간에서 애쓰신다면서요."

그나마 내 사정 봐주는 관리가 있는 것이 다행이다. 그래도 이 친구는 평소 안면이 있는 터라 대화의 말문이 쉽게 열린다. 요시토시는 한숨부터 내쉬고 말을 꺼냈다.

"요즘 돌아가는 사정 보면 짐작이 안 가십니까?"

조선 관리 역시 착잡한 표정으로 말없이 요시토시를 쳐다보았다. 요시토시도 대답을 기다리지 않고 나머지 말을 뱉었다.

"지금 우리와 조선, 명 사이의 관계가 무난하게 풀리지 않으면 정말 큰일 납니다."

조선 관리도 한숨을 내쉬었다.

"상황은 짐작하고 있소만, 내 선에서 딱히 뭘 할 수 있는 것도 아니고⋯. 그건 공도 마찬가지 아닌가요?"

요시토시는 말문이 막혔다. 하긴 뭘 결정할 권한도 없이 책임이나 걸머지는 게 피차 다른 처지도 아니다.

"말씀이라도 전달해주실 수 있지 않습니까?"

조선 관리는 쓴웃음을 지었다.

"할 수야 있겠지만, 위에서 들으려 하지 않는데 큰 도움이 되겠습니까?"

"그래도 한번 해봐주시지요."

그는 말없이 고개를 끄덕였다. 인사하며 나가는 모습을 보며 요시토시는 또 한 번 한숨을 내쉬었다.

이후 10여 일이 지났다. 조선 쪽에 독촉해보았지만 아무런 회답도 없다. 이젠 끝장이군. 요시토시는 부하들을 둘러보며 소리쳤다.

"돌아가자!"

이후 해마다 오던 왜선이 오지 않았고, 수십 명씩 왜관에 머물곤 하던 왜인들이 하나둘 일본으로 되돌아가 버리더니 결국 왜관이 텅 비게 되었다.

얼마 후

히데요시 앞에 꿇어 엎드린 요시토시는 조선의 지도부터 내밀었다. 눈치 빠른 히데요시는 무슨 뜻인지 대번에 알아듣는 것 같다.

"이것들이 결국 협조를 거부하더란 말이지."

그런데 아무래도 일부러 화내는 척하는 거 아닌지 모르겠다. 조선의 속이야 이미 눈치 채고 있었던 것 같은데…. 그동안 뻔히 알면서도, 자기 과시에 명분 축적하느라고 모른 척해준 거 아니던가? 화를 내던 히데요시가 드디어 결정적인 말을 내뱉는다.

"그렇다면 결국 정벌을 감행해야 하겠군. 그대가 앞장서야 하는 건 잘 알겠지?"

결국 올 게 오고야 말았다. 이런 사태만큼은 막아보려고 그렇게 애를 썼는데. 여기까지인가 보다.

"명 받들겠습니다."

요시토시는 씩씩하게 마음에 없는 말을 뱉어냈다. 그래도 히데요시는 쌀 1만 석에 군자금으로 쓸 은덩어리와 무기 등을 하사해준다. 물론 필요한 것들이지만 그다지 반갑지는 않다. 조선과 전쟁이 벌어지면 저 물건들과는 비교할 수도 없는 피해를 봐야 하는데….

1591년 8월

선조는 명나라의 요동도사遼東都司가 우리나라에 일본의 정세에 대해 알려달라고 요구해왔다는 보고를 받았다. 허의후許儀後라는 놈이 헛소리 지껄인 것을 가지고 확인하자는 것 같군. 중국 쪽의 압력을 받으니, 비변사에서도 더 이상 일본의 정세를 중국에 알리지 말아야 한다는 말이 나오지 않는다. 이놈의 당파 싸움은 밖에서 압력을 받아야 멈추는군.

1591년 9월 16일

선조는 사헌부에서 올린 상소를 받았다. '의주목사義州牧使 김여물金汝岉, 금산군수金山郡守 임예신任禮臣, 이산현감尼山縣監 김공휘金公輝는 모두 정철을 종처럼 섬긴 자들로서 최영경와 내통했다는 사실이 양천회梁千會 등의 조사에서 드러났으니 파직해달라'라는 내용이다. 선조는 별생각 없이 윤허했다.

1591년 10월 24일

선조는 한응인, 신경진辛慶晉, 오억령 등을 명나라로 파견해야 했다. 전에 김응남을 보내기는 했지만, 일본에 통신사 파견했던 얘기는 쏙 빼고 '전해 들은 소식'이라는 정도로만 처리해두었다. 그러고 보니 찜찜해졌다. 유구국琉球國(오키나와)에서는 왜놈들 이야기를 곧이곧대로 전달한 모양이다. 여기에 허의후라는 놈이, 왜놈들의 침략을 경고하면서 우리가 왜놈들에게 굴복해서 길잡이 역할을 하게 되었다고 알렸단다. 이 문제에 중국의 병부兵部가 나섰다니 적당히 넘어갈 수 없다는 점이 분명해졌다. 명에 사신 파견을 명령해놓은 선조는 찝찝한 마음을 누를 수 없었다.

1591년 11월 2일

김응남이 명 황제의 칙서를 받아가지고 돌아왔다는 소식을 들은 선조는 반가운 마음에 친히 모화관慕華館으로 나아가 맞았다. 얼핏 듣자 하니 명과는 얘기가 잘된 것 같다. 모처럼 기분이 풀린다. 선조는 좋은 기분에 여러 신하들에게 벼슬을 올려주고 사면령도 내렸다. 특히 이번 문제를 해결하고 돌아온 김응남을 비롯해 서장관 황치경黃致敬, 역관譯官 당릉군唐陵君 홍순언洪純彦 등에게는 벼슬을 몇 계급씩 올려주었다.

김응남이 명에 갔다 오면서 겪은 일을 보고받은 선조는 가슴을 쓸어내렸다. 요동에 김응남이 진입하자, 조선이 왜적을 인도하여 중국을 침범할 것이라는 소문이 파다하게 퍼져 있음을 느꼈다. 중국에서 조선 사신을 대하는 대접도 이전과 완전히 달랐다. 김응남이 일본의 정세를 알리러 간다고 하니, 중국 사람들의 태도가 달라지며 예전처럼 정성껏 맞아주더라는 것이다.

알고 보니 복건福建 출신 허의후가 일본에 있으면서 그 정세를 본국에 보고했다는 것이다. 뿐만 아니라 유구국에서도 사신을 보내 비슷한 사실을 알렸는데, 우리나라 사신만 가지 않아 중국 조정에서 의심을 하고 있었단다. 각로閣老 허국許國만이 '조선에 사신으로 갔던 경험으로 보아 그럴 리 없으니 잠시 기다려보자'라고 했다고 한다. 그나마 김응남이 일본의 정세를 알리자, 중국 조정의 의심이 약간 풀렸단다.

김응남이 도착했을 때 마침 유구국 사신도 와 있었다고 한다. 그래서 양쪽의 말을 맞춰볼 수 있었고, 내용이 비슷하니까 왜놈들 꼼수가 드러난 셈이 되었다. 덕분에 김응남은 명 황제에게서 상도 받고 은도 두둑이 챙겼단다.

김수 같은 놈 말대로 했으면 큰일 날 뻔했군. 허의후라는 놈이 보고한 일본 정세는 우리가 아는 내용과 큰 차이가 없었지만, 우리 입장에 대해서는 정말 큰일 날 소리를 했단다. 우리가 왜국에 조공 바치면서 중국을 정벌하는 데 앞장섰다고 했다나? 그래서 우리부터 정벌한 다음 왜놈들이 건너오는 거 기다렸다가 전멸시키라고 했단다. 허의후라는 놈이 우리에게 앙심 품은 놈인지 수길이 장난에 놀아난 것인지 모르겠지만, 하여튼 괘씸하다. 수길이 놈도 유구국에까지 가서 중국 정벌에 앞장서라 했다니, 바람이 들어도 단단히 들었다.

명나라 조정도 한심하다. 믿을 게 따로 있지, 우리가 자기들 정벌하는 데 앞장선다니 말이 되나. 게다가 허의후라는 놈이 알렸다는 내용도 앞뒤가 맞지 않았다던데. 우리가 앞장선다면서, 왜놈들이 우리부터 정벌한다고 했다지. 그런 놈이니 수길에 대해 모반을 꾀하는 자들이 있다는 말도 믿을 수 있을는지 모르겠다.

1592년 1월

전 의주목사義州牧使 김여물은 자신을 잡으러 온 금부도사를 보고 놀랐다.

"도대체 무슨 일인가?"

"허가 없이 군사 훈련을 해서 명나라를 자극한 죄랍니다."

금부도사의 말에 김여물은 어이가 없었다.

"시국이 어수선해서 대비한 것도 죄가 된단 말인가?"

금부도사는 대답하지 않고 오라를 지운다. 하긴 정철 대감과 가까웠다고 몰아 의주목사 자리에서 파직할 때부터 감은 잡았다. 그래도 자리에서 물러났는데 이렇게까지 해야 하나? 내가 미움을 많이 사기는 샀나 보다. 평소에 말을 막 한다고 바가지를 긁던 마누라의 얼굴이 새삼스레 떠올랐다. 이제 아들 녀석에게 할 말도 없게 되었군. 네 어미가 옳았나 보다.

비슷한 시기, 쓰시마

요시토시는 무표정하게 히데요시가 보낸 명령서를 열었다. 이제는 마음 졸이고 자시고도 없다. 고니시와 함께 조선으로 가서, 중국 정벌을 위해 조선을 통과할 테니 작년에 복속해왔다는 사실을 확인해오란다. 나참. 조선 사신들 태도를 봤으니, 복속해온 게 아니라는 점을 잘 알고 있을 텐데…. 말을 듣지 않으면 4월에는 정벌을 개시하란다. 지 체면 때문인지 명분 때문인지, 같지도 않은 절차를 다 밟으려 한다.

하긴 우리가 그러자고 했으니 이렇게 된 거다. 조선의 속은 뻔히 드러났지만, 혹시라도 다른 영주들이 조선과 접촉하면서 그동안 우리가 어떻게 처신해왔는지 들통이라도 나면 곤란하다. 히데요시도 그렇게 되어 우리 입장 곤란해지는 것은 원하지 않나 보다. 따지고 보면 조선 침공에 앞장서게 된 우리를 곤란하게 해서 좋을 것은 없을 테니…. 또 뻔히 알면서도 조선의 의도를 왜곡시켜 전달한 우리들을 묵인한 히데요시 자신도 마찬가지로 곤란해질 것이다.

3월까지 조선의 복종 여부를 확인하라는데, 사실 할 것도 없다. 그냥 확인하는 척하면서 시간만 끌어보자. 3월이 지나면 다른 영주들도 침공 대기하느라 우리 섬으로 몰려들 텐데, 우리뿐 아니라 그들을 맞을 준비도 필요하다. 그러다가 요행히 전쟁 안 나면 더 좋고.

1592년 2월, 황해도 어느 고을

경기도와 황해도를 돌면서 외적이 쳐들어왔을 때에 대비한 태세를 점검하라는 명을 받은 신립은 착잡했다. 요즘 돌아가는 상황을 보면 심상치 않다. 그렇다고 나대기도 곤란한 상황이다. 통신사로 일본에 갔다 온 김성일이 '전쟁은 나지 않을 것'이라는 식으로 보고한 것은 결정적이다.

그런데 더 가관인 것은 그따위 소리를 해놓고 변명하는 대신들의 태도다. 특히 좌상인 류성룡. 통신사의 보고를 들은 다음, 김성일을 쫓아가 왜 그랬느냐고 물었다는 얘기가 돈다. 대답이 참 걸작이었지. '전쟁 난다고 말하면 인심이 동요할까 봐' 알면서도 그랬단다.

그걸 변명이라고···. 인심이 걱정되면 백성들에게 알리지 말아야지, 임금 앞에서 그따위로 얘기해야 되나? 그렇게 변명하면, 임금뿐 아니라 결정권을 가진 대신들 모아놓은 자리에서 그따위 소리 하면 뭐가 되는지 모르는 작자가 나라의 운명을 걸고 일본에 간 통신사 자리에 있었다는 얘기가 된다. 하늘에 침 뱉기인데, 이런 소리를 아무렇지도 않게 해댄다. 김성일이가 그 소리를 해놓았기 때문에 여론은 무리해서 전쟁에 대비할 필요 없다는 쪽으로 기울었다. 그래놓고 대비 태세 점검하란다. 나중에 문제 생기면 실무자들에게 뒤집어씌우려는 수작인 게 뻔하다. 그렇다고 전쟁 날 것이니 무리해서라도 군사 기르는 데 투자해야 한다고 나댈 수도 없고….

갑자기 같이 길을 가던 종사관이 말을 걸어온다.

"영감, 무슨 걱정되는 일이라도 있습니까?"

굳은 표정으로 말없이 갈 길만 가니 불안했나 보다.

"별거 아니네."

"별게 아닌 것 같지는 않은데요. 영감께서도 전쟁이 터지리라고 생각하시는 겁니까?"

"왜, 걱정되나?"

"걱정이 안 된다면 거짓말이죠. 전쟁 나면 우리가 제일선에 서야 할 입장인데요."

"그렇기는 하네. 하지만 그렇다고 우리가 특별히 할 수 있는 것도 없지 않나."

말을 뱉고 난 신립은 아차 싶었다. 아무리 아랫사람이라 하더라도 너무 속내를 보인 것 같다. 종사관 녀석 벌써, 그거였구나 하는 표정을 짓는다. 그래도 예의상 넌지시 묻는다.

"이번에 이렇게 점검을 하면 뭐가 나아질까요?"

"조금이라도 나아지게 만들어야지. 어쨌든 맡은 임무이니 수행하는 것이 도리 아닌가."

신립은 말을 마치고 박차를 가하여 말을 달려 나아갔다. 곧 목적지인 고을의 동헌이 눈에 들어왔다. 처음으로 점검받는 곳이기는 하지만, 특별히 신경 쓰는 것 같지 않다. 수령은 나오지 않았고, 대기하고 있던 아전들이 안내해가는 모습도 지극히 사무적이다. 걸릴 게 없다는 뜻인가? 그렇지만 한참 동안 점검받아야 할 곳과 관련된 문서들을 훑어보던 신립의 얼굴이 딱딱하게 굳어갔다. 정말 엉망이다. 자신도 신임 관리일 때부터 여러 곳을 보아왔지만, 특히 이곳은 개판 중에서도 개판이다. 한참 문서와 씨름하던 신립은 조용히 한마디 했다.

"이곳 수령을 데리고 오라."

잠시 후 끌려오다시피 불려온 고을 수령은 험악한 분위기를 느끼고 상황을 짐작했다.

"왜 불려왔는지는 알렷다."

신립의 조용한 일갈에 고을 수령은 대답하지 못했다. 한동안 대답을 기다리던 신립이 더 참지 못하고 언성을 높였다.

"이래가지고서야 전란이 생겼을 때 어찌 대처하려는가? 어떻게 장부에 있는 인원의 4분지 1도 없느냐 말이다. 게다가 값 좀 나간다는 병장기는 제대로 있는 게 하나도 없지 않느냐."

그래도 고을 수령은 대답하지 않았다. 그것이 신립의 심기를 건드렸다. 신립은 울컥 명을 내려버렸다.

"저놈을 끌어내어 목을 베어라!"

그제야 수령은 놀란 토끼 눈을 해가지고 주변을 둘러보았지만, 신립의 명을 받은 군사들은 아랑곳하지 않고 그를 끌고 나갔다. 옆에 있던 종사관이 급하게 옆구리를 찔렀다.

"영감. 저자는 좌상과 연줄이 닿아 있는 자라 하옵니다."

그 말을 듣고도 벌겋게 달아올라 있던 신립의 얼굴은 풀어지지 않았다.

"그래서?"

신립의 반문에 움찔한 종사관은 그대로 입을 다물어버렸다. 곧이어 동헌 마당에서는 목이 잘리는 수령의 외마디 비명이 들려왔다.

며칠 후, 다른 고을

고을 입구에 다다른 신립은 살짝 놀랐다. 그리 큰 고을이 아닌데도, 길이 널찍하고 깨끗하게 닦여 있다. 상태를 보니 최근에 닦아놓은 것이 틀림없다. 신립은 쓴웃음을 지었다. 소문 한번 빠르군. 하긴 목이 달아난 녀석이 있으니 당연할지 모른다. 옆에 있던 종사관이 농담 반 진담 반으로 한마디 던졌다.

"대접이 융숭합니다."

신립은 참지 못하고 픽 웃어버렸다. 이러라고 목을 날린 건 아닌데. 신립의 생각이 어쨌든 잠시 후 이곳 고을 수령이 풍악을 울리며 마중을 나왔다. 신립은 한숨을 쉬며 종사관에게 물었다.

"도대체 어찌해야 하나?"

종사관은 애써 고개를 돌려 먼 산을 바라보며 대답했다.

"좀 봐주시지요. 저들이라고 어쩔 수 있겠습니까? 영감께서도 사정 잘 아시지 않습니까. 녹봉도 없이 현장에서 관리하는 군관들 사정이 어떤지. 포布를 받아먹지 않고 곧이곧대로 운영하려 해가지고서는 돌아가지 않습니다."

그 말을 들은 신립은 움찔했다. 사실 틀린 말도 아니다. 신립 자신도 초임 시절 비슷한 일로 엄청 애를 먹었던 터. 사실 일선의 실무자 탓만 할 수 있는 일은 아니다. 그래서 점검하라는 명을 받았을 때부터 찜찜했었다. 국가적 차원에서 밀어주지 않는 한 일선의 실무자들이 메울 수 있는 것에는 한계가 있다는 점 누구보다 잘 알고 있는 터였다. 착잡해진 신립은 혼잣말처럼 내뱉었다.

"그래도 그자는 너무 심했어."

며칠 전에 목을 날린 고을 수령이 떠올랐던 것이다. 아무 말도 없이 뭉개면 되겠거니 하는 태도에, 좌상의 줄을 잡고 있다는 점까지 겹쳐 홧김에 목을 날려버렸다. 그렇지만 마음이 편치는 못하다. 묻지도 않은 말을 뱉어놓고 겸연쩍어진 신립은 애써 목소리를 깔며 종사관에게 지시를 내렸다.

"앞으로는 활과 화살, 창과 칼 같은 병장기 위주로 점검하게. 이런 것을 빼내서 팔아먹는 것은 횡령이니 그 짓만은 용납 못 하네. 그리고 인원도 당장은 아니더라도 유사시 정원을 채울 수 있을 정도만이라도 확보하라고 압력 넣는 방향으로 추진하게. 겁이라도 줘서 일을 하도록 만들어놓아야 하지 않겠나."

종사관은 말없이 빙긋 웃었다. 말귀는 잘 알아듣는 친구로군.

1592년 3월, 쓰시마

고니시와 마주 앉은 요시토시는 무겁게 입을 열었다. 이미 조선의 대답 여부와 상관없이 출병 준비를 하라는 히데요시의 명령이 떨어진 터다.

"이제는 다른 방법이 없겠지요?"

고니시도 말없이 고개를 끄덕였다.

"이제 어쩔 수 없게 되었으니, 차라리 좋게 생각하세. 이렇게 되면 조선이 전쟁 준비 안 하는 것이 우리에게 유리하니까."

요시토시도 동감을 표시했다.

"그렇지요. 우리가 조선에 전쟁을 경고하려 했던 것은, 조선이 히데요시와 타협을 하든지 아니면 침략의 뜻을 꺾을 수 있는 조치를 취해주든지를 기대했던 것인데, 당사자인 조선이 아무것도 제대로 할 의지가 없다면 의미가 없지요."

"결국 조선에 대한 침공이 실행된다면 어차피 우리가 앞장서야 하네. 그런 상황에서는 강력한 조선군은 우리에게 장애물이 될 뿐이야. 차라리 우리가 조선을 정복하는 데 큰 공을 세운 다음 히데요시에게 그 점을 인정받아 좀 더 많은 영지를 받는 편이 낫네."

"그렇게 된다 해도 희생은 크겠지요. 영지를 더 받는다고 해도, 그 과정에서 치러야 할 희생에 조선과의 무역을 사실상 독점해서 얻고 있었던 이익을 빼면 남는 것도 별로 없을 겁니다."

"그걸 아니까 전쟁을 막으려 했던 것 아닌가. 그건 무산되었으니 더 말하지 말게."

고니시는 하늘을 쳐다보며 한숨을 내쉬었다.

1592년 4월 초하루, 류성룡 자택

좌상 류성룡의 부름을 받고 그 집에 들어서는 신립의 마음은 편치 않았다. 아무래도 덕담이나 하자고 부른 것 같지는 않은데…. 의례적인 인사가 끝나고 자리에 앉자, 아니나 다를까 류성룡의 비아냥거림이 시작되었다.

"지방을 순시하면서 대단하셨다지요? 고을 수령들이 장군을 얼마나 존경했는지 웬만한 대신들 행차보다 더 융숭한 대접을 받으셨다면서요?"

결국 이거였군. 신립은 화가 치밀어 올랐지만 꾹 참았다. 실세 재상 앞에서 한낱 무인武人에 불과한 자신이 이렇게 초라한 존재라는 점, 일찍이 깨닫지 못했다. 그래도 할 말은 해야겠다.

"제가 대접받으려고 그랬겠습니까? 부정이 워낙 심하다 보니….”

"변명은 됐고."

류성룡은 신립의 말을 듣지도 않고 끊어버렸다.

"그렇게 열심히 순시를 하셨으니, 이제 방비에는 자신이 생겼다고 보아도 되는 거겠지요?"

신립은 기가 막혔다. 통신사로 왜국에 다녀와서 전쟁 나지 않을 거라고 보고했던 게 바로 지들 패거리 아니었던가? 그것 때문에 전쟁 준비에 얼마나 막대한 지장을 초래했는지 모르지 않을 텐데. 그래놓고 준비 제대로 되어 있느냐고 몰아붙인다. 뭐가 잘못되면 '큰소리 쳐놓고 처리 못 했다'라며 실무자들 몰아붙이겠다는 수작이지. 정객들 하는 짓이라는 게 항상 이 모양이지만, 당할 때마다 화가 치밀어 오른다. 신립의 표정을 읽었는지 류성룡은 갑자기 화제를 바꿨다.

"듣자 하니 왜적은 옛날의 왜적이 아니랍니다. 전에는 칼이나 창만 썼지만, 이제는 조총 같은 장거리 무기를 확보했다지요? 우습게 볼 수 없는 사태인 것 같은데, 대책은 있는 것이오?"

"그 조총이라는 게 쏜다고 다 맞는 게 아닙니다."

참다못한 신립이 말을 쏟아냈다.

"사정거리라고 몇십 보밖에 안 되는데, 우리 기병이 돌격하면 그 거리에서 두 발 쏘기도 어렵습니다. 위력도 대단치 않고요. 정말 걱정해야 할 것은 그런 게 아니라…."

"자신이 있다니 됐소."

또 진짜 하고 싶은 얘기는 꺼내지도 못하게 하고 말을 끊는다. 이렇게 듣고 싶은 만큼만 들어놓고, 제 편리할 대로 전하고 다니겠지. 글줄이나 하는 재주 이용해서, 내가 '아예 걱정할 필요가 없다'라고 했다는 식으로 적어놓는 것은 아닌지…. 한두 번 당하는 게 아니면서도 또 당하고 만다. 하긴 이런 재주가 있으니 저 자리 올라가서 오래 버티고 있는 거겠지만. 얼굴에 감정이 드러나는 신립의 생각을 뻔히 읽고 있을 텐데도, 류성룡은 아예 못을 박자고 들었다.

"태평성대가 오래 계속되는 바람에 사졸들 기강이 말이 아니오. 한참 훈련을 시켜서 기강을 잡고 난 다음이라면 몰라도 당장 난리가 터지면 수습하기 어려울 것이오."

그걸 누가 모르나? 그런데 이렇게 기강이 엉망 되도록 만든 작자들이 누구냐 말이다. 그렇게 전쟁이 걱정되는 사람이 전쟁 나지 않는다고 보고한 작자를 비호하고 있으니…. 신립은 당장 멱살이라도 잡고 따지고 싶었지만, 참는 수밖에.

"알겠습니다. 말씀 다 하셨으면 이제 가보겠습니다."

신립은 짧게 대답하고 일어섰다. 이런 자리는 피하는 게 상책이다. 다음에 부르면 무슨 핑계로 자리를 피해야 할지 벌써부터 걱정이다. 그렇게 방을 나서는 신립의 뒤통수에 들으라는 듯이 중얼거리는 류성룡의 한마디가 꽂혔다.

"허허, 저리도 태평이니⋯."

제3장

예고된 비극

첫 희생양들

1592년 4월 13일

새벽 바다에는 안개가 자욱하게 깔려 있다. 날씨가 이게 뭐람. 하필 내가 당번일 때. 망루에 있던 군관은 졸음을 참으며 나직하게 투덜거렸다. 아무것도 안 보이는데, 이런 날 뭔 일 나면 꼼짝없이 뒤집어쓰기 십상이다. 그런데 갑자기 안개 속에 시커먼 배의 형상이 나타나기 시작했다. 한두 척이 아니다. 마침 해가 뜨며 안개가 조금씩 걷히고 있었다. 졸음이 확 달아나버린 군관은 상황을 살피며 대충 배의 숫자를 세어보았다. 그리고 잠시 망설였다. 봉화를 올려야 할 텐데, 아직 안개가 다 걷히지 않았으니 보이려나? 수기를 흔들어도 마찬가지일 것이고. 확실하게 하려면 전령을 보내는 편이 낫겠다. 그는 소리쳐 부하를 불렀다. 그리고 명령을 내렸다.

"얼른 가서 보고하라. 수상한 배들이 나타났다고. 400척쯤 된다."

전령을 보내고 난 다음, 군관은 오히려 멍해졌다. 이제 뭘 해야 하나.

부산진에 있던 장수는 갑작스럽게 올라온 전령의 보고에 잠시 당황했다. 정체불명의 배가 400척이나 나타났단다. 그러나 곧 정신을 가다듬었다. '400척 정도라면 한 척에 수십 명 정도 탔다고 치고, 대략 1만 명쯤 되겠군. 그런 숫자의 배를 끌고 왔다면 보나마나 왜놈들일 것이다. 전쟁이 난다는 소문이 있더니 사실이었군.'

그는 곧 이 내용을 상관인 병사兵使에게 보고했다. 보고를 받은 병사는 그 내용을 조장에게 장계로 보냈다.

절영도絶影島에서 사냥을 하던 부산첨사釜山僉使 정발鄭撥의 눈에 바다 쪽에서 들어오는 배들이 보였다. 새까맣게 바다를 덮고 있는 게 한두 척이 아니다. 얼핏 보기에 왜선 같은데, 이상하다. 최근에는 왜인들이 들어오지 않았는데…. 한꺼번에 오는 것도 아닐 텐데…. 정발은 부하를 불렀다.

"어찌 된 일인지 알아보라."

보낸 전령이 돌아오기도 전에 봉화가 보였다. 비상사태다. 상황을 감지한 정발의 생각은 포구에 정박시켜 놓은 전함에 미쳤다. 이걸 적에게 빼앗기면 안 된다. 그는 급히 명령을 내렸다.

"너와 너, 너는 얼른 포구로 달려가, 정박해 있는 전선戰船에 구멍을 뚫어 가라앉혀라."

명령을 내린 정발은 얼른 말에 올라 성을 향해 달렸다. 봉화와 전령의 보고로 상황을 파악한 성은 이미 발칵 뒤집혀 있었다. 성 주변에는 이미 불길이 치솟고 있는 상태다. 왜놈들이 불을 놓았나 보군. 그래도 종소리가 울리며 비상사태를 알리고 있었고, 군사들이 모이고 있었다. 정발이 도착하자, 신원을 확인한 다음 성문이 열리며 들여보내주었다. 아직은 군기가 살아 있는 것 같다.

성안으로 들어온 정발은 모아놓은 병사들을 성가퀴에 배치하느라 분주해졌다. 그런데 숫자가 너무 부족하다. 전쟁이 난다는 소문이 돌았는데도 사실 제대로 준비한 것도 없으니 무리도 아니다. 정발은 급하게 명령을 내렸다.

"성벽 주변에 마름쇠를 뿌려라. 그리고 백성들도 모아라. 여자건 노인이건 가릴 것 없다. 응하지 않으면 목을 벤다고 하라."

정발의 명을 받은 군사들이 곧 백성들을 끌고 왔다. 끌려온 백성들은 불안한 표정으로 정발을 쳐다보았지만, 정발은 애써 외면하고 성가퀴 숫자에 맞추어 그들을 올려 보냈다. 이렇게 하니 성가퀴가 그나마 대충 채워진다.

그러다 보니 왜적이 성 앞으로 몰려오고 있었다. 전달된 보고로는 1만 명쯤 된다고 했는데, 웬걸. 몰려드는 숫자를 보니 10배는 될 것 같다. 젠장. 뭐 하나 제대로 알려주는 게 없군. 정발의 얼굴색이 시커멓게 타들어 갔다. 우리는 아무리 모아도 2,000 정도나 되나? 이런 숫자로 저만큼의 적을 상대로 얼마나 버틸 수 있을지…. 그래도 몰려든 적은 아직 공격할 생각을 하지 않고 있었다. 뭘 기다리는 걸까? 정발은 왜군 쪽에서 뭔가 요구조건을 내걸기를 바랐다. 그러면 조금이라도 시간이 끌릴 것이고, 구원병이 올지도 모른다.

정발의 바람이 통한 듯 왜군 쪽에서 사자使者를 보내왔다. 자신들의 요구조건은 명을 정벌할 길을 빌려달라는 것이란다. 맙소사. 소문으로 듣던 얘기가 사실이었군. 이것들이 정말 명나라로 쳐들어가려는 건가 보다. 그렇지만 그건 나중 문제고, 일단 잘됐다. 이걸 핑계로 시간 좀 벌어보자. 정발은 답을 주었다.

"그런 문제는 내 마음대로 결정할 수 없으니 위에 보고하고 명을 받아야 한다. 시간을 달라."

정발은 돌아가는 사자를 보며 마음속으로 빌었다. 제발 며칠만 끌어다오. 그러면서도 만약의 사태에 대비하여 계속 명령을 내렸다.

"창고에 있는 총통銃筒들을 있는 대로 다 가져와서 성가퀴마다 배치하라. 그리고 마름쇠 남은 거 있나? 있는 대로 해자 주변에 더 뿌려라."

이튿날 새벽

정발의 답을 받은 고니시는 잠시 생각에 잠겼다. 시간을 달라는데, 보나마나 시간을 벌어보자는 수작이다. 지금까지 조선의 행태를 보면, 협상으로 굴복할 나라가 아니다. 어차피 싸워야 한다면 굳이 시간을 줄 필요 없다. 고니시는 결심하고 명령을 내렸다.

"공격을 준비하라."

"조선 쪽의 답은 무시하시는 겁니까?"

요시토시가 무표정하게 물었다. 사실 자신도 조선인들의 답을 믿고 기다려보자는 생각을 하지 않을 것이다. 고니시도 무덤덤하게 고개를 끄덕였다.

새벽 4시

정발의 입장에서는 야속하게 일본군의 공격이 시작되었다. 좀 더 기다려줄 거라고 생각했는데, 숫자를 세기 어려운 적이 성을 몇 겹으로 에워

싸고 있다. 젠장. 뭘 어떻게 해볼 수 있는 규모가 아니다. 게다가 서쪽 성 밖의 높은 곳에서 콩 볶는 것 같은 소리가 들린다. 말로만 듣던 조총인가 보다. 날아오는 것이 보이지도 않는데, 아군 병사들이 픽픽 쓰러져간다. 상황을 살피던 정발은 냉정하게 명령을 내렸다.

"성벽 뒤로 대피해서 함부로 움직이지 말도록 하라."

군관들이 나서서 우왕좌왕하고 있는 사람들을 성벽 쪽으로 피신시켰다. 병사들은 재빨리 성벽 뒤로 몸을 숨긴 자가 많지만, 난데없이 동원당한 백성들은 영문도 모르고 쓰러진 동료들을 보며 놀라 아직도 이리 뛰고 저리 뛰고 있다. 그래도 군관들이 소리소리 지르며 성벽 쪽으로 사람들을 피신시키니 희생은 좀 줄 것 같다. 그러자 왜군은 조선군이 성벽 뒤에서 나오려 하지 않는 틈을 이용해서 성벽으로 몰려들어왔다. 정석대로다. 그런데 두꺼운 판자들 깔면서 들어온다. 뿌려둔 마름쇠를 무력하게 만들고 있다. 어느 정도는 예상했던 바다. 무모하게 마름쇠를 밟게 만들어 병사들을 상하게 할 수준의 지휘관이라면 선봉으로 나섰을 리는 없으니까. 그렇지만 이러면 약점도 생긴다.

"포수와 궁수들 발사 개시."

판자를 들고 오면서 깔아놓기까지 하려면 당연히 속도는 준다. 그러면 우리 총통과 활로 맞히기 쉬운 목표물이 생기는 셈이다. 정발의 명을 전달하는 북소리와 명령 소리가 성에 울려 퍼지면서 총탄과 화살이 왜군을 향해 날았다. 왜병이 우수수 쓰러진다. 워낙 좁은 길로 많은 병력이 한꺼번에 몰려오니, 거대한 구름 같다. 이렇게 몰려오면 조준을 할 필요도 없다. 그저 구름 떼 같은 왜적 무리를 향해 쏘면 뭐가 맞아도 맞게 되어 있다. 그래도 워낙 많은 병력이라, 희생을 치르면서도 왜군의 기세가 꺾이지는 않는다. 특히 기세등등한 왜군의 공격은, 지원 사격이 집중되어 있는 서쪽 성문에 몰리고 있다. 정발은 서쪽 성문 쪽으로 걸음을 옮기면서 명령을 내렸다.

"서쪽 성벽에 궁수를 보강하라."

요시토시는 묵묵히 상황을 지켜보는 고니시에게 말했다.

"반격이 생각보다 강한데요. 일단 후퇴시켜야 하지 않을까요?"

고니시는 고개를 저었다.

"그렇게 시간을 줄 필요 없네. 저들이 전쟁 준비 제대로 하지 못했다는 것을 알지 않나?"

그게 무슨 뜻인지 확인하는 데에는 시간이 얼마 걸리지 않았다. 곧 조선군 쪽에서 날아오는 화살의 수가 현저하게 줄어들었다. 화살이 떨어졌군. 자기들이 상상도 하지 않았던 병력이 몰려왔으니 막는 데만 정신이 팔려 있던 거다. 화살을 많이 쌓아놓지 못했다는 점까지 생각할 여유는 없었을 테니 정신없이 쏴댔을 것이다.

화살에 휩쓸리는 적을 본 정발은 잠시나마 희망을 가져보았다. 아무리 숫자가 많아도 우리 성 주변 지형은 험하다. 왜적이 아무리 날고 기어봐야 접근할 수 있는 통로는 한정되어 있다. 그런데 그때 사방에서 다급한 소리가 터져 나왔다. 뭐냐? 궁금해할 사이도 없이 군관이 달려왔다.

"화살이 떨어졌답니다."

화살 달라는 소리였군. 정발은 아차 싶었다. 성안에 쌓아놓은 화살이라고는 소규모 왜구가 쳐들어왔을 때를 대비하는 정도다. 이런 대군을 향해 정신없이 쏴대면 이렇게 될 수밖에 없다는 점을 깜박하고 있었다. 하긴 알아도 사격을 늦출 상황은 못 되었으니…. 이쪽의 사격이 주춤해진 사이에 왜군은 해자를 건넌 다음 성벽 위로 기어 올라오고 있었다. 사방에서 접전이 벌어진다. 정발은 칼을 빼들며 명령을 내렸다.

"전 병력 이제 일어나라. 성벽을 기어 올라오는 왜구를 치는 데 집중한다. 화살이 떨어진 궁수들은 창을 잡으라."

명령과 함께 정발은 성벽으로 다가가 아래쪽에서 기어 올라오는 왜병을 칼로 찍었다. 그런 와중에도 성 쪽에서 날아가는 화살은 물론 총통이 발사되는 소리까지 현저하게 줄고 있는 상황을 깨달을 수 있다. 반면 성벽 위로 몸을 일으킨 조선군은 조총에 맞아 마구 쓰러진다. 이제 왜적은 멈칫거리지도 않고 성을 향해 달려들고 있다. 이걸로 끝장인가? 성벽 위에서 육박전이 벌어지며 사방에서 아우성이 터졌다. 그때 정발의 목에 어디선가 날아온 탄환이 박혔다. 쓰러지는 정발의 눈에 파도처럼 성벽을 넘어 들어오는 왜병의 무리가 한 폭의 그림처럼 들어왔다.

성안으로 쏟아져 들어온 일본군은 눈에 띄는 대로 조선인을 잡아내기 시작했다. 포로로 끌고 가면, 이용할 만큼 이용해먹다가 노예로도 팔아먹을 수 있는 자산이다. 남자들은 대부분 저항하다 죽은 듯, 여자와 어린아이들밖에 보이지 않는다. 조선 여자들은 겁탈당할까 두려워 일부러 얼굴에 검댕을 바르고 병신 흉내를 낸다. 어린아이들까지 미친 것처럼 일부러 입에 경련을 일으키고 있다. 그러거나 말거나 일본군은 사정없이 조선인을 잡아들였다.

고니시는 그런 약탈 행위를 무표정하게 지켜보았다. 수도 없는 전쟁에서 지겹도록 겪은 일이다. 요시토시가 전쟁을 피하려 노력할 때 제대로 받아주지 않은 조선의 탓도 있으니…. 고니시는 기계적으로 부상자 치료와 다음 날 출발하기 위한 부대 정비를 지시하고 막사로 들어갔다.

이튿날, 동래부東萊府

동래부사東萊府使 송상현宋象賢의 속은 타들어가고 있었다. 어제 왜적이 상륙했다는 소식을 듣고 수단과 방법을 가리지 않고 관할 구역은 물론 이웃 고을의 주민과 군사까지 불러 모았다. 그런데도 200명 정도밖에 되지 않는다. 왜적은 최소한 몇 만은 된다던데….

속을 태우고 있는데, 병사兵使 이각李표이 휘하 병력을 이끌고 도착했다. 얼마 되지 않지만 그래도 좀 낫다. 송상현은 반색을 보이며 맞았다.

"어서 오시오, 영감. 지옥에서 부처님을 만난 것 같구려."

이각은 한껏 무게를 잡으며 말에서 내렸다.

"임무를 다할 뿐이오. 왜적이 쳐들어왔다는데 가만히 있을 수야 없지 않겠소?"

그러면서도 이각의 얼굴에는 고마워해야 한다는 표정이 역력하게 나타난다. 좀 역겨운 데가 있기는 하지만, 지금 그런 것을 따질 때가 아니다. 그때 전령이 급하게 달려 들어왔다. 하얗게 질린 전령은 말에서 내리면서 간단하게 보고했다.

"부산진이 함락되었답니다."

이 소식을 듣고 있던 이각의 표정이 싹 변했다. 안절부절못하는 것이, 아까 무게 잡으면서 말에서 내린 사람이 맞나 싶을 정도였다. 그러더니 결국 속에 담은 말을 뱉어냈다.

"생각해보니 이 지역 군사를 총괄하는 병사兵使로서 작은 성 하나 지키는 데에 연연할 수 없소. 외부에 있으면서 왜적이 한양으로 가는 것을 막아야 하오. 그러려면 즉시 나가서 왜적이 지나갈 수밖에 없는 곳에 진을 쳐야겠소. 소산역蘇山驛 즈음이 좋겠군. 섭섭해 마시오. 만약 이곳이 공격당한다면, 당장 달려와 협공해드리도록 하겠소."

송상현의 가슴이 철렁 내려앉았다. 이런 겁쟁이. 상황이 심각하다는 점을 깨닫고 도망칠 핑계를 찾는 것이 분명하다. 송상현은 당장 이각을 때려죽여버리고 싶은 충동을 꾹 참고 간청했다.

"이런 상황에서 벌판에 진을 치고 적을 맞으면 더 위험합니다. 여기 남아서 같이 성을 지키시지요. 이래 봬도 동래성은 험하기로 말하자면 어떤 성에도 뒤지지 않습니다. 왜적 몇 만이 몰려온다 해도 우리가 힘을 합치면 쉽게 함락시키기 어렵습니다."

"그럴 상황이 아니래도. 내가 이곳만 지키라고 임명된 사람이 아니지 않소. 나는 결정을 내렸으니 더 얘기하지 마시오."

이각은 송상현의 만류를 뿌리치고 말에 올랐다. 그리고 그의 부대와 함께 성을 나가버렸다. 사라지는 이각의 뒷모습을 보면서 송상현의 망연자실했다. 이제 어떻게 해야 하나. 그때 누군가가 그에게 달려왔다. 신여로申汝櫓다. 저 녀석, 난리 피해 돌려보냈는데…. 송상현은 신여로에게 짐짓 짜증을 내며 물었다.

"자네가 왜 여기에 있나?"

"부산진이 이미 함락되었고, 왜놈들이 이곳으로 쳐들어온다고 들었습니다."

"그게 자네가 여기 있을 이유가 되는가? 당장 성을 나가게. 내가 자네를 보냈을 때에는 다 생각이 있을 터. 이렇게 내 말을 무시하고 돌아와서야 되겠는가?"

"제게 시키신 일이 그리 급하지 않은 것, 다 알고 있습니다. 소인이 책임져야 할 식솔들과 이웃들 돌봐주라고 일부러 위험한 성에서 내보내시려고 한 것을요. 그렇지만 마님. 그렇기 때문에라도 저는 못 갑니다. 그렇게 생각해주시는 마님을 왜놈들 손에 보내고 제가 어찌 살겠습니까. 명하셔도 소용없습니다."

말을 마친 신여로는 송상현의 말을 기다리지도 않고 군관을 향해 달려갔다. 무기를 받아오려는 것이다. 젠장. 마음대로 되는 게 하나도 없군. 신여로 저 녀석, 자기 식솔뿐 아니라 병든 이웃들까지 돌봐주는 녀석이다. 제 놈에게 의지해서 사는 사람이 몇인데, 어쩌려고 저러나. 그래서 어떻게든 살려두려고 한 건데. 평소 고생만 하던 상놈은 이 난리 통에라도 어떻게든 뭔가 해보려고 내보내도 돌아오는데, 양반이랍시고 거들먹거리던 이각 같은 놈은 왔다가도 도망간다. 이 나라 정말 개판으로 돌아간다. 신여로의 멱살이라도 잡아 다시 내보내고 싶지만, 말을 듣지 않을 것이고 그런 시비를 할 여유도 없다. 송상현은 곧 정신을 차리고 필요한 지시를 내리기 시작했다. 일단 부산진에서 조총에 고전했다 하니 대책이 필요하다. 송상현은 군관들을 불러 지시를 내렸다.

"두꺼운 판자를 모아라. 두께가 모자라면 덧대서라도 맞춰라."

지시를 받은 군관이 물었다.

"판자는 뭘 하시게요?"

"부산진에서 조총에 많은 희생을 치렀다 한다. 희생을 막으려면 취약한 지점에 판자를 세워둘 필요가 있다."

납득한 군관들은 분주하게 움직였다.

동래성을 앞에 둔 고니시의 속은 끓고 있었다. 후속부대가 도착하기는 했는데, 이것들이 전투에는 관심을 두지 않고 노략질에만 열중한다. 이래가지고서야 후속부대가 투입되는 의미가 없다. 그렇다고 요절을 낼 수 있는 상황도 아니고. 자신은 선봉장일 뿐, 다른 부대에게 명령을 내릴 수 없는 일개 영주에 불과하다는 점을 새삼스레 깨닫게 해준다. 이렇게 되면 어쩔 수 없이 자신의 부대로만 전투를 치를 수밖에.

조금 있으면 해가 질 테니 시간을 끌 수도 없다. 고니시는 서둘러 병력을 전개시켰다. 적의 병력은 형편없는 수준이겠지만, 성을 둘러싼 지형이 만만치 않다. 많은 전투를 치러보았지만, 이렇게 험준한 지형에 자리 잡은 곳은 많지 않았다. 공략에 애 좀 먹겠다. 고니시는 요시토시를 불렀다.

"동래부사 송상현은 괜찮은 인물이라지?"

"그렇습니다. 우리 쪽 사람들 평판이 매우 좋습니다."

"죽이기에는 아까운 인물이고, 우리도 가급적 안 싸웠으면 좋겠으니 일단 그 뜻을 전해보세."

그렇게 말하면서 고니시는 팻말 하나를 내주었다. 그걸 본 요시토시는 픽 웃었다.

"이걸 본다고 성문을 열어줄 사람은 아닌데요. 사람은 좋지만 꽤 강직한 인물입니다. 겁이 난다고 성문 열고 항복하지는 않을 겁니다."

고니시는 미간을 찌푸리며 대답했다.

"이걸 보고 항복해주기만 바라서 이러는 건 아니네. 일단 싸우고 싶어 하지 않는다는 우리 뜻을 전할 필요가 있고, 병력 전개할 동안 하자는 것뿐이야. 우리가 싸우고 싶어 하지 않는데, 병사들이라고 앞뒤 가리지 않고 나서겠나? 이들에게도 싸울 수밖에 없는 명분을 보여줘야 할 거 아닌가 말이야"

"알겠습니다."

요시토시는 긴 말을 더 보태지 않고 팻말을 받아들고 달려갔다.

한참을 바쁘게 움직이다 보니, 성 위의 수기가 요란하게 흔들렸다. 적군이 접근하고 있다는 신호다. 그러더니 접근하던 왜적이 팻말 하나를 세운다. 자세히 보니 '싸울 테면 싸우고 싸우지 못하겠으면 길을 비켜달라戰則戰矣 不戰則假道'라고 쓰여 있다. 뭐하는 짓이냐? 지들 마음대로 쳐들어와놓고는 막지 말고 곱게 비켜달라는 거냐? 애들 장난도 아니고…. 니들이 그렇데 나오면 나도 똑같이 해준다. 송상현은 판자 하나를 가져오게 해서 굵은 글씨로 문장을 써내려갔다. '죽기는 쉬우나 길을 비키기는 어렵다戰死易假道難.' 이거면 대답이 되겠지.

동래성 위에 세워진 팻말을 본 고니시는 한숨을 내쉬었다. 기대한 것은 아니었으니, 내 뜻을 전한 걸로 되었다. 그는 다시 요시토시를 불렀다.

"병력 전개를 서둘러라. 사다리는 준비되어 있겠지? 그리고…."

고니시는 갑자기 소리를 낮추어 요시토시에게 지시했다. 지시를 받은 요시토시는 명령을 전달하기 위해 달려나갔다. 그리고 얼마 지나지 않아 일본군의 공격이 시작되었다. 동래성 쪽에서는 기다렸다는 듯이 화살과 총탄이 날아왔다. 희생을 무릅쓰고 성벽에 접근한 병사들에게는 돌이 떨어진다. 이곳의 저항도 제법 완강하다.

그렇지만…. 고니시는 냉정하게 상황을 살폈다. 완강하게 저항하고 있는 것 같지만, 날아오는 총탄이나 화살의 숫자가 많지는 않다. 성안의 병력이 적다는 뜻일 것이다. 게다가 일본군 병사들은 자신이 지시한 대로 등 뒤에 꽂고 다니던 깃발에 대나무를 덧대어 더 길게 만들어놓았다. 그런 상태로 성벽에 접근해 사다리를 오르고 있다. 일부는 허수아비까지 만들거나, 깃발을 한 손에 들고 옆쪽으로 흔들면서 노골적으로 적의 눈을 속이는 병사도 많다. 보통은 깃발을 겨냥해 쏘기 마련이니, 이렇게 해서 접근하면 아무래도 조준이 흔들린다. 실제로 완강한 저항에 비해 아군의 희생은 적다. 부산진에서 활과 총통에 당한 희생이 워낙 커서 대책을 생각해보았는데, 덕분에 희생을 좀 줄일 수 있을 것 같다.

일부 부대는 벌써 성벽 위에서 접전을 벌이고 있다. 그래도 조선인들은 물러설 생각이 없는 것 같다. 돌이 부족해졌는지, 성벽 아래의 일본군을 향해 슬슬 기왓장이 섞여 떨어지기 시작한다. 나쁜 징조는 아닌 것 같다.

성벽 위에서 상황을 내려다보던 송상현은 기가 막혔다. 성을 둘러싸기 위해 몰려드는 왜적의 규모가 작지 않다는 점은 알고 있었지만, 이건 감당하기에는 너무 차이가 난다. 물론 구원병은 그림자도 보이지 않는다. 하긴 구원병이 올 엄두도 나지 않을 것 같다. 이각이 도망간 것은 괘씸했지만, 있었어도 큰 차이가 났다고 할 수 없겠다. 웬만큼 성 주변에 왜적이 배치되었다 싶은 생각이 들자, 곧 공격이 시작되었다. 사다리를 들고 새까맣게 달려드는 모습이 글자 그대로 개미떼 같다. 송상현이 손짓을 하자, 군관들의 고함이 터졌다.

"발사!"

그와 함께 화살과 총탄이 날았고, 일부 왜병이 쓰러졌다. 그러나 표시도 나지 않는다. 화살과 총탄은 계속 날아가고 있지만, 파도 위에 던져진 흙덩이처럼 금세 흔적이 없어진다. 게다가 날아간 화살과 총탄에 비해 쓰러지는 적병은 평소보다 적은 것 같다. 뭐냐? 자세히 보니 왜군은 평소처럼 깃발을 등에 꽂고 달려오는 게 아니라, 길게 늘인 대나무에 매어 손에 들고 흔들고 있다. 병사들이 그런 것까지 자세히 보아가면서 쏠 여유는 없으니, 성벽을 올라오는 적을 향해 쏜다는 것이 깃발이나 허수아비에게 날아가는 경우가 많아진다. 별것 아닌 속임수가 통한 것 같다. 게다가 석양이 뉘엿뉘엿 지고 있는 상황에서는 잘 보이지도 않으니…. 어째 기세가 잘 꺾이지 않는다 싶었다.

어느새 왜군은 성벽 위까지 기어 올라와 있다. 특히 남쪽 성문이 위험하다. 송상현은 성의 남문으로 달려갔다. 그의 모습을 본 남문 쪽 병사들이 좀 더 힘을 내준다. 달려드는 왜군을 밀어 성벽 아래로 떨어뜨리려 애쓰고 있다. 그 기세에 밀려 왜병은 좀처럼 성벽을 넘지 못한다.

그렇지만 그것도 잠시뿐, 워낙 숫자가 달리는 조선 측의 한계가 나타나기 시작했다. 하나둘씩 쓰러지는 것만 해도 큰 타격이다. 희생이 조금씩 늘어나면서 점차 밀리는가 싶더니, 어느새 일본군이 성벽을 넘어 들어오기 시작했다. 그렇게 성벽 한쪽 귀퉁이가 뚫리자, 성벽은 순식간에 일본군 천지가 되었다.

그 광경을 지켜보던 송상현은 힘없이 동헌으로 걸음을 옮겼다. 동헌에서 한동안 망연자실하게 서 있던 송상현의 눈에 집에서 부리던 노비가 들어왔다. 습관처럼 송상현의 뒤를 따라 여기까지 온 것 같았다. 송상현은 눈치를 보며 어쩔 줄 몰라 하는 노비를 보며 부채에 몇 자 적어 건네주며 한마디 했다.

"성을 나가 아버님께 전하도록 하라."

부채를 받아든 노비가 절을 하며 자리를 뜨려 하는데, 왜인 하나가 뛰어들어 왔다. 노비는 흠칫 놀라 옆에 있던 낫을 집어 들었지만, 그 왜인은 손을 내저었다. 그리고 노비에게 어서 떠나라고 손짓을 했다. 이곳에 자주 드나들던 평성관平成寛이다. 그는 송상현에게 다가와 옷깃을 잡아끈다. 자기를 따라 피신하자는 뜻이 분명하다. 이 녀석 사람은 참 좋았지. 싹싹한 성격이 좋아 잘해주었더니, 잊지 않고 이런 상황에서 달려와주었나 보다. 왜놈도 왜놈 나름이니…. 그렇지만 성의만 받겠다. 송상현은 조용히 그의 손길을 뿌리쳤다. 평성관은 답답한지, '하야쿠 하야쿠' 하면서 세게 옷깃을 잡아당긴다. 송상현은 조용히 그의 손을 잡았다. 이러다가 너까지 곤란해진다. 송상현의 뜻을 알았는지, 평성관은 울상을 지으며 서 있다.

그러나 그것도 잠시 한 떼의 왜병들이 들이닥쳤다. 대장인 듯한 자가 뭐라고 소리치자, 왜병들이 송상현에게 달려들며 평성관은 팽개쳐지듯 밀려났다. 송상현이 달려드는 왜병들을 뿌리치려 하자, 왜병 하나가 들고 있던 창으로 그의 옆구리를 푹 찔렀다. 송상현이 쓰러지자, 찌른 왜병이 놀란 듯 눈을 둥그렇게 뜬다. 자기는 날이 없는 방향으로 찌른다는 것이 잘못 찔렀다고 하는 것 같다. 한동안 서로 마주 보던 왜병들은 피를 흘리며 죽어가는 송상현을 그대로 놓아두고 자리를 떠났다.

야나가와 시게노부는 점령한 동래성에서 나온 전리품에 대한 보고를 받느라 분주했다. 10여 개가 넘는 창고에 곡식과 무기가 쌓여 있다. 포와 화약까지 아직 많이 남아 있는 상태다. 이곳에 모인 병력이 워낙 적어 다 써보지도 못하고 성이 함락되는 바람에 이렇게 된 것 같다. 우리로서는 다행이다. 모처럼 들뜬 마음으로 요시토시에게 보고할 내용을 정리하던 야나가와 시게노부에게 병사 하나가 달려와 뭔가를 알렸다.

병사의 말이 끝나기도 전에 야나가와 시게노부는 털썩 주저앉았다. 송상현이 죽었다니…. 그렇게 생포하라고 했는데, 병신 같은 놈 하나가 실수하는 바람에 인물 하나 죽였다. 조선을 오가면서, 머리는 텅 빈 주제에 공자 맹자 팔아먹는 위선자들은 많이 보았어도 송상현 같은 사람 보기는 어려웠다. 그 사람만큼은 시도 잘 짓고 재주가 많아 우리끼리도 그의 시 한 수 받아내려고 난리였다. 보통 그런 재주 가지면 제 잘난 맛에 다른 사람 무시하기 쉬운데, 그는 아랫사람들 함부로 다루지 않았고, 우리를 야만인이라고 무시하지도 않았다. 그런 사람이라 조선의 높은 놈들에게 밉보여 이런 곳으로 좌천되어 왔다지. 이번 전쟁 난 김에 뻔뻔스러운 조선 관리들은 내 손으로 잡아 족치려고 했는데, 그런 자들은 귀신같이 도망가버리고 송상현 같은 인물만 죽어간다.

"송상현의 식솔들은 챙겼는가?"

보고를 받던 야나가와 시게노부가 한참 만에 겨우 한마디 물었지만, 이 물음에 대한 대답도 우울하다. 식솔뿐 아니라 첩들도 죽었단다. 그나마 양인良人 출신의 첩 하나가 잡힌 것이 유일하다시피 한 생존자라는 보고다. 영웅은 호색이라더니, 이 양반 첩은 많이 두었군. 야나가와 시게노부는 탄식하며 명을 내렸다.

"송상현의 시신을 관에 넣어 성 밖에 묻어주고 푯말[標]을 세워두라. 부인과 첩도 같이 묻어두도록. 그리고 생포한 첩은 일단 방에 모셔두고 있으라."

곧 송상현의 시신을 담은 관이 성을 나서자, 잡힌 조선인들이 알아보고 통곡한다. 이 양반 인심은 많이 얻어두었나 보다. 하긴 적이 되어 맞선 우리도 그럴진대⋯.

동래성에서 잠시 부대를 정비한 고니시는 전령들에게서 들어오는 보고를 받고 생각을 정리했다. 가토 기요마사를 비롯한 후속부대도 상륙을 마치며, 경주慶州를 점령한 다음 서생포西生浦와 다대포多大浦 등을 함락시켰다고 한다. 다대포에서 약간의 저항이 있었을 뿐, 다른 곳은 이렇다 할 전투 없이 점령했다는 보고다.

조선이라는 나라 돌아가는 꼴을 보아 예상 못 한 바 아니었지만, 너무 쉽다. 내가 싸워야 할 상대가 허약한 게 나쁜 일은 아니지만, 이제 가토가 들어왔으니 마냥 좋아할 일만은 아니다. 가토 녀석 때문에 고민해야 할 게 더 많아졌다. 적어도 한양에는 내가 먼저 들어가야 한다. 그래야 히데 요시에게 내세울 게 있을 테니.

4월 15일, 경상도 병마사 본영

동래에서 도망치듯 물러났던 병사兵使 이각은 허둥지둥 본영으로 돌아 와 그의 첩을 찾았다.

"삼월아, 삼월아."

다급한 목소리에 놀란 이각의 첩이 방안에서 뛰쳐나왔다.

"웬일인데 그러시어요?"

이각은 첩을 보자, 부하들의 눈도 의식하지 않고 와락 그녀를 껴안았다.

"무사했구나. 다행이다."

영문을 모르고 그를 쳐다보는 첩의 뺨을 어루만지며, 이각은 말을 꺼냈다.

"어서 피란 갈 준비를 하거라."

"피란이요?"

이각은 놀라서 묻는 첩의 입술을 손으로 막으며 시간이 없다는 표시를 했다.

"아무것도 묻지 말고 우리가 처음 만났던 그 집으로 피란 가 있어라. 내 곧 찾아갈 터이니. 그리고….."

이각은 생각난 듯이 덧붙였다.

"노잣돈이 필요할 터이니 내가 마련해주마. 그것을 가지고 얼른 피해 있거라."

첩에게 말을 마친 이각은 부하들에게 명령했다.

"이 아이와 함께 창고에 가서 그곳에 보관해둔 무명을 가져갈 수 있는 대로 내주어라."

명령을 받은 부하들의 얼굴이 굳어졌다. 본영에 돌아오자마자 다른 곳은 돌아보지도 않고 첩이 있는 이곳부터 찾았다. 성을 지킬 생각 따위는 애초부터 머릿속에 없는 게 분명하다. 그것도 모자라 창고에 보관된 무명까지 내주라고? 1,000필쯤 될 그 무명은 이 병영의 군자금 역할을 하는 것이다. 왜적에게 넘겨줄 수 없어 태워버린다면 몰라도, 피신시킬 시간이 있다면 안전한 곳으로 옮겨놓고 필요한 곳에 써야 할 물건이다. 그런 것을 첩의 손에 들려 보내겠다고? 속이 뒤집히는 부하들의 마음을 아는지 모르는지, 굳은 표정으로 멍하니 서 있는 부하들을 향해 이각의 호령이 떨어졌다.

"뭘 하느냐! 빨리 움직이지 못하고."

부하들은 마지못해 움직이기 시작했다. 이런 작자를 병사로 임명했으니, 오늘날 이 꼴을 당하고 있지. 본영 창고가 열리고 그 안에 있던 무명이 수레에 실리기 시작하자, 담당 진무鎭撫가 달려왔다.

"뭐하는 짓이냐?"

이각이 나섰다.

"다 쓸 데가 있어서 그러는 것이니, 신경 쓰지 말라."

그래도 진무는 물러서지 않았다.

"이건 영감께서 이런 식으로 옮기시면 안 되는 겁니다. 병조兵曹의 허락을 받아야 하고….."

그러나 진무는 말을 끝맺지 못했다. 이각의 칼이 그의 목을 베어버렸기 때문이다. 얼마 가지 않아 무명은 수레에 실렸고, 이각의 첩과 함께 어디론가 사라졌다. 그와 함께 병사들도 하나둘씩 사라지기 시작했다. 그렇지만 이각은 탈영병이 속출하는 상황에 별 신경을 쓰지 않았다. 이유는 곧 드러났다. 그날 새벽, 이각 역시 사라져버렸다.

4월 16일, 밀양 작원강鵲院江

밀양부사 박진朴晉은 흐르는 강물을 바라보며 초조함을 달랬다. 부산진과 동래성이 함락되었다는데, 어디에서도 왜적을 맞아 전과 같은 전과를 올렸다는 말은 없다. 경상 좌수사 박홍朴泓은 적을 보자마자 성을 버리고 달아났다지. 여기에 또 다른 왜군 부대가 상륙해서 경주 등을 함락시켰다는 말도 들린다. 이거 정말 큰일 나는 거 아닌지 모르겠다. 이각에게 배후를 지켜달라고 당부를 하기는 했는데….

일단 이각을 믿고 이곳만큼은 버틸 만큼 버텨보자. 이 작원강이 크지는 않아도 장애물로서는 제법 큰 역할을 할 것이다. 이곳을 통과하려면 저 작은 잔교棧橋(배를 대서 화물이나 사람을 싣고 내릴 수 있게 만들어놓은 시설)에서 배를 타고 건너오는 수밖에 없다. 그럴 때 화살을 퍼부으면 지옥도가 그려지겠지. 박진은 나름대로 낙관적인 그림을 그려보며 마음을 달랬다.

그때 강 건너에 사람의 모습이 나타났다가 곧 사라졌다. 박진은 직감적으로 적의 정찰병임을 느꼈다. 아니나 다를까, 곧 적병이 나루로 접근해 오기 시작했다. 그래봐야 못 건너올 텐데…. 이미 나루에 있던 배라는 배는 모두 치워버린 상태다. 그런데 왜? 일본군의 의도는 곧 드러났다. 그들은 큰 판자를 앞세우고 나루로 접근하고 있었다. 저걸로 화살을 막아내면서 다리를 만들어보겠다는 얘기 같다. 박진의 입가에 엷은 미소가 떠올랐다. 그렇다면 우리도 준비가 있지. 박진은 명령을 내렸다.

"총통과 노弩 발사 준비."

왜군은 이쪽에서 뭘 할지도 모른 채, 판자 뒤에서 분주하게 움직이고 있다. 그와 함께 뒤에 대기하고 있던 부대가 강변에 길게 늘어섰다. 박진은 그들의 손에 들려 있는 것을 보고 조총임을 깨달았다. 저걸 믿어보겠다 이건가? 별거 없을 텐데. 왜군 대열이 웬만큼 접근했다 싶자, 박진의 명령이 떨어졌다.

"총통 발사."

우레 같은 소리가 나며 천자총통의 철환이 먼저 날았다. 판자 쪼개지는 소리가 나며 방패 뒤에서 움직이던 왜병이 줄줄이 쓰러졌다. 일본군 진영에서도 콩 볶는 소리와 함께 조총 탄환이 날아왔다. 그렇지만 아군의 피해는 별게 없다. 조총의 사정거리는 그리 길지 않다. 기껏해야 강변 가까이 배치된 아군에게만 간신히 닿을까 말까 한 정도다. 그래봐야 강가에는 엄폐물도 많고, 좀 두꺼운 판자 뒤에만 있어도 조총 탄환의 피해는 입지 않는다.

"노 발사."

다음으로 노에서 발사되는 큰 화살이 날며 일본군 대열의 가운데를 갈랐다. 철환과 화살에 상처를 입은 왜병은 깨진 방패와 함께 강으로 떨어졌다. 그와 함께 일본군 대열에는 큰 혼란이 일어났다. 앞세웠던 방패만 믿고 있다가 당황한 것이다. 앞줄에 철환과 큰 화살이 떨어지면서 희생자가 생기자, 뒷줄이 물러서기도 전에 돌아가려는 앞줄 병사들이 돌아서며 얽히고 있다. 그 틈에 여기저기서 엄폐물도 없이 왜병 부대가 노출되기 시작했다. 이것이 기회다. 박진의 명령이 또 떨어졌다.

"궁수부대 발사."

대열이 흐트러진 틈을 나고 조선군의 화살이 또 일본군 병사들에게로 날았다. 이번에는 효과가 더 크다. 자기들끼리 얽혀 우왕좌왕하고 있는 일본군은 방패를 들 생각도 못 하고 날아오는 화살에 죽어갔다. 일본군 진영에서도 발악하듯 조총을 쏘아댔지만, 그저 기분만 북돋아주는 것 이상의 의미가 없다. 제대로 맞지도 않는 조총 한 발 쏠 때, 활은 서너 발을 쏠 수 있다. 조선군의 피해는 거의 없는데 비해 일본군의 시체는 벌써 강 저쪽에 수북이 쌓였다. 사태를 깨달았는지 일본군 쪽에서 급하게 나발과 호각이 울렸고, 적병은 희생자를 잔뜩 남긴 채 도망쳤다.

이후로는 한참 동안 일본군의 모습이 보이지 않았다. '이제 좀 안심해도 되려나' 하는 생각이 들려고 할 때, 갑자기 뒤쪽에서 함성 소리가 났다. 뭐냐? 당황한 박진이 뒤로 고개를 돌리자, 일본군 부대가 뒤쪽 산에서 달려 나오는 것이 보였다. 어떻게 된 거냐.

순간 박진의 뇌리에 스치는 생각이 있었다. 어딘가 다른 곳이 뚫렸다. 양산梁山 쪽인가? 그는 더 생각할 사이도 없이 말에 올랐다. 아군 진영은 명령도 소용없을 만큼 무너져 있었다. 워낙 적은 병력을 가지고 작원강이라는 장애물만 믿고 막아야 하는 상황이라, 대부분의 병력이 궁수와 포수로 편성되었다. 접근전이 벌어지면 별 대책이 없다. 벌써 병사들은 흩어져 도망치고 있다. 여기서 버텨봐야 아무 소용이 없겠다.

말에 오른 박진은 밀양의 본부를 향해 달렸다. 말을 가진 군관급만 그를 따라오고 있었다. 단숨에 본부로 달려온 박진은 가쁜 숨을 몰아쉬며, 본부를 지키던 병사들에게 명령을 내렸다.

"창고에 불을 놓아라."

병사들은 눈을 둥그렇게 뜨고 그를 쳐다본다. 갑자기 자기들이 애써 지키던 창고에 불을 지르라 하니 놀란 모양이다. 박진은 짜증스럽게 다시 명령을 내렸다.

"창고에 불을 지르란 말이다. 왜놈들이 몰려오고 있다. 창고에 있는 무기와 군량을 왜놈들에게 내주고 싶은가!"

그가 소리를 지르자, 그제야 말뜻을 알아들은 병사들이 불을 놓기 시작했다. 곧 불길이 치솟으며, 창고에 쌓인 물자들을 태워버렸다. 그 모습을 지켜본 박진의 속도 시커멓게 탔다. 저것들을 모아두느라 얼마나 고생을 했는데, 그걸 내 손으로 태워버리다니…. 그래도 왜놈들에게 내줄 수는 없는 노릇이다. 그는 애써 자신을 위로하며 다시 말에 올랐다. 어쨌든 일단은 피하고 봐야 하니까.

1592년 4월 17일, 한양

이른 아침부터 대신들이 궐에 모여들었다. 경상 좌수사 박홍의 장계가 올라오며 왜적의 침략이 알려진 것이다. 단순한 침략은 아니다. '높은 곳에 올라 바라보니 붉은 깃발만이 성안에 가득합니다' 하는 내용이 들어가 있는 것을 보니, 부산진은 이미 함락된 모양이다.

소식은 삽시간에 알려져 비변사 요인들을 중심으로 한 대신들이, 빈청賓廳(조선시대에 대신이나 비변사의 당상관들이 모여 의논하던 곳)에 모여 임금을 뵙고자 했다. 그러나 선조는 일단 허락하지 않았다. 생각할 시간이 필요하다. 젠장. 드디어 일이 터지고 말았다. 지금까지 있었던 일들이 주마등처럼 스쳐 지나갔다. 너무 방심했다. 돌이켜보면 전쟁이 날 것은 분명했었는데, 왜 그렇게 신경을 쓰지 못했는지…. 전쟁은 나지 않을 것이라고 보고했던 김성일부터 전쟁에 신경도 쓰지 않던 대신들의 얼굴이 떠올랐다.

그러나 선조는 고개를 저으며 생각을 떨쳐버렸다. 그런 생각을 할 때가 아니다. 지금 일어난 일부터 수습하고 봐야 한다. 그런데 어떻게 수습한다? 한참을 고민하고 있는 사이에 해가 중천에 걸렸다. 선조는 더 이상 미루지 못하고 대신들을 만났다. 그리고 급한 대로 간단한 대책을 세우고 명을 내렸다.

'이일李鎰을 순변사巡邊使로 삼아 가운데 길로, 성응길成應吉을 좌방어사로 삼아 좌도左道로, 조경趙儆을 우방어사로 삼아 서로西路에 내려 보내도록 하라. 그리고 유극량劉克良을 조방장으로 삼아 죽령竹嶺을, 변기邊璣를 조방장으로 삼아 조령鳥嶺을 지키게 하라. 전 강계부사江界府使 변응성邊應星을 다시 기용하여 경주 부윤으로 삼으라' 하는 정도가 고작이다.

그래봐야 이들에게 줄 병력도 없다. 군관軍官도 알아서 뽑으라고 해야 할 상황이다. 군사 징발하라는 명령이야 각 지방에 내려놓았다지만, 이들이 동원되어 도착하려면 긴 시간이 걸릴 것이다.

이런 와중에 비변사나 대간들이 내놓는 대책이라는 것이 어느 자리에 누구를 앉히라는 요구뿐이다. 권징을 경기 순찰사로 삼았더니, 좌상 류성룡이 군사 업무를 맡는 중요한 자리는 싹 갈아치우자고 한다. 병조판서 홍여순은 일 처리도 못하고 병사들도 따르지 않으니 김응남金應南으로 갈고, 심충겸沈忠謙을 참판으로 삼으란다. 지방 군사를 징집하려면 그리해야 한다나.

그랬더니 대간이 대신을 체찰사體察使로 삼아 여러 장수들을 감독하게 하라 한다. 이 와중에 장수들이 딴 마음이라도 먹을까 봐 걱정하나 보다. 고집부릴 수도 없어 따랐다. 그랬더니 이산해가 류성룡을 추천했다. 그래서 류성룡이 체찰사가 되었고, 김응남은 부사副使가 되었다. 결국 류성룡에게 힘을 몰아주는 꼴 아닌가 모르겠다. 이렇게 해주면 뭐가 되는 거냐? 해달라는 대로 다 해주었지만, 명색이 순변사라는 이일조차 병력이 없어 떠나지 못한단다.

부산진이 함락되었다는 소식을 들은 신립의 마음은 철렁 내려앉았다. 드디어 올 게 왔나 보다. 한걸음에 궁으로 들어왔지만, 난리에 대응해야 하는 조정답지 않게 우왕좌왕하기만 한다. 한동안은 임금을 만날 수조차 없었다. 왕이 명을 내려주지 않으면 아무것도 안 되는데…. 임금께서도 어쩔 수 없나 보다. 아무리 대비한다고는 해도, 전쟁이 나지 않을 것이라는 것이 조정의 지배적인 시각이었으니 한계가 있을 수밖에 없었다. 그런 상황에서 실제로 전쟁이 터졌으니, 정신이 없을 만도 할 것이다. 대책

없는 소리나 해대는 대신들 앞에서 제대로 조치를 취할 자신이 안 생기는 게 당연할지 모르겠다.

일단 이일을 순변사로 임명하여 급한 불을 끄려 하는 모양인데, 병력은 제대로 동원되려나? 병조에서 병사를 뽑고 있기는 하다는데…. 신립은 급한 마음에 병사를 모으고 있는 곳부터 찾았다. 그렇지만 그곳에 도착한 신립은 억장이 무너졌다. 뽑아놓은 병사들이라는 것이 글자 그대로 훈련이 되어 있지 않은 백도白徒에 불과했다.

더 속을 뒤집는 것은 아전衙前과 유생儒生들이었다. 적을 막기 위해 동원되었다는 점을 뻔히 알면서도 유생들은 관복을 입고 옆에 책을 낀 채로, 아전들은 평정건平頂巾(각 관사의 서리들이 쓰던 건)을 쓰고 나와 있었다. 원래 양반 신분인 유생과 나랏일을 보는 아전은 군역을 지지 않는다는 규정을 알고 있으니, '나는 뽑아갈 수 없는 신분이다'라고 과시하자는 뜻이다. 이런 것들을 데리고 간들, 제대로 전투를 치를 수 있을지….

4월 18일, 김해

김해부사 서예원徐禮元은 성 위에서 초조하게, 몰려드는 일본군을 바라보았다. 많기는 많다. 이러니 진주晉州에 있던 순찰사 김수도 대책을 세우지 못했을 것이다. 변고가 일어났다는 소식을 듣고 동래로 달려가다가, 도중에 동래가 함락되고 적병이 가까이 오고 있다는 소식을 듣고 우도右道로 돌아왔단다. 그래봐야 뾰족한 수도 없어서, 그저 여러 고을에 격문을 보내어 백성들을 피신시키는 게 고작이었다.

이런 상황에서 성을 지킬 수 있을까? 일본군은 서예원을 압박이라도 하듯, 뭔가를 들어다가 계속 성 앞에 쌓고 있다. 자세히 보니 보리 자락 같다. 이것들을 베어다가 쌓아놓고 있는 것이다. 어! 어! 하고 놀라는 사이 보리 짚단은 어느새 산처럼 쌓이고 있다. 이걸 성에 맞추어 쌓은 다음 쳐들어오겠다는 뜻이다.

"불화살을 준비하라."

서예원은 다급하게 소리쳤다. 곧 여기저기 화로가 옮겨졌고, 병사들에게 불화살도 지급되었다. 대충 준비가 되자 서예원은 또 명령을 내렸다.

"궁수들 위치로."

궁수들이 성가퀴에 자리를 잡자, 또 명령이 떨어졌다.

"짚단을 목표로 발사."

성에서 불화살이 보리 짚단을 향해 날았다. 이게 다 타버리면 왜놈들 혼 좀 나겠지. 그러나 불화살을 맞은 짚단에서는 연기가 좀 날 뿐 좀처럼 불길이 치솟지 않는다. 아차. 이미 물을 먹여놓은 것 같다. 아무리 기름 먹인 천에 불을 붙인 불화살이라도 젖은 짚단에 불을 붙일 재주는 없다.

불화살이 아무 소용 없다는 점이 드러나자, 성의 병사들이 동요하기 시작했다. 한쪽에서는 이미 도망가는 곳도 생겼다. 초계 군수가 맡고 있는 쪽이다. 젠장. 이래가지고서는 성을 지켜내기는 틀렸다.

"퇴각하자."

서예원은 나직하게 명령을 내리고, 아직 보리 짚단이 쌓이지 않은 성문 쪽으로 달렸다. 일부 군관과 병사들이 그 뒤를 따랐다. 성을 나서는 그들의 눈에, 일본군의 깃발이 성 위에 꽂히는 장면이 들어왔다.

동래 부근

막사 밖이 시끄러웠다. 모처럼 전투의 막간을 이용하여 휴식 겸 전략 점검을 하고 있는데…. 고니시는 짜증스럽게 물었다.

"뭐냐?"

밖에 있던 부하가 조심스럽게 보고했다.

"조선인 몇 명이 찾아왔습니다."

"무슨 일로?"

"협력하겠으니 기회를 달랍니다."

혼란스러움을 느낀 고니시는 다시 물었다.

"기회를 달라고?"

"길 안내도 할 수 있고, 성이 어디 있는지, 조선의 상황이 어떤지 모두 알려줄 수 있답니다. 장정들은 우리 병사로 받아달라는 말도 합니다."

웬일인지 모르겠지만 일단 나쁜 일은 아니다.

"그럼 한번 볼까?"

고니시는 천천히 막사를 나섰다. 고니시가 나타나자 남루한 차림의 조선인 10여 명이 일제히 머리를 조아렸다. 고니시는 통역을 통해 직설적으로 물었다.

"너희들은 조선 백성인데, 무엇 때문에 우리에게 협력하느냐?"

조선인 중 우두머리인 듯한 중늙은이 하나가 조선말로 대답했고, 곧바로 통역이 그 말을 전했다.

"조선 관리들의 착취가 심해서 살 수가 없었답니다. 각종 핑계를 대며 세금을 걷어가는데, 원래는 대상이 안 되는 노인과 어린아이에게까지 세금을 물렸답니다. 못 내거나 도망가면 이웃사람이나 친척들에게 물린답니다. 그렇게 온갖 못된 짓 다하고 나서, 자리 옮길 때가 되면 자기 은혜를 칭송하는 송덕비頌德碑 세우라고 또 걷어갔답니다. 자기들도 굶어 죽기 직전까지 몰려 있었는데 우리가 온 것이랍니다. 못된 조선과 싸우는 것이라면 뭐든지 할 테니 받아달라는데요."

고니시는 쓴웃음을 지었다. 어디 가나 썩어빠진 놈들은 있기 마련이니…. 덕분에 우리가 좀 편하게 생겼다.

"이들에게 먹을 것과 입을 것을 주어라. 그리고 막사 하나 내주고, 원하는 일을 시켜라."

돌아서는 고니시 뒤로 머리를 조아리며 한목소리로 인사하는 조선인들의 소리가 들려왔다. 통역이 재빨리 말을 옮겼다.

"장군님의 은혜에 감사한답니다."

고니시는 혼잣말처럼 말을 받았다.

"왠지 통곡소리처럼 들리는군."

얼마 후, 영천

관할 군사들을 거느리고 천천히 이동하던 용궁현감龍宮縣監 우복룡禹伏龍은 허기를 느끼고 부대를 멈추게 했다.

"이쯤에서 밥 먹고 가자. 금강산도 식후경이라는데."

언제 전투가 벌어질지 모르는 상황에서 내던진 농담 같지 않은 농담이었지만, 병사들은 반색을 하며 자리에 앉았다. 어쨌든 전장으로 빨리 가 봐야 좋을 것 하나 없다는 태도가 노골적으로 드러나고 있었다.

한참 식사 중일 때 말을 탄 군사 수백 명이 나타나, 그대로 밥을 먹고 있는 우복룡 부대를 지나치려 했다. 그 부대를 바라보던 우복룡은 뒤쪽에 있던 자신의 부대에 손짓을 해서 갑자기 나타난 부대가 지나갈 길을 막도록 했다. 지나갈 길이 막힌 부대는 당황해서 행군을 멈추었다. 그리고 부대장인 듯한 자가 소리쳤다.

"이게 뭐하는 짓이오?"

　그의 항의에 아랑곳하지 않고 우복룡은 팔자걸음으로 천천히 다가갔다. 그러고는 황당한 표정으로 그를 쳐다보는 군관에게 따지듯 물었다.

"너희들은 어디서 온 놈들이냐?"

"하양의 군사들이오. 병사의 명을 받고 이동 중이니, 빨리 길을 비켜주시오."

　군관의 얼굴에는 난데없이 길을 막은 데 대한 불만이 가득 담겨 있었지만, 최대한 자제하고 있었다. 그렇지만 우복룡은 오히려 고함을 질렀다.

"네 이놈. 척 봐도 내가 너보다 상관임을 알아보기 어렵지 않으렷다. 그런데도 말에서 내려 예를 표하지 않고 그대로 지나가려 했느냐?"

"전쟁이 터졌습니다. 이런 상황에서 급하게 이동하는 부대는 예를 표시하지 않아도 되는 게 군율이오."

　군관이 볼멘소리로 항의하자, 우복룡은 더 목소리를 높였다.

"뭐라? 동방예의지국에서 상관에게 예를 표시하지 않아도 좋다 했느냐? 이놈이 상관을 무시하는 것을 보니 역심을 품은 것이렷다?"

　우복룡의 억지에 황당한 표정을 짓던 군관이 전달받았던 공문을 꺼내 보였다.

"이럴 시간이 없소이다. 지금 전쟁이 일어났소. 급히 본대에 합류해야 하는 부대에 예를 따지는 건 억지요. 이렇게 부대 합류를 방해하는 게 오히려 역심 아니오?"

그러자 우복룡은 군관이 공문에 신경을 쓰는 사이 칼을 뽑아 그의 목을 쳤다. 그와 함께 자신의 부대에 명령을 내렸다.

"이놈들은 역도들이다. 당장 몰살시켜라."

양쪽 부대원들 모두 한동안 멀뚱멀뚱 쳐다보고 있었다. 왜놈들이 쳐들어왔는데, 아군끼리 살육전을 벌이라는 명령이 모두에게 믿기지 않았다. 그러자 우복룡은 들고 있던 칼로 옆에 있던 하양 부대 군관을 또 내리쳤다.

"이놈들아. 명령을 따르지 않으면 다 죽여버리겠다."

우복룡의 성격을 알고 있던 그의 부대원들은 어쩔 수 없이 무기를 집어 들고 하양 부대원들을 찌르기 시작했다. 설마 설마 하던 하양 부대원들은 무기를 제대로 들어보지도 못하고 쓰러져갔다. 순식간에 벌판은 하양 부대 병사들의 시체로 가득 찼다.

온 몸을 하양 부대 병사들의 피로 물들인 우복룡은 곁에 있던 종사관에게 씨익 웃어 보이며 다짐했다.

"우리는 오늘 역도逆徒들을 벤 것이다. 다른 소리 하는 놈은 목숨을 보전하지 못할 줄 알라."

얼마 후, 거창

우복룡의 장계를 받은 순찰사 김수는 잠시 멍해졌다. 역도들을 처치했다고? 전쟁이 터진 상황에서, 급하게 동원되어 이동하던 하양 군사들이 역도로 돌변했다는 건가? 잠시 헛갈렸지만, 불현듯 사건의 진상에 대한 생각이 머리를 스쳤다. 우복룡이 이놈 그 더러운 성질 못 버렸나 보네. 그렇지만 김수는 얼른 그 생각을 머릿속에서 털어버렸다.

이왕 사태는 터졌으니…. 에라, 모르겠다. 나는 장계를 받은 대로 올리기만 하면 되는 거다. 김수는 붓을 들고 우복룡에게 보고받은 그대로 임금에게 올릴 장계를 꾸미기 시작했다. 그러다 보니 또 다른 걱정거리가 떠올랐다. 하양 사람들이 항의할 텐데…. 그러나 그 고민은 길게 가지 않았다. 누군가 알아서 처리해주겠지. 아마 하양 쪽에 힘 있는 사람이 없지?

얼마 후 우복룡은 통정대부通政大夫 벼슬을 받고, 안동부사에 임명되었다.

뒤늦은 수습

4월 18일, 창원 북쪽 30리 지점

김성일은 마음이 급했다. 경상우병사로 부임하러 가다가 충주 단월역에서 왜적이 쳐들어왔다는 소식을 들었을 때부터 정신이 아득했었다. 이대로 가면 전쟁이 나지 않는다고 보고했던 일 때문에 천하에 다시없는 역적이 되기 십상이다. 얼른 내려가서 뭐라도 해봐야 한다. 그러지 못하면 평생 역적이라는 낙인을 벗지 못할 것 같다. 그래서 충주에서부터 제대로 쉬지 않고 창원에 있는 본영本營으로 달려가고 있는 터였다.

그런데도 주위 사람이라는 것들이 이런 상황을 헤아려주려 하지 않는다. 엊그제만 해도 그렇다. 의령현宜寧縣에 이르렀을 때, 왜적이 부근을 유린하고 있다는 말이 전해지자 이것들이 꾀를 부렸다. 정진鼎津으로 가는 빠른 길이 위험할 것 같으니까, 진주晉州를 거쳐 함안咸安으로 가자고 자기들끼리 합의를 봤다. 그래놓고 내가 허락할 것 같지 않으니까, 정진에는 배가 없으니 진주로 가야 한다고 거짓말을 해왔다. 그것도 둘째 아들놈 시켜서. 아들놈이라는 게 이것들 충동에 넘어가 애비에게 거짓말이나 해대고…. 아무래도 이상해서 군교軍校 김옥金玉을 시켜 확인해보랬더니, 이놈까지 짜고 같은 거짓말을 알려왔다.

급한 마음에 가보지 않았으면 정말 배가 없는 줄 알고 빙 돌아갈 뻔했다. 일부러라도 적을 찾아가 전공戰功을 세워야 할 판에 도망 다닐 궁리나 하고…. 군기 잡으려고, 김옥이 놈이고 아들이고 뭐고 목을 베어버리겠다 했더니 다들 말렸다. 그럴 것 같아 한번 해본 거기는 한데, 이제 군소리 없이 따르겠지. 특히 김옥이 놈은 목숨 빚진 꼴이 되었으니, 필요할 때 이용해먹어야겠다.

복잡하게 머리를 굴리던 김성일의 앞에 전前 병사兵使 조대곤曺大坤이 나타났다. 그는 마침 잘 만났다는 듯이 병사의 인장印章을 넘겨준다. 그리고 곧바로 하직 인사를 하며 떠나려 한다. 안 그래도 병력이 형편없다. 저자가 데리고 있는 자들이라도 이용해야 뭘 해볼 수 있을 것 같다. 김성일은 화를 내며 조대곤을 붙잡았다.

"이렇게 가면 어떻게 하는가?"

조대곤은 퉁명스럽게 말을 받았다.

"어쩌달라는 것이오? 이제부터 경상우병사는 공公인데, 전직 병사인 내가 할 일이 있소?"

"왜적이 쳐들어왔는데, 그런 것을 따지고 있는가?"

조대곤의 얼굴에 경멸하는 빛이 떠올랐다. 왜적이 쳐들어오지 않을 거라고 헛소리한 주제에 말이 많다는 듯이. 그러자 김성일은 더욱 목소리를 높였다. 이럴수록 기를 죽여야 한다.

"김해를 왜적에게 내준 것만 해도 군법으로 다스릴 일이다. 뿐만 아니라 대대로 녹을 먹는 신하이며 장수로서 이런 때에 도망이라도 치겠다는 것인가?"

그냥 가면 도망친 것으로 몰겠다는 김성일의 말에 조대곤은 움찔했다. 그때 마침 조대곤의 노비 하나가 달려왔다. 그러고는 숨을 헐떡거리며 말했다.

"본영이 함락되었습니다."

그 말을 들은 김성일은 움찔했다. 조대곤에게 불가항력인 상황에서 퇴각한 것이라는 명분을 줄 수 있으니…. 김성일은 노비에게 화를 내며 명령을 내렸다.

"그럴 리 없다. 이놈이 어디서 거짓말이냐. 당장 이놈의 목을 베어라."

김성일의 명령에 따라 노비의 목은 자리에서 떨어져 땅에 굴렀다. 그 꼴을 본 조대곤의 얼굴이 하얗게 질렸다. 지가 원하는 대로 해주지 않으면 아무나 죽여버리겠다는 뜻이 분명하다. 김성일은 조대곤의 짐작을 확인해주듯이, 노비의 목을 장대에 꽂아 사람들에게 돌아가며 보게 만들고 있다. 질려버린 조대곤은 넋을 잃고 말했다.

"대감이 원하는 대로 하시오."

그렇게 해서 김성일은 조대곤을 수행하고 있던 병력까지 긁어모아 부대를 편성했다. 그 보람을 찾게 해주듯, 다음 날 새벽 정찰 나갔던 병사의 보고가 들어왔다. '적이 5리 거리에 나타났다'라는 것이다. 곧 비상이 걸렸고, 김성일이 모은 부대는 적과의 접전에 대비하는 태세에 들어갔다.

얼마 후, 새 깃 갑옷을 입고 은투구에 금가면을 쓴 적 두 명이 말을 타고 나타났다. 왜적을 처음 본 군사들 사이에는 동요하는 빛이 뚜렷했다. 나타난 두 명의 일본군은 칼을 휘두르며 나서기는 했지만, 조선군 진영에 돌입하지는 않았다. 그저 빙빙 돌며 동태를 살피고 있을 뿐이었다.

그러자 김성일은 떡하니 호상胡床 위에 걸터앉았다. 눈앞에 있는 왜적의 목적이 정찰에 있다는 점을 눈치 챘다는 듯이 여유를 잡으며 호령했다. 김성일은 "당장 말에 올라타지 않는 자는 베겠다"라며 손으로 김옥을 지목했다.

"지금 네가 앞장서서 달려 나아가야 할 때가 아닌가?"

김옥은 말에 오르며 부하들에게 고갯짓을 했다. 이럴 때 시키는 대로 나서지 않으면 왜적의 칼에 죽는 것이 문제가 아닐 상황이다. 김옥이 먼저 달려 나아가자 나머지 기병들도 그를 따랐다. 조선군이 달려 나오는 것을 본 일본군 정찰병들은 바로 말 머리를 돌려 퇴각하기 시작했다. 그렇게 몇 리를 쫓다 보니, 일본군 몇 명이 먼저 나간 동료를 기다리고 있었다. 그들이 합류하며, 그대로 퇴각할지 반격을 가할지 망설이는 동안 아장牙將 이종인李宗仁이 나섰다.

이종인이 앞으로 나서자, 쇠로 만든 투구를 쓴 적장 하나가 백마를 타고 칼을 휘두르며 달려 나왔다. 이종인은 달려 나가던 탄력을 안고 활로 그를 쏘아 떨어뜨렸다. 이 모습을 본 일본군은 곧바로 돌아서 도망쳐버렸다. 그러다가 조선군의 화살에 하나가 더 말에서 떨어졌다.

김성일의 부대는 이렇게 해서 수급 둘에 말과 금안장, 보검 등 가벼운 전과를 올렸다. 하지만 김성일에게 그 의미는 달랐다. 당장 그 자리에서 왜적을 격퇴했다는 장계를 작성해 이종인에게 들려 보냈다. '죽어서 나라의 은혜를 갚는 것이 소원'이라면서. 그래놓고는 자신의 부대에는 퇴각

명령을 내렸다. 일단 할 일 다했다는 듯이.

4월 20일, 한양

병력이 모이지 않아 떠날 수가 없었던 이일이 더 기다리지 못하고 떠났다. 3일이나 기다렸는데도 병력이 모이지 않자, 먼저 떠난 다음 별장別將 유옥柳沃이 병사들을 더 모아 따라가기로 한 것이 대책이라면 대책이다. 급한 대로 동원했다는 병력이 군관 60여 명과 4,000여 명의 병사라니, 이런 부대로 왜군을 막겠다는 건 무리다.

그러는 동안에도 급보는 계속 들어왔다. 적의 선봉이 이미 밀양 고개를 넘어 곧 조령에 닿을 것이라 한다. 그때 사람 하나가 신립을 찾아 좌상 류성룡이 찾는다고 알려왔다. 그가 이끄는 곳으로 가보니 김응남도 와 있다. 류성룡은 신립이 들어서자 서론을 생략하고 바로 본론을 꺼냈다.

"하는 대로 하고 있는데, 좀 걱정이 되오. 장군에게 무슨 대책이 없소?"

신립은 '그렇게 걱정되는 사람이 왜 전쟁 나지 않는다고 헛소리한 인간을 싸고돌았느냐'라고 쏘아붙이고 싶은 충동을 꾹 참고 대꾸했다.

"이일이 급한 대로 모은 부대를 거느리고 남쪽으로 내려갔으나, 후속 병력 없이 적을 막기는 무리일 것입니다. 체찰사가 내려간다 하더라도 실전을 아는 장수가 아니니, 도움이 되지 않습니다. 후속부대를 모아 실전 경험이 있는 무장武將을 급히 먼저 보내 이일을 지원해야 합니다."

네가 체찰사랍시고 꺼떡대고 내려가봐야 아무 도움 안 된다는 얘기다. 입만 산 먹물통들이 감독한답시고 적을 앞에 두고 쓸데없이 간섭하기 시작하면 끝장난다고. 류성룡은 알아들었다는 듯이 고개를 끄덕였다. 류성룡은 신립에게 나가보라는 손짓을 하고 김응남과 한동안 쑥덕거렸다.

시간이 조금 흐른 후, 신립은 임금께서 찾으신다는 부름을 받았다. 그동안 여러 번 만났던 임금이지만, 오늘은 풀이 죽어 있다.

"체찰사는 실전 경험이 있는 장수가 아니니, 무장을 보내야 한다 했다 들었다. 체찰사 류성룡은 네가 가야 한다고 하는데, 어떠냐?"

결국 내가 가는 게 도리겠다. 신립은 짧게 대답했다.

"그리하도록 허락해주시옵소서."

"그러냐?"

선조는 잠시 생각을 가다듬고 대꾸했다.

"그렇다면 도순변사都巡邊使 지위를 내려주겠다. 너만 믿을 수밖에 없는 상황이니 부탁한다."

의금부 옥사

김여물은 무표정하게 옥문獄門을 열어주는 군졸을 쳐다보았다. 무슨 일이 터졌다는 것은 분위기를 보아 짐작하고 있던 바이다. 그런데 이렇게 풀어주는 것을 보니 보통 일은 아니다. 생각하던 대로 왜적이 쳐들어온 것 같다. 그렇지 않고서야 날 풀어줄 리가 없으니까.

풀어주는 태도가 공손할 뿐 아니라, 식사에 의관까지 갖추게 해준다. 얼씨구. 이거 보통 일이 아니다. 꼴을 보니 죽을 자리에 보내자는 것 아닌지 모르겠다. 오랜만에 기름진 음식 먹고 옷까지 갖춰 입고 나니, 군관 하나가 들어온다.

"가시지요."

"어딜?"

김여물은 퉁명스럽게 물었다. 군관은 사무적으로 대답한다.

"가보시면 압니다."

"어차피 알게 될 거, 누가 부르는지 말도 못 해주나?"

난감하게 김여물의 표정을 살피던 군관이 조심스럽게 답을 준다.

"좌상께서 찾으시는 겁니다."

좌상 류성룡? 동인의 괴수가 왜 날 찾아? 정철 쫓아다녔다고 잡아넣을 때는 언제고. 이거 뭐가 있구먼. 많은 생각을 할 틈도 없이, 곧 좌상이 기다리고 있다는 방에 도착했다. 방 안에 들어서니 떡하니 자세를 잡고 있는 자가 눈에 들어온다. 저자가 류성룡인가 보다. 김여물이 들어서자, 반기며 맞는다.

"자네가 김여물이신가? 명성은 많이 들어서 알고 있소. 그동안 고생이 많았소."

언제 봤다고 이러나? 그래도 김여물을 내색하지 않고 가볍게 인사를 올렸다. 그러자 류성룡은 바로 본론을 꺼낸다.

"알고 있는지 모르겠지만, 왜적이 쳐들어왔소."

그럼 그렇지. 이런 정도 일이 아니면 꺼내나 주겠나. 류성룡은 어지간히 급했는지, 바로 말을 이어갔다.

"지금 왜적은 부산진을 함락시키고 파죽지세로 한양을 향해 올라오고 있다 하오. 어떠신가? 그간의 섭섭함을 잊고 왜적을 막는 일에 동참해주시겠소?"

그렇게 묻는데 도망가겠다고 하겠냐? 김여물은 속이 뒤틀렸지만, 담담하게 대답했다.

"소인은 이런 사태가 날 것 같아 군사를 훈련시켰던 겁니다. 그러다 감옥에 갔지만. 예상하던 일이 일어났는데, 이제 와서 마다하겠습니까."

원하던 대답이 나왔는지, 류성룡의 반응이 빠르다.

"역시 공은 충신이오. 주상께 말씀드려 적절한 자리를 드릴 터이니 이번에 수고해주시오."

말을 마친 류성룡은 바로 일어섰다.

"워낙 사태가 사태인지라… 급해서 먼저 실례하겠소."

김여물은 한동안 멍하니 앉아 있었다. 옥에서 나온 거나 벼슬자리 주겠다는 거야 싫을 게 없지만, 예감이 좋지 않다. 날 잡아넣었던 것들이라고 이런 난리가 날 것을 예측하지 못했을 리는 없다. 그래도 군사 훈련시킨다고 트집 잡았을 때에는 나라 앞길이 어찌 되건 일단 반대파부터 없애고 보겠다는 심보였을 텐데, 그런 것들이 난리 난 다음이라고 잘못을 깨닫고 풀어주었을 리는 없다. 이럴 때에는 그만한 이유가 있을 터. 곱게 살아 돌아와 호사를 누릴 자리라면 굳이 서인 패거리라고 몰았던 나를 보낼 리는 없다. 아무래도 죽을 자리에 보내는 게 분명하다.

그러고 보니 꼴이 참 우습게 된 것 같다. 보아하니 이번에 가는 자리가 내 무덤이 될 것이 분명한데, 이것들 속셈이 뻔하다고 도망이라도 치는 건 내 취향이 아니다. 더 살아봐야 좋을 꼴 볼 것 같지도 않고. 그렇다고 저런 것들 지키는 일에 목숨 바치자니 배알이 꼴린다. 무슨 팔자가 이러냐. 내 성깔이 그렇게 못돼서 이런 꼴을 당하나? 아니면 정말 전생이라는 게 있어서 그때 지은 죄를 이렇게 받는 거냐.

김여물을 만난 류성룡은 바로 선조를 찾았다. 그리고 자신이 세운 대책을 주욱 늘어놓은 다음, 마지막에 김여물을 기용하자는 말을 꺼냈다.

"신이 이번에 여물을 처음 보고 의논해보니, 무용과 재략이 남보다 뛰어나다는 점을 깨달았습니다. 왜적과 싸우는 부대에 배치하였으면 합니다."

선조는 정신이 나간 사람처럼 말없이 고개를 끄덕였다. 선조의 뇌리에는 그동안 여러 차례 김여물을 기용하겠다고 하다가 대신들의 반대에 부딪쳐 실패했던 기억들이 주마등처럼 스쳐 지나갔다. 그렇지만 선조에게는, 이렇게 유능하다고 추천할 인재 등용을 지금까지는 왜 그렇게 반대했느냐고 따질 기력조차 없었다. 그때 신립이 왔다는 내관의 말이 들렸다. 선조는 갑자기 정신이 들었다는 듯이 대답했다.

"들라 하라."

신립이 왔다는 말에 반색하는 선조를 보고 마음 상한 듯, 류성룡의 표정이 약간 일그러졌지만, 그의 얼굴은 곧 평온을 되찾았다. 류성룡의 반응에 아랑곳하지 않고, 선조는 들어오는 신립의 손이라도 잡을 것처럼 반갑게 맞았다.

"장군, 마침 잘 왔다. 왜적을 막을 대책은 잘되어가고 있는가?"

신립은 언제나처럼 표정 없이 간단하게 대답했다.

"어려움이 있사오나, 소신의 목숨을 바쳐 막겠나이다."

그 말에 마음이 조금은 놓이는 듯, 선조는 조금 전 류성룡이 내놓은 제안을 신립에게 알렸다.

"좌상의 말로는 의주목사로 있던 김여물이 유능하여 이번에 왜적을 맞아 싸울 부대에 배치했으면 좋겠다고 하는데, 장군의 생각은 어떤가?"

자신의 제안을 신립에게 허락이라도 맡듯이 확인하는 선조의 태도가 못마땅하다는 듯 류성룡의 표정이 굳어졌지만, 선조는 류성룡이 얼굴을 쳐다보지도 않고 신립의 말을 기다렸다.

"신이 서쪽 변방에서 근무할 적에 여물을 알게 되었습니다. 그 사람 용감하고 재능도 있습니다. 뿐만 아니라 충성스럽기도 합니다. 신의 부대에 소속시켜주셨으면 감사하겠습니다."

선조는 마음이 놓인다는 듯이 고개를 끄덕였다.

"그렇다면 장군이 원하는 대로 하라. 과인은 장군만 믿는다. 이미 조정 관원들에게 전마戰馬 한 필씩을 내놓도록 조치했다."

임금께 인사를 드리고 궐을 나오는 신립의 마음은 무거웠다. 임금은 저렇게 자신만 믿는다고 하는데, 상황은 좋지 않다. 전투를 치를 병사들도 동원하기 어렵지만, 이들은 지휘할 군관조차 제대로 모을 수 없다.

한참을 고민하고 있는데, 류성룡이 또 찾는다는 전갈이 왔다. 이번에는 좀 좋은 소식이었으면 좋겠다. 신립의 바람을 조금이라도 들어주는 듯, 불려간 곳에는 한 무리의 병사와 군관들이 모여 있었다. 그리고 그 무리들 앞에 류성룡이 나서서 이것저것 지시를 내리고 있었다. 그래도 정치 오래하더니 사람 모으는 재주는 있구먼.

순간 병력을 모아준 데에는 고마운 생각이 들었지만, 그런 생각은 오래가지 않았다. 돌아가는 상황을 보니, 류성룡은 체찰사랍시고 자기가 직접 이 병력을 인솔할 생각인 것 같다. 게다가 부사 김응남까지 같이 갈 모양이다. 신립은 다시 짜증이 솟구쳤다. 너희 같은 먹물통이 같이 가봐야 방해만 된다고 그렇게 눈치를 주었건만….

마침 류성룡이 불려온 신립을 돌아보았다. 그러자 신립은 짜증스러운 표정을 감추지 못하고 김응남을 가리키며 소리를 질렀다.

"아니, 이런 분을 부사로 데리고 가서 무슨 소용이 있겠습니까? 차라리 제가 부사가 되어 대감을 모시겠소이다."

그런데 류성룡의 반응이 의외다. 좌상이라는 점까지 잊고 소리를 지르는데도, 그는 조용히 미소를 지었다. 순간 소름이 돋는다. 류성룡은 점잖게 말을 받는다.

"장군의 공을 내가 가로채기라도 할까 봐 그러시오? 나랏일인데 아무려면 어떻겠소. 그렇다면 우선 내가 모아놓은 병사들을 이끌고 공이 앞장서시오. 나는 또 병사를 모아 뒤를 따르리다."

신립은 허탈했다. 아무래도 또 당한 것 같다. 이렇게 쉽게 물러나려면 뭐하러 직접 출정할 것처럼 나섰느냐는 말이다. 가만히 보니 내가 어떻게 나올지 알고 원하는 대로 상황을 유도한 것 같다. 애초부터 전투 경험도 없는 샌님들이 가봐야 소용없다고 한 말은 들어두었으니, 자기가 직접 간다고 나서면 내가 화낼 것이 뻔하다는 점을 모를 리 없었다. 그랬는데도 굳이 직접 가려는 장면을 연출했다. 그래놓고 막상 화를 내니 언제 그랬느냐는 듯이 빠져버린다. 결국 자기가 직접 전장으로 가겠다는 것을 내가 막은 꼴이 되어버렸다. 그러니 저 여우가 죽을 자리에 가지 않을 핑계는 훌륭하게 마련한 셈이다.

류성룡은 징그럽게 웃으면서 군관들의 성명이 적혀 있는 명단을 건네준다.

"자, 모두 장군께 넘겨드릴 터이니, 소신껏 해보시오. 이제 다 넘겨드렸으니, 장군을 따르는 사람이 없다고 너무 불쾌해하지는 마시고."

그제야 정신이 든 신립은 모여 있는 사람들을 돌아보았다. 도성에서 무사武士를 모아왔다는데, 서얼들에 한량閑良들까지 되는 대로 다 긁어모아 온 것 같다. 활 좀 쏘는 자들이라는데, 과녁에 쏘는 것과 실전에서 쏘는 게 같은 줄 아나. 명단으로 보면 이 중에서 군관 노릇할 수 있는 자가 80여 명 정도다. 실전 경험 같은 건 없는 것 같고. 인근 고을에서 바닥까지 긁어모은 병력이 겨우 8,000명이다. 이런 병력 가지고 나가야 하는 것 자체가 한심하다. 류성룡, 이 여우 같은 작자가 생색만 실컷 내놓고 안겨놓은 군사라는 게 겨우 이런 것이다. 이런 여우에게 넘어간 나도 나지만, 이런 부대마저 무너지면 나라는 끝장일 텐데, 정말 뒷일 생각 안 한다.

신립은 황당했지만 곧 정신을 차리고는 모여 있는 병사들에게 말했다.

"나를 따라오라."

그리고 앞서 나가던 신립은 잠시 후 황당해서 뒤를 돌아보았다. 명령을 내렸음에도 곧 그를 따라나서는 자가 없었다. 맙소사. 명령에 죽고 명령에 사는 것이 군대인데, 실전에서 이랬다가는 볼 것도 없이 전멸이다. 꼴을 보아하니 이것들은 왜적에게서 나라를 구하겠다는 게 아니라, 실세인 좌상이 사람을 모은다니 여기 끼면 공신이라도 되는 줄 알고 모여든 것 같다. 그러니 좌상이 아닌 내가 따라오라니 떨떠름할 수밖에….

그제야 신립은 아까 류성룡이 했던 말의 진짜 의미를 깨닫게 되었다. '나랏일이니 아무나 하면 어떠냐'라고? 그게 '이런 오합지졸 데리고 죽을 자리 찾아갈 권리 넘길 테니, 나랏일 한답시고 잘해봐라'라는 뜻이라는 걸 이제야 알겠다. 그 와중에도 군사들이 내 말 안 들어준다고 유치하게 투정부렸다는 식으로 몰아버린다. 앞으로 뭐가 잘못되면 모든 게 내 탓이 되겠지. 정말 사람 바보 만들어 책임 떠넘기는 데는 감탄할 만큼 훌륭하다.

화가 난 신립은 눈을 부라리며 칼에 손을 댔다. 그제야 병사들은 마지 못해 뒤따르기 시작했다. 따라오는 김여물 또한 표정이 아주 좋지 않다. 이 친구도 바보가 아니니, 자기 처지가 어떤 것인지 모르지는 않겠지.

마음을 추스르며 되는 대로 출정 준비를 마치자, 임금께서 찾으신다는 전갈이 왔다. 가보니 보검寶劍 한 자루를 신립에게 내려주면서 타이르듯 일렀다.

"이일을 비롯해 명령을 따르지 않는 자는 모두 목을 베어라. 장군에게 나라 안의 병사들을 모두 동원할 권한과 자문감紫門監의 군수물자를 있는 대로 사용할 권한을 주겠다."

모아놓은 군사들이 어떤 행태를 보였는지 말을 들으신 모양이다. 이렇게 라도 힘을 실어주시는 건 고맙지만, 궁극적인 해결책은 아니다. 그래도 임 금께서 이렇게까지 해주시는데 나라도 하는 데까지는 해보는 수밖에.

임금께 하직하고 나오는 신립이 가슴이 미어지고 있었다. 빈청에 들러 대신들을 찾아보고 계단을 내려가려 할 때, 그가 썼던 사모가 갑자기 땅에 떨어졌다. 머리가 복잡하다 보니 끈을 제대로 묶지 못했나 보다. 그런 데 이걸 본 사람들의 표정이 일그러졌다. 사실 별것도 아닌데, 상황이 좋지 않으니 별걸 다 불길하게 생각하는 것 같다.

그렇게 느끼는 게 무리도 아니라는 점을 곧 깨닫게 되었다. 신립이 부대를 이끌고 출발할 때, 도성 사람들이 모두 저자를 파하고 나와서 그들의 출정을 구경하고 있었다. 이들만이 유일한 희망이라는 점을 알고 있다는 듯이.

비슷한 시기, 대구

이곳에 모인 고을 수령들은 짜증을 넘어 불안을 느끼기 시작했다. 경상감사 김수가 보낸 공문에 따라 군사들을 모아왔는데, 힘들게 온 보람도 없이 동원해온 병력을 통솔할 지휘관이 없다. 원래 순변사가 내려와야 하는데, 누군지 그림자도 보이지 않기 때문이다. 모여 있는 수령들 머리에 떠오르는 생각은 비슷했다. 제승방략制勝方略이라는 게 결국 이런 거였어? 문경 남쪽 고을의 수령들은 거의 다 모인 것 같은데, 며칠째 할 일 없이 시간만 보내고 있다.

군량은 떨어져가는데, 마침 비까지 심하게 내린다. 비를 맞은 병사들 중 슬슬 환자가 나오기 시작한다. 이런 식으로는 오래 버티지 못할 텐데…. 게다가 적이 접근하고 있다는 소식이 계속 들어온다. 순변사라는 작자는 도대체 언제 오는 거냐.

이들이 느끼는 불안을 부채질하듯 해가 저물고 있었다. 그런데 갑자기 조총 소리가 들려왔다. 안 그래도 불안을 느끼던 병사들이 우왕좌왕한다. 이들을 통제해야 할 지휘관은 없는 상태다. 각 고을에서 모여든 병사들은 자기네 수령의 눈치만 보다가, 별 조치를 취해주지 못하자 하나둘씩 어둠을 틈타 달아나기 시작한다. 휘하 병사들이 도망치는 것을 본 수령들도 마찬가지로 하나둘씩 말에 올라 내달리기 시작했다.

얼마 후, 문경

문경에 도착한 순변사 이일은 당황했다. 고을은 텅 비어 개미 새끼 한 마리 보이지 않았다. 뭐냐? 순변사가 내려왔는데, 맞이하는 놈이 하나도 없어? 이것들이 다 죽으려고…. 이일은 문경 관아를 돌아보며 명령을 내렸다.

"뒤져라."

그러나 그에게 돌아온 건 아무도 없다는 보고뿐이다. 이일은 짜증을 내며 말에서 내렸다. 그러고 보니 배가 고프다.

"창고로 가자"

아무도 없는 관아의 창고 문은 닫혀 있다.

"열어라."

이일의 명령과 함께 창고 문이 열렸다. 제법 많은 군량이 쌓여 있다. 어차피 지키는 놈도 없고, 이대로라면 왜놈들 손에 넘어가기 십상이다. 일단 우리부터 먹자. 이일은 명령을 내렸다.

"일단 저걸로 우리 군사들 밥을 지어 먹이고, 가지고 갈 수 있는 만큼은 가져가도록 한다."

허기를 때운 이일의 부대는 다시 움직이기 시작했고, 이들은 함창咸昌을 거쳐 상주尙州에 닿았다. 여기서는 그래도 맞아주는 사람이 있다. 그런데 맞아주는 자가 판관 권길權吉이란다. 이것들 봐라. 당연히 우두머리로 나와야 할 상주목사 녀석은 어디 가고? 이일은 짜증스럽게 물었다.

"상주목사 김해金澥는 어디 가고, 네가 나를 맞느냐?"

권길은 오히려 반문한다.

"목사 영감을 못 만나셨습니까? 역까지 마중 나가신다고 떠나셨습니다만…."

뭐라? 역에서는 목사의 그림자도 못 봤다. 그러고 보니 뭔가 이상하다.

"모아놓은 군사들은 어디 있는가?"

이곳에 모여 있는 겨우 10여 명 남짓한 병졸들이 전부는 아니어야 한다는 기대를 안고 물었지만, 대답은 역시나였다.

"목사 영감께서 명을 내리지 않으셨습니다. 이걸 해명하려고 먼저 역으로 나가신 걸로 알고 있는데요."

대답을 듣는 순간, 이게 어떻게 돌아가는 상황인지 알 수 있었다. 상주목사라는 자는 순변사를 역에서 기다리겠다는 핑계를 대고는 그 길로 달아나버린 거다. 군사를 모아놓지 못했으니 책임 추궁당할 건 뻔하고, 난리 통에 달아나 목숨이나 건지자는 거겠지. 화가 난 이일은 눈앞에 있는 권길에게 화풀이를 했다.

"여봐라, 이놈의 목을 베어라."

놀란 권길은 당황해서 물었다.

"도대체 왜 그러시오? 제가 무슨 잘못이 있다고…."

"난리가 났는데도 조정의 명에 따라 군사를 모으지 않았으니, 군율로 다스리는 것이 당연하다."

"목사 영감이 제대로 명을 내리지 않는데, 제가 뭘 어찌할 수 있었겠습니까. 지금이라도 명을 내려주시면 제가 책임지고 군사를 모아오겠습니다."

이일은 잠시 생각했다. 따지고 보면 진짜 죄인은 상주목사 녀석이다. 그래도 이놈은 남아 있기라도 했으니…. 더구나 지금 이곳 사정도 모르는 우리가 여기저기 쑤시고 다니면서 군사를 모을 수 있는 상황도 아니다. 인심 쓰는 척하고 이 녀석에게 군사를 모아오라고 하는 편이 낫겠다.

"멈추어라."

이일은 손을 올려 권길의 목을 치려는 병사를 말렸다. 그러고는 한껏 위엄을 갖추어 권길에게 명령을 내렸다.

"그러면 내일 아침까지 군사를 모아오라. 그러면 지금까지의 죄를 용서해주겠다."

권길은 두말없이 일어서 말에 올랐다. 설마 저 녀석까지 도망가는 건 아니겠지. 이일의 걱정이 기우에 불과했다는 것은 다음 날 아침에 드러났다. 권길은 약속대로 군사를 모아왔다. 그래도 신의는 지키는 놈이군. 그렇지만 권길이 모아온 군사들이라는 것들의 꼴을 보니 한숨만 나온다. 이게 농민들 긁어모아놓은 거지, 군사를 모아온 거냐. 그래도 지금은 찬밥 더운밥 가릴 처지가 아니다. 사실 도성에서도 모으지 못한 훈련된 군사를 이런 시골구석에서 데려오라는 게 말이 안 되는 소리라는 걸 잘 알고 있는 터이다.

그때 이일의 머리에 좋은 생각이 떠올랐다. 요즘 백성들의 처지가 어떤지 모르지 않는다. 헐벗고 굶주려, 쌀만 준다면 뭐든지 하려 한다. 이걸 이용하면 뭔가 해볼 수 있을 것이다. 아까 이곳 창고를 보니 군량이 좀 쌓여 있다. 이대로 두어봐야 어차피 왜놈들 차지가 되기 십상일 터. 인심 쓰는 척하면서 군사를 좀 모아보자. 이일은 주위를 둘러보며 명을 내렸다.

"속히 주변 고을을 돌면서 쌀을 나누어준다는 방도 붙이고 소문도 내라. 장정이 오면 얼마든지 준다고 강조하라."

이일의 생각대로 얼마 가지 않아 백성들이 몰려왔다. 먹고 살기 어려우니 먹을 것만 준다면 물불 가리지 않고 몰려든다. 그중 장정은 그 자리에서 부대에 편입시켰고, 아녀자가 오면 먹을 것을 주는 대신, 짐을 들어준답시고 쫓아가 집을 뒤졌다. 그런 식으로 수백 명을 모을 수 있었다. 그렇게 했는데도 군사의 숫자가 6,000여 명을 넘지 못한다. 오합지졸 6,000명을 가지고 왜적을 맞아 뭘 할 수 있으려나.

저녁 무렵, 사람 하나가 달려와 이일 앞에 나섰다.
"웬 놈이냐?"
"저는 개령開寧 사람이옵니다."
"그래서 어쨌다는 말이냐?"
이일은 짜증을 내며 말을 끊었다. 그러자 당황한 개령의 아무개는 서둘러 말을 마쳤다.
"왜적이 선산善山에 이르렀기에 알려 드리려고⋯."
"뭐라?"
이일도 당황했다. 왜군의 진격이 빠르다는 점은 알고 있었지만, 이렇게까지? 설마 하는 마음에 이일은 다시 물었다.
"네 눈으로 확인한 사실이냐?"
"그렇사옵니다."
이일은 믿기지 않았다. 사실 믿고 싶지 않았다는 말이 더 옳겠다. 이일은 또 다그쳤다.
"그런데 왜 너 말고는 왜적을 본 자가 없느냐?"

개령 사람은 당황했다. 그걸 왜 나한테 물어? 알려주면 고마워하고 상이라도 줄 것이라 생각했는데. 말을 잇지 못하고 있는 사이에 이일의 호령이 떨어졌다.

"아무래도 저자가 수상하다. 우리를 현혹시키려 하는 첩자인 듯하니 당장 목을 베어라."

기가 막힌 개령 사람은 손을 내저으며, 다가오는 병사들을 말렸다.

"내 말을 믿지 못하겠거든 잠시 동안만 나를 가두어두고 기다려보십시오. 내일 아침에도 적이 이곳에 오지 않으면 그때 죽여도 늦지 않을 것이오."

이일은 잠시 생각했다. 혹시 모르니 일찍 죽여버릴 것은 없을지 모르겠다. 일찍 죽여버렸다가 곧 적이 몰려오기라도 하면 주변의 원망을 감당하기 어려워질 수도 있으니, 내일까지 기다려 안 될 것은 없을 것 같다. 이일은 명령을 내렸다.

"이놈을 옥에 가두어라."

다음 날 새벽

이일은 일찍 눈을 떴다. 불안해서 오래 자기도 어렵다. 그런데 깨고 보니 자꾸 짜증이 난다. 모아놓은 군사는 오합지졸에, 숫자도 얼마 되지 않는다. 이런 상태에서 왜적을 맞게 되면 어떤 꼴이 될지는 뻔하다. 그런데 보이지도 않는 왜적이 코앞에 왔다고 하니 더 불안하다. 그 말을 들은 자들 얼굴에 번지는 불안감은 더 문제다. 나도 이렇게 불안한데, 군사들까지 불안해지면 애써 모은 병력도 통솔하기 곤란해진다.

생각이 그렇게 흐르자, 어제 왜적이 다가왔다는 말을 전한 개령 녀석이 떠올랐다. 이놈 때문에 나뿐만 아니라 부대 전체가 불안에 떨게 되었다. 아직도 적이 오지 않았으니, 이제 목을 베어도 할 말이 없으렷다? 일단 이 녀석 목을 베어 군기나 잡고 보자. 이일은 밖에 있는 군관에게 명령을 내렸다.

"어제 그 개령 놈을 끌어내라."

곧 옥에 갇혀 있는 자가 끌려 나왔다. 이일은 그에게 소리를 질렀다.

"네 녀석 말대로 아침이 되었는데도, 왜적은 그림자도 보이지 않는다. 이제 목을 베어도 할 말이 없으렷다!"

기가 막힌 개령사람은 혼잣말처럼 중얼거렸다.

"소인은 분명히 보았사옵니다. 조금 더 기다려보아도 늦지 않을 텐데, 굳이 이렇게 새벽같이 소인 목부터 베어야겠사옵니까?"

이일은 목소리를 더 높였다.

"그러면 왜적이 올 때까지 기다리라는 말이냐? 허무맹랑한 소리를 하여 군사들을 동요시켜놓고, 네 목숨 건지자고 시간을 끌려는 것이렷다. 여봐라, 더 볼 것 없으니 저자의 목을 베어라."

개령 사람은 더 변명하려 하지 않았다. 그의 얼굴에는 될 대로 되라는 표정이 역력하게 드러났다. 왜적이 몰려와서 험하게 죽는 것보다 별로 못할 것도 없다는 듯이.

그 시각, 상주에서 20리 떨어진 장천 냇가

일본군은 서둘러 올라오느라 지친 병사들에게 잠깐의 휴식을 주며 부대를 정비하고 있었다. 그 냇가가 내려다보이는 산길을 지나던 두 명의 나무꾼은 일본군 부대를 보고 얼른 바위 뒤로 몸을 숨겼다. 나무꾼 하나가 동료에게 말을 건넸다.

"이거 관에 알려야 하는 거 아닐까?"

동료는 뭘 모르는 소리 말라는 듯 펄쩍 뛰었다. 그는 소리를 죽여가면서도, 열을 올렸다.

"어제 개령 사람 하나가 그거 알려주려고 갔다가 옥에 갇혔대. 요즘 관리들 하는 짓 몰라? 뭘 해줘도 고마운 줄 모른다고. 알려줘서 잘되면 지들 잘나서 그런 거고, 잘못되면 알려준 놈이 역적 되는 거라고. 너 목 잘리고 싶어? 그냥 못 본 척하는 게 최고야. 우리만 해도 징발되는 거 피해 다니고 있잖아. 알려준답시고 관에 갔다가는 잘해봐야 끌려가는 거고, 재수 없으면 목이 잘리는 거야."

나무꾼들은 그 말을 확인하듯 고개를 끄덕이고 그 자리를 떠났다.

얼마 후, 상주 북쪽 냇가

이일은 긁어모은 병력을 데리고 상주 북쪽 냇가로 갔다. 왜놈들과 맞붙기 전에 조금이라도 훈련을 시켜놓아야 한다는 생각에서였다. 또 이곳은 하천을 앞에 두고, 뒤로는 산을 등지고 있다. 기습을 당하더라도 조금은 버티기 쉬운 지형이다. 이일은 주변을 한번 둘러보고 명령을 내렸다.

"대장기를 꽂아라."

명령대로 대장기가 꽂혔다. 이일이 말에서 내려 기 앞에 서자, 종사관從事官 박호朴篪·윤섬尹暹, 방어사 종사관 병조좌랑 이경류李慶流, 판관 권길 등이 말에서 따라 내려 그 뒤에 섰다. 한껏 위엄을 과시한 이일은 훈련을 위한 명령을 내렸다.

"부대별로 제식훈련부터 실시하라."

서둘러 시키는 훈련이라, 제식훈련부터 진법까지 대충 기초만 가르치며 넘어가는 상태다. 그래도 좀 나아지나 싶을 때, 숲 속에서 몇 사람이 나와 서성거리는 장면이 몇몇 군관과 병사들의 눈에 띄었다. 이 장면을 본 병사들의 뇌리에는 적의 정찰병이 아니냐는 생각이 스쳤다. 그러나 아무도 이를 보고해야 한다고 나서지 않았다. 아침에 처형당한 개령 사람의 일이 머리에 떠올랐던 것이다.

그렇게 한참이나 시간을 더 흘려보내고 있던 중 고을의 성 쪽에서 불길이 치솟는 장면이 보였다. 연기를 본 이일은 당황했다. 그제야 상황을 파악하기 위해 정찰을 해야 할 필요를 느꼈다. 누구를 보내면 좋을까? 군관 박정호朴廷豪가 떠올랐다. 평범한 백성은 말할 것도 없고, 보는 것만으로도 같은 군인들의 기를 꺾어버린다는 용사로 소문이 나 있다. 명령을 받은 박정호는 역졸 두 명을 거느리고, 다리를 건너 성 쪽으로 움직이기 시작했다.

그런데 그가 시내를 건너기 위해 다리에 닿기도 전에 숲과 다리 아래쪽에서 조총 소리가 요란하게 울렸다. 총에 맞은 박정호는 말에서 떨어졌고, 달려 나온 왜적들은 재빨리 그의 머리를 베어가지고 돌아갔다.

자기들이 두려워하던 용사가 조총 몇 발에 허망하게 죽는 꼴을 본 조선 병사들은 맥이 풀리고 말았다. 그리고 그런 상황에서 일본군의 공격이 시작되었다. 조총 소리가 나며 몇 명이 쓰러지자 조선군 진영은 어지러워졌다. 사실 화살이 날아와도 그 정도 희생은 난다. 별것도 아닌데, 소리가 좀 크다고 조선군 병사들이 동요하고 있는 것이다. 오합지졸 아니 랄까봐 티를 낸다. 이일은 화를 내듯이 명령을 내렸다.

"숲 쪽으로 활을 쏘아라."

명령에 따라 활을 쏘고는 있지만, 이 단순한 명령에도 오합지졸의 티가 난다. 소리만 나고 뭐가 보이지 않는 조총에 겁을 먹은 궁수들이 시위를 끝까지 당기지도 않고 화살을 날려버린다. 당연히 화살은 다리 근처에 떨어질 뿐, 왜군에 겁도 주지 못한다. 혀를 찰 여유도 주지 않고, 일본군 보병들이 조선군의 양쪽에서 돌격을 시작했다.

조선군 병사들은 일본군과 제대로 접전이 붙지도 않았는데 도망치고 있었다. 그 꼴을 본 이일은 말 위에 올랐다. 그리고 북쪽으로 내달리기 시 작했다. 갑작스럽게 일어난 상황에 종사관을 포함한 지휘부는 이일이 달 아나고 있다는 사실을 눈치 채지 못했다. 그들은 도망치려는 병사들을 붙들고 자리를 지키게 하려고 이리 뛰고 저리 뛰다가 말 위에 올라보지도 못하고 일본군의 손에 희생되었다. 조선군 병사 대부분의 운명도 다르지 않았다.

조선군을 소탕한 일본군 곧이어 이일을 쫓았다. 쫓기던 이일은 말을 버 리고 군복도 벗어 던져버렸다. 그렇게 하면 쓸모없는 조선의 노인으로 보이겠지. 이일은 머리까지 풀어헤치고 속옷만 입은 채 달아났다. 그 노 력이 결실을 거두어, 그는 일본군에 잡히지 않고 겨우 문경에 도달할 수 있었다. 거기까지 이일을 따라 도망칠 수 있었던 것은 군관 한 명과 노비 한 명뿐이다.

문경 관아에 들어간 그는, 내려올 때 남겨놓은 일부 병사들을 시켜 종이와 붓을 구해오도록 했다. 패배한 과정을 어떻게 써야 처벌을 덜 받을지 고민하면서. 조령을 지키려 한다면 좀 나아 보일까? 그때 부하 하나가 신립이 충주까지 내려왔다는 소식을 전해왔다. 그 말을 들은 이일은 곧바로 결정을 내렸다.

"충주로 가자."

얼마 후, 석현성 부근

파죽지세로 조선군을 격파하고 한양을 향해 진격하던 고니시는 토끼비리를 앞에 두고 긴장했다. 아마 여기가 한양으로 가는 도중에 최대의 고비일 것이다. 이곳을 지나는 길이라고는 사람 하나가 지나가기도 힘든 벼랑길뿐이다. 그렇다고 돌아가자면 한도 끝도 없다. 조선군이 이런 곳을 놓칠 리 없겠지. 그래서 벌써 정찰대를 보내놓았다.

아무리 형편없는 군대라도 이런 지형을 안고 싸우면 일당백이 된다. 오늘은 희생을 꽤 치러야 할 것 같은데, 치명타가 되지 않기만을 바랄 뿐이다. 그렇게 심각한 고민을 안고, 토끼비리를 앞에 놓은 강변에 도착한 고니시는 부대 앞쪽의 동요를 느꼈다. 벌써 조선군과 교전이라도 붙었나?

"무슨 일인가?"

잠시 후 보고가 올라왔다.

"지휘관들이 병사들을 닦달하고 있습니다. 아무래도 정찰을 허술하게 한 것 같다고…."

"정찰을 허술하게 해?"

"첨병 내보내고 곧이어 소규모 후속부대까지 보내봤는데도 아무도 없다는 보고가 올라왔답니다.”

고니시도 약간 놀랐다.

“아무도 없다고? 지휘관들이 닦달할 만하구먼. 이런 곳에 매복이 없을 리 없지 않은가.”

“그래서 기합을 좀 넣고 있답니다.”

“기합만 넣어가지고 되겠나. 마지막으로 보낸 부대 규모가 몇 명이지?”

“40명 규모랍니다.”

“그럼 100명을 후속으로 보내라. 그래도 적을 찾지 못하면 300명 더 보낸다. 본대가 진입하기 전에 어떻게 해서든지 매복 부대를 찾아야 한다. 그러니 길만 따라가지 말고 주변을 샅샅이 뒤지면서 전진하도록.”

그의 명령을 받은 전령이 앞쪽으로 내달렸다. 얼마를 기다렸을까. 다시 전령이 다급하게 달려왔다.

“어떻게 됐나?”

“돌파했답니다.”

고니시의 물음에 전령이 숨을 헐떡거리며 말했다.

“돌파? 정말 적이 없었단 말인가?”

고니시는 믿기지 않아 재차 확인했지만, 전령의 보고는 단호했다.

“그렇답니다. 명령하신 대로 주변을 샅샅이 수색했지만 없었답니다. 게다가 아군이 석현성에 진입해서 점령했는데도 저항하는 적이 보이지 않는답니다.”

“그런가?”

고니시는 고개를 갸웃거렸다. 이번 전쟁이 생각보다 쉽다고 느끼기는 했지만, 이런 지형까지 무방비로 내주다니. 사실 여기서 가장 고전하리라고 생각했었는데…. 믿기지 않지만 일단은 좋은 일이다. 고니시는 자세를 고쳐 잡고 명령을 내렸다.

"진군."

이곳에 적이 없다는 사실이 이미 퍼졌는지, 일본군 병사들의 표정이 밝았다. 누군가 노래를 흥얼거리기 시작했고, 개중에는 춤까지 추는 자들도 있었다. 그리고 노랫소리는 전염병처럼 일본군 진영에 퍼져 나아갔다. 고니시의 표정도 한결 밝아졌다.

비슷한 시기, 한양

대궐은 적장인 평행장平行長이 보냈다는 인물의 등장으로 술렁이고 있었다. 왜 역관倭譯官 경응순景應舜이라는 인물이다. 그는 이일이 상주에서 패전할 때, 진중에 있다가 왜군에게 잡혔다고 한다. 그를 잡은 왜장이 수길秀吉의 편지와 예조에 보내는 공문과 함께 보내주면서 한 말이 지금 대궐을 술렁이게 하는 것이다. 경응순의 말에 의하면, 왜장은 '동래에 있을 때에 울산군수를 생포하여 편지를 보냈는데 지금까지 답장이 없다. 조선이 강화講和할 의사가 있으면, 이덕형을 보내 28일에 충주忠州에서 나를 만나도록 하라'라고 했단다.

경응순의 말을 전해들은 조정에서는 일단 당황했다. 무엇보다 울산군수 이언성李彦誠이라는 자의 행태가 도마 위에 올랐다. 적장이 동래에 있을 때 보냈다고 하는 녀석이, 상주에서 잡힌 자가 올라와 편지를 전할 때까지 비슷한 얘기도 전해주지 않았다. 무슨 사정이 있었을 것이라고 말하는 사람도 있다. 그렇지만 대부분은, 적에게 잡혔음에도 살아 돌아왔다는 이유로 의심을 사든가 죄를 얻을까 두려워서 탈출해왔다고 말하고 편지도 숨겨버린 채 전달하지 않은 거 아니냐고 본다. 어쨌든 적장이 보낸 서신을 조정에서 받지 못해 사태 파악을 못 하고 있던 것 자체가 충격이다.

그렇지만 이 사태를 조금이라도 보탬이 되게 이용해보자는 의견도 나온다. 이일은 패전했고, 신립의 부대 역시 승리를 장담하기 어려운 오합지졸로 구성되어 있다. 지금 중요한 것은 파죽지세로 올라오는 왜적을 조금이라도 지체하게 해서 시간을 벌어두는 것이다. 그러니 왜장이 요구하는 대로 동지중추부사同知中樞府事 이덕형을 보내 협상을 하면서 시간을 끌어보자는 얘기다.

이덕형 자신도 그런 역할을 맡아보겠다고 나선다. 일본 사신들이 왔을 때에 선위사宣慰使로 접대한 적이 있었기 때문에 안면이 있어 지명된 것 같으니, 나라의 위기를 맞아 피할 생각은 없다는 것이다. 이것저것 가릴 처지가 아닌 조정에서는 그리하기로 가닥을 잡았다. 예조에서는 바로 답서答書를 지어 이덕형에게 주었다. 경응순과 함께 왜장에게 가서, 협상하며 시간을 끌어보도록 하는 임무가 주어진 셈이다. 채비를 마친 이덕형은 곧 충주를 향해 발걸음을 재촉했다.

1592년 4월 25일, 문경

고니시는 연전연승하고 있는 장수답지 않게 고민에 빠져 있었다. 이 정도면 조선이 대충 무너져가는 것 같다. 조금 전 혼자서 이곳을 지킨다고 버티다가 병사들에게 척살당한 조선 관리가 떠올랐다.

히데요시는 일단 좋아하겠지. 그렇다고 조선을 무너뜨릴 생각만 하고 있을 때는 아니다. 당장은 순조로운 것 같아도, 명이 가만히 있을 것 같지는 않으니 어떻게든 이즈음에서 적당히 타협점을 찾아야 할 것 같다.

그럼 히데요시의 마음이 풀어져 있을 지금 적당히 얼러볼까? 고니시는 천천히 붓을 들었다. 어제 상주에서 거둔 승리부터 적당히 부풀려보자. '고위 귀족 3명이 지휘하는 2만 병력이 산 위에 진을 치고 있었지만, 얼마 걸리지 않아 패주시켰다. 총 지휘관을 포함해서 1,000명 정도 희생시켰지만, 날이 저물고 있던 상태에서 나머지 적병이 숲 속으로 도망치는 바람에 소탕하지는 못했다. 이 전투에서 포로도 많이 잡았다.'

고니시는 여기까지 쓰고 나서 픽 웃었다. 너무 많이 부풀렸나? 어쨌든 히데요시에게 생색내려면 이 정도 전과는 올렸다고 해야겠지. 웃고 있던 고니시의 표정이 갑자기 진지해졌다. 여기서부터는 진짜 말을 조심해서 써야 한다.

'잡은 포로 중에 역관이 있었다. 상황이 불리해질 경우, 조선국왕이 인질을 보내고 중국 원정에 길 안내를 하고 싶다는 뜻을 전하기 위해 보낸 자이다. 전하께서 조선국왕이 용서를 빌면 받아들여도 좋다고 한 바 있기 때문에, 몇 가지 요구조건을 붙여 돌려보냈다. 그 역관은 2~3일 안에 중요한 인물들과 함께 답을 가지고 돌아올 테니 기다려달라고 요청해왔다. 그래도 나는 조선의 수도로 진격해가고 있다. 다음 날 문경에 도착했지만, 텅 비어 있어서 충주로 향하고 있다. 내일 그곳에 도착해서 역관을 만나기로 했다. 거기서부터 조선의 수도는 20리 정도밖에 떨어져 있지 않다. 조선의 수도를 파괴하는 일은 쉽지만, 조선국왕이 사자를 파견해왔고 중국 원정의 길잡이를 하겠다고 했기 때문에 그럴 필요가 없겠다. 만약 그쪽에서 무례하게 나오면 타협을 중단하고 공격하겠다. 어쨌든 교섭은 5~6일 안에 끝날 것이니, 곧 보고를 올리겠다.'

고니시는 잠시 붓을 멈추었다. 본론은 이 정도면 대충 된 것 같으니 아부를 좀 해볼까? '여기까지 오는 도중에 치안을 확보하기 위해 전하의 서명이 들어간 증명서를 교부하고 있다. 조선 영주들이 백성을 혹사시켜, 그들은 전하의 관대함에 기뻐하고 있다. 일본에서 후속 부대가 도착했다고 들었는데, 이들과 협의하여 이후 해야 할 일을 결정하겠다.'

히데요시에게 보낼 편지를 마친 고니시는 잠시 생각을 정리했다. 이 정도면 히데요시가 넘어가줄까? 생각해봐도 결론은 나지 않았다. 하긴 아직 조선에서 어떻게 나올지도 모른다. 일단 히데요시에게 운만 떼어놓고 일의 진척 상황을 보자.

4월 25일, 한양

이일의 패전 소식이 전해지며, 도성 안 인심은 흉흉해지고 있었다. 조정에서도 슬슬 피란에 대한 이야기가 흘러나오고 있다. 아직 결정된 바가 없는데도 좋지 않은 징조가 나타난다. 우선 도성 방어 자체가 무리라는 보고가 잇따르고 있다. 조정에서는 우의정 이양원을 수성대장守城大將으로 삼고, 전 판서 김명원金命元을 다시 기용해서 도원수都元帥로 삼아 한강漢江을 지키도록 했다. 그리고 경기감사에게 주민과 군사를 징발하여 얕은 여울을 파서 적이 건너는 것을 막게 하라는 지시도 내렸다.

그런데 이양원 등의 보고부터가 비관적이다. '병조에서 동원해놓은 군사는 4,500명인데, 도성에는 대략 3만의 성가퀴에 활을 쏘는 궁가弓家가 7,200개가 있다. 그러니 병조에서 동원한 병력으로는 한 궁가에 한 명씩 배치한다 하더라도 절반도 채울 수 없으니, 속히 더 뽑아서 증원하도록 해달라'라고 한다. 증원해달라고 하지만 이일, 신립에 딸려 보낸 병력도 바닥까지 긁어 보낸 상태다. 왜적이 상주를 함락시키고 올라오고 있다는데, 이 급한 시각에 더 충원할 병력이 쉽게 동원될 리 없다. 아직 지방의 군사도 모이지 않고 있어, 도원수 아래에도 군사가 없는 상황이다.

사실 지방의 군사 동원도 사실상 포기한 상태다. 이미 병조참의 심충겸沈忠謙이 지방 군사를 동원해 도성을 방어하자는 제의를 했었지만, 상산군商山君 박충간朴忠侃이 '지방의 군사들을 모두 징발하면, 그 고장은 뭘로 지키느냐'라고 하는 바람에 일부 동원되던 것도 중지시켜버렸다. 그러니 이제 와서 지방 군사를 동원한다고 해봐야 혼란만 부추길 것이다.

왜적의 북상을 저지하려고 내려간 신립조차 용인에 도착해서는 비밀리에 '적의 기세가 매우 드세어 막아내기 어려울 것이니, 도성으로 후퇴하여 지키도록 하소서'라는 장계를 보냈다는 말이 돈다. 말이 도성을 지키라는 것이지, 신립이 왜적을 막는 데 실패하면 도성 지키는 것 자체가 무리다. 차라리 신립에게 도성으로 퇴각해서 지키라고 하면 몰라도. 그렇지만 이제 와서 신립에게 다시 돌아오라고 하기도 곤란하다.

사헌부에서는 '임금께서 전교를 내려 인심을 진정시키고, 몰래 도성을 빠져나가는 자는 목을 베고, 도성 부근에 도성에서 빠져 나간 자를 숨겨준 사람을 찾아내서 그 집 가장家長은 군사로 뽑아가는 벌을 내리소서'라고 난리다. 선조는 사헌부의 상소를 보며 진저리를 쳤다. 말만 앞세우는 것들 이제는 지겹다. 사헌부 관리들이 아무리 책상 앞에서 목소리를 높여 보아도 먹힐 리 없다. 현장에서는 뇌물까지 받고 군사들이 도망치는 것을 못 본 척하는 일도 많다고 한다. 이런 와중에 이제 와서 무슨 소리를 한다 해도 인심이 안정될 턱이 없으며, 무슨 조치를 취하든 먹힐 턱이 없다. 그런데도 입만 까진 것들이 책상 앞에서 대책이랍시고 세운 것들을 들이밀며 이래라저래라 말만 많다.

벌써 도성 밖의 백성들에게는 자기 자리 지키라는 명과 함께 방패목防牌木을 바치라는 명도 전달되었다. 이 덕분에 통행까지 차단해놓고, 피란민 찾아낸다는 핑계로 집을 뒤지며 부녀자를 욕보인다고도 한다. 이 난리 통에도 하는 짓거리라고는…. 제멋대로 명령만 내려놓고, 지들 좋을 대로 이용해먹으려고만 한다. 방패목 문제만 해도 그렇다. 어제 명을 내려놓고, 오늘 바치라고 독촉을 해댄단다. 이러니 백성들 원망이 하늘을 찌르지. 이래놓고 잘못되면 다 내 탓 되는 거 아닌가. 선조는 나름대로 결론을 짓고 명을 내렸다.

"백성들이 방패목을 바칠 여유도 없이 명을 내렸으니 어찌 따르겠는가? 병조로 하여금 면포를 주고 사서 쓰도록 하라."

그런 명을 내려놓았지만, 아무래도 도성을 지킬 수 있을 것 같지 않다는 생각이 머리를 스쳤다. 영의정 이산해는 슬슬 피란 이야기를 꺼내고 있다. 경륜이 있으니 현실 파악이 빠른 것 같다.

그렇지만 기성 부원군杞城府院君 유홍兪泓의 상소는 신경이 쓰인다. '미투리[繩鞋]는 궁중에서 쓰는 것이 아니고, 백금白金이 적을 막는 데 무슨 필요가 있다고 사들이느냐'라고 따진다. 여차하면 피란 가려고 준비한다는 말이

샌 것 같다. 하긴 눈치가 있는 놈이면 대충 감 잡을 수 있었을 것이다.

내가 타는 말을 관리하는 김응수가 자꾸 빈청에 들러 영의정 이산해와 귀엣말을 주고받는 장면을 숨길 수 없었을 테니. 그나마 이산해가 말과 가마 등을 관리하는 사복시司僕寺 제조提調를 겸하고 있어 말이 덜 나가는 것 같다. 그래도 도승지都承旨 이항복李恒福이 류성룡에게 '영강문 안에 말을 세워두라立馬永康門內'라고 전했으니, 눈치 채는 것은 시간문제일 것이다.

선조는 다음 날 유홍을 불러 달랬다.

"내가 여기를 버리고 어디로 가겠는가. 미투리는 출정하는 군사들에게 보급하려 산 것이고, 백금은 변란이 일어나기 전에 사들이도록 한 것이니 뜬소문일 뿐이다. 너무 의심하지 말라."

그렇게 말하면서도 선조의 속은 꺼림칙했다. 얼마 못 가 탄로 날 거짓말인데…. 그래도 너무 가책 받을 필요는 없을 것 같다. 이것들도 대책 없는 소리나 늘어놓는 것이지, 책임질 놈 하나 없으니까. 나라고 뭐….

4월 26일, 조령 남쪽

이날 일찍부터 이동하고 있던 고니시 부대의 앞쪽에 갑작스러운 긴장감이 감돌았다. 고니시는 부대의 긴장을 느끼며 지시를 내렸다.

"뭔가? 알아보고 보고하도록."

고니시의 명령에 곧 답이 돌아왔다.

"앞쪽에 정체불명의 부대가 나타났답니다."

조선군인가? 고니시는 바로 명령을 내렸다.

"부대 정지."

그렇지만 얼마 가지 않아서 공연한 걱정이었음이 드러났다. 앞쪽에 나타났던 부대는 조선군이 아닌 가토의 부대였다. 나중에 상륙했는데도 벌써 쫓아왔군. 그런데 시끄럽다. 고니시가 측근들과 앞쪽으로 가보니 고니시 사쿠에몬小西作右衛門의 목소리다. 가토의 부대와 시비가 붙은 것이다. 사쿠에몬은 벌겋게 달아올라 핏대를 세우고 있었다.

"이제 와서 너희들이 앞서 가겠다는 게 말이 되나? 우리는 맨 먼저 상륙해서 조선의 반을 점령했다. 그러는 동안 너희가 뭘 했는가? 코빼기도 보이지 않다가 이제 한양이 코앞에 보이니까 거기만 먼저 들어가서 공을 가로채겠다는 것 아닌가?"

가토 부대 쪽에서 '누가 먼저 들어가든 무슨 상관이냐'라며 볼멘소리가 나왔다. 그러자 사쿠에몬은 고함을 질렀다.

"우리가 선봉에 선 것은 간파쿠의 명령에 따르고 있는 것이다. 너희들은 간파쿠의 명을 거역하겠다는 것인가?"

그 말에 가토 부대는 움찔했다. 단 한마디에 그들은 순순히 길을 비켜주었다. 여기서도 히데요시의 권위는 먹힌다. 뒤집어 말하면 우리도 히데요시의 눈에 들 만한 성과를 거두어야 한다는 뜻이다. 그러니 한양을 먼저 점령하는 공을 양보할 수는 없다. 이번에 사쿠에몬의 공이 크다.

임무를 위하여

4월 27일, 충주성

작전회의의 분위기는 자못 심각했다. 내려올 때부터 마음이 맞지 않는 기미가 보였지만, 마주 앉고 보니 의견 차이는 훨씬 심각하다. 한참 동안 말이 오가지 않았는데도 긴장감이 흐르고 있다. 참다못한 신립이 먼저 침묵을 깼다.

"그러니까 모두들 조령에서 막자는 의견인가? 탈주를 막기 어렵다는 점까지 감수하고?"

아무도 즉각 대답하지 않았다. 그게 바로 그렇다고 대답하는 거나 마찬가지였지만. 결국 신립이 짜증을 냈다.

"어찌 이리 무책임한 작전을 고집할 수 있는가? 적이 조령을 지나지 않고 우회할 수 있다는 점을 뻔히 알면서도 무조건 조령에서 기다리자는 말이 나오는가? 지금 문경에 있는 적은 괴산 쪽으로 돌아서 한양으로 갈 수도 있고, 일부 부대가 하늘재 쪽으로 우회할 수도 있어. 그럼 조령 뒤쪽으로 나오게 되고. 조령만 막고 있다가는 포위될 수도 있는데, 그래도 조령에서 죽치고 기다리기만 하자는 건가?"

신립의 다그침에 김여물이 대꾸했다.

"조령이 아니면 이 병력으로 적을 막을 수 있는 곳이 없습니다."

화가 난 신립이 책상을 내리쳤다.

"그걸 누가 모르는가? 허나 그건 왜놈들이 무리하게 조령을 돌파하겠다고 나올 때나 쓸모가 있는 작전. 왜장이 자네에게 조령으로 오겠다고 통보라도 했다던가? 그렇게 조령이 방어하기 쉽기 때문에라도 적이 조령을 우회할 수 있다는 생각은 안 하는가?"

"우회하려 한다면, 그리하라죠."

김여물이 내뱉듯이 말했다.

"뭐라?"

신립은 귀를 의심했다.

"지금 적이 우회해서 한양으로 가든 말든 상관없다고 말하는 건가?"

신립의 목소리가 떨리는 것을 느끼자, 충주목사忠州牧使 이종장李宗長이 나섰다.

"어차피 보통 상황에서 맞붙어가지고서는 승산이 없으니 드리는 말씀 아닙니까. 일단 승산이 있는 조령에서 막고 있다가…."

신립이 말을 끊었다.

"그러니까 전투를 피하자는 얘기군. 임무는 포기해버리고. 우리 임무가 왜놈들이 한양으로 가기 전에 저지하는 것임을 잊었는가?"

"함부로 맞붙어 전멸해버려도 임무에 실패하기는 마찬가지죠."

김여물이 퉁명스럽게 말했다. 신립은 잠시 말문이 막혔다. 사실 이런

오합지졸들을 데리고 맞붙었다가는 전멸당하기 십상이라는 점 모르는
바 아니다.

"그래서 어쩌자는 건가?"

"일단 조령에 진을 치고 보자는 겁니다. 그쪽으로 와주면 고맙고…."

"적장이 정찰도 해보지 않고 그렇게 고마운 일을 해줄 리가 없지 않나?
당연히 조령을 피해 우회하겠지."

"그럼 우리도 물러나서 도성 근처에 방어선을 찾아봐야죠."

"그러니까 조령에 숨어 있으면서 적을 통과 시킨 다음, 그 뒤꽁무니를
쫓아 도성으로 가서 방어선을 치자? 그걸 작전이라고 내미는가?"

"전멸하는 것보다야 낫지 않습니까."

"자네가 총관이 되면 그리하게. 난 도망 다닐 생각은 없네."

한순간 침묵이 흘렀다. 이종장이 겨우 침묵을 깼다.

"그러면 총관께서는 어찌하실 생각이십니까?"

"난 상감께서 내려준 명령을 무시한 지휘관이 되고 싶지는 않네. 결과
가 어찌 되건 일단 이곳에서 적을 저지해볼 걸세. 그러자면 단월역에 진
을 쳐야 할 것이야. 여기라면 우회할 곳이 없으니 조령처럼 하늘재로 우
회할 병력에 포위될 우려를 하지 않아도 좋고, 우리에게는 지척에 있으
니 시기를 놓칠 일도 없네."

"단월역에서 막을 수 있다고 보십니까?"

"장담은 못 하네. 일단 그곳에서 진을 치고 있다가 상황이 여의치 않으
면 모시래들 쪽으로 물러나 승부를 걸어볼 수도 있어."

"거기서도 못 막으면요?"

김여물이 퉁명스럽게 물었다.

"그렇게 되면 난 살아 있지 못할 걸세."

이종장이 답답한 표정으로 말했다.

"그렇게까지 무리를 해야 한다고 보십니까? 뭘 위해서요?"

"한양의 대감마님들을 위해서겠죠."

김여물의 비아냥거림에 신립은 호흡을 가다듬었다.

"나라고 입만 까져서 나라 망가뜨려놓고 우리를 사지로 내모는 정객들 위해서 목숨 바치고 싶겠나? 그러나 어쩌겠는가? 그런 자들 보기 싫다고 여기서 제대로 싸워보지도 않고 한양 가는 길을 내줄까?"

이종장이 답답하다는 듯이 물어왔다.

"조정 대신들이 뒤에서 무슨 짓 하는지 아십니까? 용인에 도착한 다음에 주상께 장계 올리셨죠? 그때 이름을 쓰셨습니까?"

"여기서 왜 그 얘기가 나오나?"

"그때 장계에 이름 안 쓰셨다고, 장군께서 다른 뜻을 품은 거 아니냐고 떠드는 작자들도 있답니다."

"그런 말이 나돈다고 임무를 포기해도 좋다는 뜻인가?"

"상감께 받은 보검의 무게가 이런 거겠죠."

김여물의 한마디에 신립은 말문을 닫았다. 그러다가 일어서며 한마디를 던졌다.

"여물이 자네가 총관이 되었어야 하는 거였나 보이."

회의를 파하고 막사로 돌아온 신립의 마음은 착잡했다. 휘하 병력은 오합지졸, 병사들만 그런 게 아니라 류성룡이 모아준 군관이라는 것들도 도통 믿을 수 없기는 마찬가지다. 좌상 쪽에 줄 대서 출세나 노리던 것들이 태반이다. 이런 것들이 죽을 자리로 내몰렸다는 사실을 슬슬 깨달아가는 모양이다. 개중에는 병사들보다 먼저 도망가버릴 놈도 있을 것 같다.

이런 상황에서 지휘관들 마음마저 맞지 않는다. 정말 김여물 말대로 전투를 피하는 편이 나은 건 아닐까? 신립의 눈은 지도를 들여다보고 있었지만 머릿속은 끊임없이 떠오르는 고민으로 복잡했다.

그렇게 시간이 흐르다 보니 어느새 저녁때가 되었다. 갑자기 막사 바깥이 시끄러워졌다.

"무슨 일인가?"

밖에 있던 군관은, 척후장 김효원金孝元과 안민安敏 등이 정찰을 끝내고 돌아왔다고 알려준다. 생각보다 일찍 돌아왔군.

"들어오라 해라."

척후장들은 들어오자마자 숨 가쁘게 보고내용부터 꺼내놓았다.

"적의 선봉이 이미 가까이 와 있습니다."

신립은 잠시 멍해졌다. 그렇게 빨리 왔다는 건가? 이제 정말 왜군과 붙는 건가? 순간 그의 머릿속에는 왜군의 정세를 직접 보아야 하겠다는 생각이 들었다.

"내가 직접 확인해야겠네."

신립은 말을 뱉어내자마자, 막사 밖으로 나가 말을 집어탔다.

놀란 호위군관 몇 명이 말을 타고 따라오고 있다. 달리다 보니 생각도 없이 마음만 앞선 것 아닌가 했지만, 이미 돌아가기도 뭣해져버렸다. 에라, 모르겠다. 아직 말을 다루는 데는 자신 있으니, 설마 왜적에게 당하기야 하려고.

그의 배짱이 통했는지, 조령 가까이 왔는데도 왜적이 눈에 띄지 않았다. 내친걸음, 신립은 귀를 기울이며 고개 위로 말을 몰았다. 인기척이 느껴지지 않는다. 매복이 있다면 덮쳐볼 만한 상황인데…. 신립은 자신을 따라온 군관에게 고갯짓을 했다. 위쪽으로 올라가 상황을 살펴보라는 뜻을 알아차린 군관은 고개 위로 달려 나아갔다. 얼마 후, 돌아온 군관은 황당하다는 표정을 지으며 보고했다.

"위에는 아무도 없습니다. 왜 갑자기 이곳으로 달려오셨는지요?"

신립은 기가 막혔다. 뭐냐? 적이 다가왔다고 해서 달려와봤더니 아무도 없다. 하긴 적이 와 있었으면 정말 큰일을 당했을지도 모른다. 보고를 받고 감이 이상해서 확인하려 했지만, 무모한 짓이 되어버릴 수도 있었다. 그렇지만 직접 적의 정황을 살피러 온 보람도 없이, 공연한 짓을 해서 자신만 우습게 되었다고 생각하니 화가 치밀어 올랐다.

"돌아가자."

신립은 짧게 한마디를 뱉고 말을 달려 돌아왔다. 돌아와 보니 군사들이 우왕좌왕하고 있다. 이 오합지졸들이 이러는 게 당연할 것이다. 정말 공연한 짓을 했나 보다. 신립은 군사들 앞에 나서서 고함을 질렀다.

"당황할 것 없다. 내 직접 조령을 살피고 왔지만, 적은 그림자도 보이지 않았다."

신립의 말에 병사들은 조용해졌다. 그렇지만 아직도 긴가민가하며 눈치를 살피고 있다. 신립은 자신의 말에 힘을 실어야 할 필요를 느꼈다. 그는 호위군관에게 적이 왔다고 알려준 척후장들을 끌고 오도록 했다. 황당한 표정으로 끌려온 척후장들에게 신립은 칼을 빼어 들고 물었다.

"어찌 오지도 않은 적이 왔다고 했느냐?"

척후장들은 놀라 눈을 둥그렇게 뜨고 말을 더듬었다.

"그게… 분명히 봤는데….'

신립의 뇌리에는, 이들의 말이 사실인지 뭐가 잘못되어 자신은 왜적을 못 보았는지 몰라도 지금 뭔가 조치를 취해두지 않으면 자신이 거느린 오합지졸들이 무슨 일을 일으킬지 모른다는 생각이 들었다. 또 척후장들이 이쪽으로 우회하는 척하는 적의 계략에 넘어간 거 아닌가 하는 생각도 들었다. 정말 그런 것이면 큰일 날 뻔한 건데. 신립은 칼을 빼어들고 선언하듯이 말했다.

"공연한 말로 사기를 떨어뜨린 죄 목숨으로 책임을 묻는다."

척후장들이 처형되는 모습을 본 군사들은 얌전해졌다. 신립은 다짐하듯이 명을 내렸다.

"앞으로 공연한 소요를 일으키는 자, 명령에 따르지 않는 자는 이렇게 목을 베겠다. 그러니 허튼 마음 먹지 않도록 하라."

조용한 웅성거림이 있었지만, 군사들은 곧 군관의 인솔 아래에 자신들의 막사로 돌아갔다.

그 시각 김여물은 붓을 들어 집에 전할 편지를 써 내려갔다.

유쭓 보아라. 그나마 네가 이제 장성해서, 마음 놓고 털어놓을 수는 있는 것이 위로가 되는구나. 이곳의 상황은 절망적이다. 근왕병勤王兵을 동원한다고 하지만, 모이는 군대도 없고 모인 병사들도 형편없는 오합지졸이다. 힘을 다해 싸운다고 해도 애비가 살아서 돌아갈 수 있을 것 같지 않구나. 사내가 싸우다 죽는 거야 숙명이겠지만, 왜놈들에게 짓밟히는 수모를 피할 수는 없을 것 같다. 이렇게 끝나는 것이 한스럽지만 어쩌겠느냐. 이제 네가 우리 가문을 이끌어가야 하니, 마음 단단히 먹거라. 애비는 성질이 모질어 사람들과 잘 지내지 못해 가문에 도움이 되지 못했다. 그 점은 네게 미안하구나. 너희들은 난리 중이라도 임금 곁에서 멀어지지 말아라. 그것이 살 길이니라.

김여물은 마지막 문장을 써 내려가며 스스로도 어이가 없다는 듯이 쓴 웃음을 지었다. 하긴 내 모난 성격 때문에 마누라나 자식들이나 원망 많이 했으니…. 김여물은 편지를 밖에서 기다리던 종자에게 전해주고 막사로 돌아갔다.

4월 28일 오전, 단월역

아침 일찍부터 진을 치고 일본군을 기다리고 있던 조선군 진영의 분위기는 착 가라앉아 있었다. 그런 분위기 속에서 골똘하게 생각에 잠겨 있던 신립에게 낯익은 사람이 달려오는 것이 눈에 들어왔다. 이일이다. 신립은 자신에게 달려온 이일에게 숨 돌릴 틈도 주지 않고 물었다.

"어찌 된 일입니까?"

숨부터 돌려야겠다는 듯, 한참 우물쭈물하던 이일이 망설이듯 입을 열었다.

"기습을 당했소. 병력도 제대로 모으지 못한 상태에서요."

"그래서 혼자 살아남아 도주했다는 겁니까? 그게 목을 내놓아야 할 행위라는 점을 모르지는 않을 텐데요?"

신립의 퉁명스러운 물음에 얼른 말을 잇지 못한 이일이 겨우 대답했다.

"…죽을죄를 졌소이다."

신립은 한숨을 쉬었다.

"군율대로 하자면 목을 베어야 할 것이나, 지금은 군관 하나의 손도 부족한 시국. 일단 기회를 주도록 하겠소."

신립의 마음이 변하는 것을 막으려는 듯, 마침 새벽같이 보낸 정찰병이 돌아왔다. 신립은 다급하게 물었다.

"왜군은 지금 어디 있는가?"

"조령을 넘고 있습니다."

"병력은 어느 정도인가?"

"조령 아래 집결한 병력만 족히 2만은 넘어 보였습니다. 그리고…."

정찰병은 잠시 머뭇거리다가 말을 이었다.

"또 다른 부대가 뒤따르는 것 같았습니다. 확인은 못 했습니다만."

"다른 쪽으로 우회하는 병력은 없나?"

김여물이 끼어들었다.

"아직 하늘재나 괴산 방면에서는 적 병력 이동에 대한 보고가 없습니다."

신립은 속으로 혀를 찼다. 거 봐 하고 씹는 녀석들 많아지겠군. 그래도 어쩔 수 없다. 이미 내친걸음이다. 사실 조령에 진을 치고 있었다고 해도 해결되는 것도 아닌데…. 몇 번 돌파에 실패한다고 해도 병력이 몇 배나 많은 적은 그때부터 부대를 나누어 일부 부대만 우회시켜도 그만이다. 가뜩이나 병력이 부족한 아군이 눈앞의 적을 놔두고 병력을 쪼개 여기저기 모조리 막을 수는 없는 노릇이니. 그렇지만 누가 이런 사정 알아줄라나. 신립은 슬쩍 김여물의 표정을 살폈다. 딱딱하게 굳어 있을 뿐 아무 표정도 없다. 이제 이 친구 눈치까지 살피게 되나? 신립이 스스로도 어이없어할 때 이일이 말을 걸어왔다.

"그런데 여기서 왜군을 맞아 싸우시게요?"

눈치를 보는 모습에 신립은 더 짜증을 내며 말을 받았다.

"왜요?"

"아무래도 무리일 겁니다. 맞붙어보니 이번에 쳐들어온 왜군은 경오, 을묘 때의 왜적과 다릅니다. 보통 놈들이 아니에요. 북쪽 오랑캐같이 치기 쉬운 적이 아닙니다. 이 상태로 싸웠다가는 전멸합니다."

"그래서 어쩌자고요?"

"조금 유리한 쪽으로 물러나 싸우심이… 상황이 여의치 않으면 도성까지라도 퇴각해야 합니다."

신립은 이일의 말이 끝나기도 전에 버럭 화를 냈다.

"공은 지금 자신의 부대 망친 것도 모자라서 우리 부대까지 망쳐놓으려는 겁니까!"

신립의 호통에 이일은 입을 닫았다. 한마디 거들 줄 알았던 김여물과 이종장도 고개를 돌려 외면하고 있었다. 이곳에 도착해서 지겹게 벌인 논쟁을 되풀이할 생각은 없나 보다.

비슷한 시각, 조령

정찰병의 보고를 받은 고니시의 입가에 엷은 미소가 번졌다. 이번에도 쉽게 넘어간다니…. 하긴 이곳은 석현성을 무사히 통과한 데 비하면 아무것도 아니다. 여차하면 우회해버릴 수도 있었으니, 어차피 조선군이 이곳에 집착할 수는 없는 노릇이다. 고니시의 입장에서 달갑지는 않지만, 가토의 부대도 바짝 붙어 뒤따라오고 있을 터. 조령에서 고전하게 되면 가토의 부대에게 하늘재 쪽으로 우회해달라고 요청할 생각도 있었다. 그렇게 되었으면 시간이 끌릴 뿐 아니라, 가토 녀석에게 공을 세울 기회를 주는 꼴. 이제 이 모든 것이 부질없는 고민이 되어버릴 만큼 간단하게 해결되어버렸다.

고니시는 허리를 꼿꼿이 세우며 나직하게 명령을 내렸다.

"진군."

곧 조령 아래쪽은 병사들에게 명령을 전달하는 소리로 가득 찼다.

단월역

정찰병의 보고를 받고, 조선군의 진영을 주욱 둘러보던 신립은 김여물에게 혼잣말처럼 물었다.

"아무래도 무리겠지?"

김여물은 말없이 고개를 끄덕였다. 어색한 분위기를 깨보겠다는 듯 이일이 끼어들었다.

"어쩌시게요?"

신립은 가볍게 한숨을 내쉬며, 나오지 않는 말을 억지로 끄집어냈다.

"물러나야지요."

이일은 계속 캐물었다.

"여기서 물러나면 충주성 가는 길을 내주는 건데요. 거기 사람들 피란 도 안 갔다던데…."

신립은 끓어오르는 화를 누르며 대꾸했다.

"그럼 어쩌자고요. 무슨 대책이라도 있습니까? 공은 여기서 적을 막을 수 있다고 보는 거요? 눈앞을 좀 보라고요. 저 벌판에 이 숫자의 오합지 졸을 풀어놓고 왜놈들을 막아낼 자신이 있느냔 말입니다."

이일은 지기 싫다는 듯이 말을 이었다.

"그래서 어쩌실 거냐는 겁니다."

보다 못한 이종장이 나섰다.

"그래서 모시래들 쪽으로 끌어내서 막자는 겁니다. 충주성 쪽으로 가는 길은 내줄 수밖에 없겠지만, 지금 샛길 걱정할 상황이 아니지 않습니까. 우리 병력이 여기서 전멸하는 날이면, 충주성 걱정하는 것 자체가 쓸데 없는 짓이니까요. 그래서 모시래들 쪽에 진을 치자는 겁니다. 여기서 달 천을 따라 나가면, 이 좁은 길에서 넓은 벌판으로 나가는 병목지점이 있 습니다. 거기서 적을 맞으면 조금이라도 승산이 있습니다."

이일이 신립을 돌아보자, 이번에는 김여물이 나섰다.

"영감께서는 늦게 합류해서 못 들으셨겠지만, 충주에 와서 작전회의 할 때 대충 얘기가 된 겁니다. 어차피 병력이 부족하니 정면대결로는 안 될 터, 병목 앞에서 진을 치고 있다가 왜놈들이 좁은 길에서 넓은 벌판으로 나오면서 진영이 흐트러질 때 덮치자는 거죠."

답답한 표정으로 듣고 있던 신립이, 턱으로 기병들을 가리키며 마무리 지었다.

"그때 저들이 나서는 거지요. 왼쪽 측면에 저 부대를 배치하고 있다가, 왜놈들 주력부대가 벌판으로 나올 때 덮치게 하자는 겁니다. 왼쪽만 돌파할 수 있으면, 왜놈들 숫자가 아무리 많다 해도 달천을 등에 지고 갇히게 되는 거지요. 그러면 진영이 무너지게 되어 있어, 이렇게만 만들어놓을 수 있으면 가능성 있습니다."

"그게 마지막 희망이겠죠."

김여물이 퉁명스럽게 말을 받았다.

"할 수 있는 데까지는 해봐야 하지 않나!"

신립도 짜증스럽게 대꾸했다. 이걸로 대화는 끊겼다. 단월역에는 조선군 병사들에게 명령을 내리는 고함과 구령 소리만 울려 퍼지고 있었다.

모시래들

들판에 도착한 조선군 진영에는 이전까지 찾아볼 수 없던 긴장감이 감돌았고, 그걸 떨쳐내기라도 하듯 분주하게 움직였다. 신립 역시 상황을 점검하고 지시를 내리느라 바빴다.

"중군을 좀 더 전진시켜 배치해야 하지 않나? 저렇게 빠져 있어가지고서야 왜놈들 끌어들일 수 있겠어?"

지시를 받은 군관들도 병력을 배치하랴, 부대별로 임무를 숙지시키랴 정신이 없었다. 갑갑한 것을 참지 못하는 김여물이 제일 분주했다. 각 부대를 돌며, 마음에 차지 않는 점들을 지적하고 바로잡았다. 특히 중군의 군관들 앞에서 말이 많아졌다.

"…너희들에게 가장 중요한 임무는 적을 끌어들이는 것이다. 다시 강조하지만, 너희들에게 왜놈들 때려잡으라고 시키는 게 아니라는 말이다. 그저 왜놈들이 너희들을 보고 달려들게 상대만 해주면 된다. 너무 열심히 싸울 필요도 없고, 그래서도 안 된다. 왜놈들이 달려들면 슬슬 상대해 주면서 뒤로 물러서기만 하라는 거다. 너무 빨리 물러나지만 말아라. 너희들에게 달려드는 왜놈들이 다른 데 신경 쓰지 못하게만 하라는 거다. 알겠나?"

군관들의 복창과 함께, 그 지시는 다시 병사들에게 전달되며 복창이 이어졌다. 그러던 김여물이 왼쪽에 배치된 기병 부대 앞에 서면서부터는 말투가 달라졌다.

"이런 말 할 필요도 없겠지만, 너희만은 이 한심한 군대 중에서 유일하게 쓸 만한 부대다. 너희들만이 제대로 싸울 수 있고, 너희들만이 우리 모두를 구할 수 있다. 너희들이 측면을 돌파해서 왜놈들을 달천 쪽으로 몰아넣어야 한다. 그것도 우리의 한심한 오합지졸들이 버텨주고 있을 시간밖에 여유가 없다. 그럴 수만 있다면 희망은 있다. 그래야 우리 모두가 산다. 할 수 있겠나?"

500명이 내는 소리라고 믿어지지 않을 만큼 이들의 복창 소리는 컸다. 한참 떨어진 곳에 있던 신립이 이들의 복창 소리에 한 번 돌아볼 만큼 모시래들이 떠나갈 듯한 소리였다. 그렇지만 신립은 그런 것에 감동받고 있을 만한 여유가 없었다. 기병들의 함성이 들려오던 그 순간에도 이일에게 지시를 내리고 있었다. 신립은 기병들의 왼쪽 옆으로 솟아 있는 산을 가리키며 말했다.

"아무래도 저 산 쪽이 걸린단 말입니다. 공이 본 대로 왜장들의 수준이 높다면 저 산 쪽으로 병력을 침투시키지 않을 리 없을 테니까요. 그러니 공이 저 산 쪽을 지키고 있어주시오. 물론 사정을 잘 알 테니, 많은 병력을 줄 수 없습니다. 그래도 최대한 버티어주어야 합니다. 만약 버틸 상황이 되지 않으면, 어느 정도 병력이 침투하는지라도 파악해서 신호를 해주시오. 무슨 뜻인지 알겠지요?"

이일은 말없이 고개를 끄덕였다. 신립은 그런 이일을 재촉했다.

"서둘러주시오."

이일은 가볍게 인사를 하고, 자신에게 배정된 병사들을 이끌고 산 쪽으로 달려갔다. 잠시 그 모습을 지켜보던 신립은 또 다른 지시들을 내리느라 바빠졌다.

결전

4월 28일 이른 새벽, 고니시의 부대는 동이 트자마자 문경을 출발했다. 몇 시간도 되지 않아 안보역安保驛을 통과했고, 정오 즈음에는 단월역에 다다를 수 있었다. 단월역이 보이는 곳까지 진군한 일본군 진영에는 활기가 감돌았다. 여기에도 방어에 나서는 군대가 없다. 이렇게 형편없는 조선과의 전쟁에 이기지 못하면 이상한 일이다. 분위기를 느낀 요시토시가 말을 꺼냈다.

"가토 장군께 전령을 보내야 하지 않을까요?"

고니시도 고개를 끄덕였다.

"보내게. 혼란이 일어나면 안 되니, 간격을 유지해달라고 확실히 말해놓도록."

요시토시는 씩 웃으며 뒤로 빠졌다. 곧 전령을 찾아 명령을 내리는 소리가 시끄럽게 들려왔다.

그런데 요시토시가 전령을 찾아 가토에서 보내던 시점에 정찰병이 돌아왔다. 그 보고를 받은 고니시의 표정은 다시 냉정하게 굳어졌다.

"정지."

갑작스러운 정지 명령에 일본군 진영이 약간 술렁였지만, 고니시는 아랑곳하지 않고 지도를 훑어보며 지시를 내렸다.

"조선인 길잡이를 불러라."

행군이 정지되었다는 점을 깨달은 요시토시가 곧바로 달려왔다.

"무슨 일입니까?"

고니시는 요시토시의 물음을 무시하고, 중얼거리듯 말했다.

"적장 이름이 신입석이라고 했던가?"

"뭐, 비슷한 이름이었던 것 같습니다만…."

"조선에서는 명장이라 이름이 높다지?"

"그래봤자 이 상황에서 뭘 어쩌겠습니까?"

고니시는 이번에도 대답하지 않았다. 그때 고니시가 불렀던 조선인 길잡이가 오며 어색함을 깨주었다. 고니시는 자신의 앞에 꿇어앉아 눈을 굴리던 조선인 길잡이에게 물었다.

"이곳에서 한양으로 가는 길에 대해 소상히 말해보라."

통역으로부터 고니시의 말이 전달되자, 조선인 길잡이가 갑자기 수다스러워졌다.

"여기서 한양으로 가려면유, 강을 따라 산 왼짝으로 돌아나가야 되유. 그렇게 쭉 가면 좀 이따 들판이 나오구유, 강을 따라 들판을 거슬러 올라가서 끝에 있는 나루를 건너는 길이 한양 가는 길이구먼유."

"저 앞의 샛길은 충주성으로 통하나?"

"그렇구먼유. 그런데 길이 좁아서 한꺼번에 많은 사람이 가기는 좀 어렵구유."

조선인 길잡이의 말을 듣고 난 고니시는 잠깐 생각에 잠기더니 곧 명령을 쏟아냈다.

"아리바, 오무라, 고지마는 저 샛길로 부대를 이끌고 충주성을 점령하라. 충주성을 점령하면 곧바로 전투에 합류하라. 좀 서둘러야 할 것이다.

요시토시. 우군右軍이 이번 전투에서 가장 중요한 역할을 해야 하니 자네가 직접 지휘하게. 일부 부대로 하여금 산을 수색하면서 조선군이 있으면 몰아내고 들판이 보이는 데까지 진출해야 한다. 거기에 조총부대 배치를 확실하게 해야 하네. 목표 지점까지 진출하면 반드시 신호를 보내 알려라. 그리고 나머지 부대는 앞장서서 진군하다가 들판이 나오면 조선군과의 접전을 피하고 오른쪽으로 전개하라.

아쓰우라. 좌군左軍을 맡아 요시토시의 부대가 오른쪽으로 전개를 끝내면, 자네 역시 조선군과의 접전을 가급적 피하면서 왼쪽으로 전개하는 데 주력하라."

지시를 받은 고니시의 부장들은 복창을 하고 자신의 부대 쪽으로 달려갔다. 자신의 부대에 명령을 전달하면서도 마지막까지 고니시의 곁에 남은 요시토시가 다시 물었다.

"어쩌실 생각이십니까?"

"신입석이 저 너머 들판에 진을 치고 있다."

"적의 병력이 심각하게 걱정해야 할 상황입니까?"

"그렇지는 않다. 적병은 그리 많지 않다는 보고다."

"그런데 왜…."

"신입석도 나름 명망 있는 장수다. 그런 자를 상대로 섣불리 들판으로 쏟아져 들어가다가는 낭패를 볼 수 있다. 지형을 보니 좁은 길에서 넓은 들판으로 나아갈 때 아무래도 우리 진영이 흐트러질 텐데, 그때를 노리고 들어오겠다는 속셈일 거다."

"그리되면 어찌하실 생각이십니까?"

"신입석이 기병을 잘 다룬다고 들었다. 우리가 들판으로 나가면 조선 기병이 우리 오른쪽 측면을 뚫으려 할 거다. 이쪽이 뚫리면 우리는 강 쪽으로 밀리며 포위될 테니까."

"그래서 산 쪽에 조총부대를 배치하라고 명령하신 겁니까?"

"그렇다. 자네에게 우군을 맡긴 이유도 여기에 승부가 걸려 있기 때문이다. 조총부대가 일단 기병의 돌파를 저지한 다음, 자네 부대가 곧바로 반격해야 한다. 조선 기병들이 퇴각했다가 다시 말에 탄력을 붙여 돌격할 수 있는 공간을 빼앗아야 하니까. 조총부대를 너무 높은 곳에 배치하면 사격이 안 될 테니, 좀 얕은 곳까지 내려와서 배치시켜야 하는 건 잘 알고 있겠지?"

당연한 말까지 강조하는 걸 보니 긴장하고 있나 보다. 쓸데없이 말이 많아진 자신을 느낀 고니시는 그걸 떨쳐내듯 큰 소리로 명령을 내렸다.

"길을 따라 진군하되, 너무 서두르지 마라."

산 위에서 서성거리던 이일은 갑작스럽게 인기척을 느꼈다. 그와 함께 왔던 병사들은 명령을 내리기도 전에 이미 몸을 낮추어 숨었다. 부스럭거리는 소리가 가까워지다가 이윽고 일본군 병사들의 모습이 드러났다. 말과 함께 몸을 낮추던 이일은 순간적으로 고민했다.

저것들을 잡아야 하나? 아니면 빠지면서 본대에 신호부터 보낼까? 그의 고민은 길지 않았다. 조선군 병사 하나가 너무 가깝게 다가온 일본군 병사를 찔러버린 것이다. 어차피 들킬 수밖에 없는 상황이었으니…. 다음은 더 생각할 것도 없었다. 찔린 일본군 병사의 비명과 함께 조선군 병사들이 몸을 일으켜 주변의 일본군 병사를 공격했다. 이일도 몸을 일으켜 찔린 병사를 뒤따르던 일본군 병사에 활을 겨누어 쏘았다.

가까이 다가왔던 일본군 병사들은 그렇게 제압되었다. 일본군을 해치운 병사들이 이일을 돌아보며 명령을 기다렸다. 그는 일본군 시체 옆에 서 있던 병사에게 목을 따 수급을 거두라고 손짓을 하고는, 본대에 신호를 보내려 몸을 돌렸다.

그런데 갑자기 일본말로 고함지르는 소리가 들렸다. 앞의 녀석들은 첨병이고, 뒤따라오는 녀석들이 더 있었던 것이다. 막 목을 끊어낸 병사는 수급을 이일에게 던졌고, 얼떨결에 수급을 받아든 이일은 더 생각할 사이도 없이 말을 달리기 시작했다.

다시 모시래들 조선군 진영

병력을 배치할 때에는 매우 분주했지만, 막상 끝나고 나니 기다리는 것이 지루하게 느껴졌다. 일본군은 생각보다 일찍 나타나주지 않았다. 이일을 배치해놓은 산 쪽에도 무슨 일이 있는 것 같지만, 도통 소식이 없다. 답답해진 신립이 전령을 보내려 부관을 부르려 할 때, 앞쪽 병사들의 외침이 들려왔다.

"왜놈들이다!"

신립은 하려던 일을 잊고 전투에 집중하기로 했다.

"중군 앞으로. 너무 빠르지 않게."

신립의 명령이 전달되며 조선 중군이 움직이기 시작했다. 잘되려면 왜놈들이 앞뒤 가리지 않고 이 부대에 달려들어 주어야 하는데…. 신립은 초조한 마음으로 전선을 주시했다. 그렇지만 바람과 달리 일본군이 섣불리 달려들어 주지 않는다. 적장도 바보는 아닌가 보다. 이일의 말이 틀리지는 않았다.

일본군은 들판에 들어서면서 전진보다는 전개에 신경 쓰고 있음이 뚜렷하게 보였다. 부대가 옆으로 전개하기만 할 뿐, 중앙의 접전에 응해주지 않는다. 낭패라는 생각이 머리를 스치는 순간, 조선 중군은 이미 접전이 벌어지리라고 생각했던 지점에 접근하고 있었다. 신립은 순간적으로 망설였다. 적이 이미 눈치 채고 있는 것 같은데, 차라리 중군을 더 빠르게 전진시켜 적을 양분시켜버릴까? 그렇지만 이내 마음을 고쳐먹었다. 오합지졸들에게 결정타를 기대하기는 무리다. 더욱이 이런 부대가 원래 작전과 다른 명령을 받으면 혼란에 빠지기 쉽다. 그는 결심하고 다시 명령을 내렸다.

"중군 좀 더 천천히."

그 시각, 고니시 진영

예상대로 조선군은 들판으로 나가는 출구에 학익진鶴翼陣을 치고 있었다. 고니시의 얼굴에 엷은 미소가 떠올랐다. 이제 곧 중군이 전진해오겠지. 아니나 다를까 조선군 중앙이 슬슬 전진해오고 있었다. 고니시의 명령도 빨라지기 시작했다.

"우군부터 전개. 다음 좌군. 신속하게 전개하되 조선군과의 접전을 최대한 피하라. 중군은 전개되는 대로 조선군의 도전에 응전하되, 조선군이 밀리는 것처럼 보여도 섣불리 추격해서는 안 된다."

일본군의 전개를 지켜보며 다가오던 조선 중군의 진격이 늦춰졌다. 눈치를 챈 건가? 지켜보고 있는 동안 우군과 좌군의 전개가 대충 끝나가고 있었다. 이제 자신이 직접 지휘하는 중군이 자리를 잡을 때다. 조선군의 진격이 늦춰지는 틈을 타 일본 중군은 신속하게 배치되었다.

신립 진영

일본군이 전개하는 모습을 지켜보던 신립은 가볍게 한숨을 내쉬었다. 쉽게 걸려들 거라고 생각하지는 않았지만, 훨씬 더 어렵게 되었다. 적장 역시 보통은 넘는 수준이다. 아군의 유인이 먹히지 않는다면 이제 결단을 내려야 한다. 그때 신립의 눈에 일본 중군이 들판으로 진입하는 장면이 들어왔다.

이제 승부를 걸어보자. 신립의 왼손이 높이 올랐다가 일본군의 오른쪽을 향해 쭉 펴졌다. 곧 북소리와 함께 수기手旗들이 펄럭였고, 조선군 기병이 내달리기 시작했다. 기병의 앞쪽에 나서 있던 보병들은 옆으로 물러서며 길을 내주었다.

맞은편에 있던 고니시의 눈에도 오른쪽에서 일어나는 흙먼지가 들어왔다. 드디어 승부를 걸어오는군. 고니시도 오른쪽을 향해 손을 쭉 뻗었다. 일본군 진영에서도 다급하게 수기들이 펄럭였다. 그리고 잠시 후 산쪽에서 요란하게 조총소리가 울렸다. 그와 함께 앞줄에 섰던 조선군 기병 몇 명이 쓰러졌다. 동시에 뒤를 따르던 조선군 기병들은 들고 있던 철궁을 산 쪽에 대고 쏴대기 시작했다.

"그쪽에 쏴대면 어떡하나!"

기병을 지휘하던 조선군 군관의 고함이 터졌다. 왜놈들 진영을 돌파하며 쏴야 할 화살을 보이지도 않는 산에다 쏴버리다니. 얻어맞고 응사하는 거야 본능에 가까우니 어쩔 수 없겠지만, 이걸로 상황이 곤란해져버렸다. 화살은 다시 재면 그만일지 몰라도, 산 쪽에 신경 쓰면서 말이 달리던 탄력은 다 죽어버렸다. 화살 재려고 멈칫대면 돌파할 힘이 나올 리 없다. 그는 결단을 내렸다.

"퇴각해서 전열을 정비한다."

그의 신호를 받은 조선군 기병의 대열이 뱀처럼 휘어지며 자기 진영을 향했다. 그와 함께 일본군 진영에서 함성이 터졌다. 퇴각하는 기병의 뒤를 쫓아 일본군 병사들이 돌격해 들어온 것이다. 자기네 기병에 길을 열어주다 다시 대열을 정비하던 조선 좌군의 보병들은 우왕좌왕하고 있다. 원래 오합지졸이니…. 그들은 돌격해온 일본군에 속절없이 밀리며 무너지고 있었다.

"왼쪽을 막아야 한다!"

상황을 지켜보던 신립의 목소리도 다급해졌다. 자리를 지키라는 조선군 군관들의 고함소리가 사방에서 터져 나왔지만, 조선군의 왼쪽 진영이 무너지는 것을 막지는 못했다. 북소리와 함께 조선군의 수기가 퇴각하는 기병을 향해 다급하게 펄럭였다.

그 신호를 본 조선군 기병 지휘관의 입에서 쌍욕이 튀어나왔다. 말에 탄력을 붙일 수 있는 지점까지 아직 멀었는데, 벌써 재돌격 명령이라니. 욕을 내뱉으면서도 어쩔 수 없이 방향을 틀던 그의 눈에 자신들의 뒤쪽에서 일어나고 있는 상황이 들어왔다. 젠장. 이제 돌파하느냐 마느냐는 문제가 아니다. 무리라는 걸 뻔히 알면서도 선택의 여지가 없다. 그는 말을 돌려 박차를 가하며 소리쳤다.

"돌격!"

조선군 기병은 전열을 제대로 정비도 못한 채 다시 돌격해오는 일본군을 향해 내달렸다. 곧 조선군 기병이 발사한 화살이 일본군 지영으로 날았고, 화살에 맞은 일본군 병사 몇이 쓰러졌다. 그러나 그것뿐이었다.

일부 병사들이 쓰러졌음에도 일본군 진영은 흐트러지지 않았다. 그들의 진영은 조선군 기병이 다가오자 방패를 땅에 꽂으며 벽처럼 굳어졌다. 탄력도 제대로 붙이지 못한 조선군 기병들은 단단한 벽에 부딪친 것처럼 일본군 진영 앞에서 멈춰졌다. 몇몇 기병은 이미 일본군의 미늘창에 걸려 말과 함께 쓰러지고 있었다. 어서 벗어나야 한다.

"퇴각!"

조선군 기병 지휘관은 고함과 함께 박차를 가하며 후방을 향해 내달렸다. 병사들이 그의 뒤를 따르고 있었지만, 벌써 많은 병사들이 희생당했음을 느낄 수 있었다. 그래도 빨리 벗어나는 것 이외에 선택의 여지는 없다. 후방으로 달려 나오는 조선군 기병을 향해 콩 볶는 듯한 소리와 함께 조총 탄환이 덮쳤다.

게다가 얼마 달려 나오지도 못했는데, 또다시 돌격 신호가 울렸다. 돌아보지 않아도 상황을 짐작할 수 있다. 그들이 진영을 정비할 시간을 벌어줄 부대가 있을 리 없으니까. 대열을 돌리면서 아까보다 일본군이 훨씬 가깝게 다가와 있음을 알 수 있었다. 안 되는 걸 알지만 다시 돌격하는 수밖에.

상황을 지켜보던 신립의 억장도 무너져갔다. 이일 이 새끼. 이런 일이 있을 것 같아서 산에 배치한 것인데, 아무 신호도 보내주지 않았다. 이일이 죽었을지 모르겠다는 생각도 머리를 스쳤지만, 지금 그런 거나 걱정하고 있을 상황이 아니다.

돌파를 해야 할 왼쪽 측면의 진영이 무너져 오히려 아군이 강을 등지고 포위될 상황이다. 이제 일본군은 왼쪽뿐 아니라 오른쪽 측면까지 돌파하고 있다. 신립은 다급하게 명령을 내렸다.

"중군 퇴각!"

명령이 전달되자 조선 중군은 일본군이 적극적으로 쫓지 않는데도 빠르게 물러났다. 이건 퇴각이 아니라 도주 수준이다. 조선군 병사들 중 일부는 무기를 내던지고 주저앉아 달려오는 일본군 병사를 붙들고 살려달라고 애원하기도 했다. 그 꼴을 보던 신립은 속으로 혀를 찼다. 저렇게 하면 살려주고 싶어도 살려줄 수가 없겠다. 아닌 게 아니라 그런 병사들은 퇴각하는 조선군을 추격하기 위해 뿌리치고 진군하는 일본군 병사들에게 짓밟히고 있었다.

"후퇴와 도주도 구별 못 하나!"

소리는 질렀지만, 효과가 나타날 리 없다는 점 이미 깨닫고 있었다. 차라리 도망이라도 좋으니 빨리 물러나주는 편이 낫겠다는 생각까지 들었다. 무너지는 왼쪽 측면을 막으려면 어떻게든 전선을 좁혀서 왼쪽으로 돌릴 병력을 뽑아내야 하니까. 그렇지만 여유가 없다. 왼쪽 측면이 너무 빨리 무너지고 있어, 무리인 줄 뻔히 알면서도 또 급하게 기병들에게 다시 돌격하라는 명령을 내리고 있다. 그런데 무너지는 조선군의 왼쪽 측면에 또 다른 일본군 부대가 나타나 가세하고 있었다.

상황을 지켜보던 고니시의 입가에 엷은 미소가 번졌다. 이제 승기를 잡았다. 안 그래도 붕괴 상태인 조선군의 왼쪽 측면에 먼저 충주성으로 진격시켰던 부대가 합세하고 있는 상황이 들어왔다.

"우군. 부대 간격 유지에 신경 써라. 신속하게 밀어붙이는 것도 좋지만 아군끼리 혼선이 생겨서는 안 된다."

상황이 좋으니 크게 신경 쓰지 않아도 될 것까지 잔소리를 하게 된다. 고니시 스스로 쓴웃음이 나올 만큼 조선군 진영은 치밀한 명령이 필요 없을 정도로 무너져가고 있었다.

신립의 얼굴은 낭패감으로 굳어갔다. 중군을 후퇴시키고 있지만, 양쪽 측면은 너무 빠르게 무너져가고 있다. 이미 조선군은 강 쪽으로 밀려나 있었다. 신립은 급하게 김여물을 불렀다.

"여물이 자네만은 살리고 싶네. 지금 나루 쪽으로 빠져나가면 탈출할 수 있어. 어서 서두르게."

김여물은 씩 웃었다.

"제가 살고 싶어 하는 것 같습니까?"

"자네 생각 묻지 않았다. 어서 탈출하란 말이야. 누군가는 보고를 해야 할 것 아닌가!"

신립이 소리를 질렀지만 김여물은 대꾸하지 않고 적진을 향해 내달렸다. 그의 모습은 곧 얽혀 있는 병사들 사이로 사라져갔다. 신립은 활을 꺼내들고 눈에 띄는 일본군을 향해 날렸다. 화살이 다 떨어지자, 왕이 내려준 보검을 뽑아 들었다. 이제 마지막이다.

전투는 이제 거의 끝나가고 있었다. 조선군은 완전히 포위되어 강 쪽으로 밀려갔다. 뒤쪽의 조선군 병사들은 이미 강으로 밀려 빠져 들어가고 있었다. 앞쪽의 조선군은 일본군에 짓밟히고 있으니, 줄 잘못 섰다고 원망할 상황도 아니다. 이제는 전투가 아니라 소탕 단계일 뿐이다. 곧 전장에 울리던 아우성 소리도 잦아들어갔다.

그 시각, 백성들처럼 옷을 갈아입은 이일은 나루를 건너고 있었다.

얼마 후, 고니시 진영

그레고리오 세스페데스^{Gregorio de Cespedes} 신부는 왁자지껄한 소리에 고개를 돌렸다. 일본군 병사 몇몇이 포로로 잡은 조선군 군관 하나를 묶어 고니시의 동생 루이스에게 끌고 오고 있었다. 한동안 조선군 군관을 쳐다보던 고니시 루이스는 그에게 말을 걸었다. 그러나 조선군 군관은 일본말을 알아듣지 못하는 듯, 멍하니 쳐다보기만 할 뿐 반응을 보이지 않았다. 루이스는 급하게 통역을 찾았지만, 혼란스러운 전장에서 쉽게 찾아 데려올 수 없었다.

루이스의 부하 하나가 서툰 조선말로 더듬거리며 살려주고 싶다는 말을 전했다. 그래도 말뜻을 못 알아듣던 조선인은 묶여 있던 포박을 풀어주자 그제야 알아들은 듯 쓴웃음을 지으며 고개를 가로저었다. 루이스는 답답한 듯 직접 나서서 손짓 발짓까지 동원하며 죽이고 싶지 않다는 뜻을 전하려 했다. 그래도 조선인은 루이스의 뜻을 받아들이려 하지 않았다. 잠깐 세스페데스 신부를 쳐다보던 조선인은 곧 자신의 목을 가리켰다. 한동안 딱한 표정으로 그를 쳐다보던 루이스가 한마디를 뱉었다.

"죽여줘라."

말을 마치고 돌아서던 루이스는 신부를 발견하고 한마디를 건넸다.

"세상이 마음 같지 않네요."

"전쟁이라는 게 원래 그렇지요. 전투는 힘들었나요?"

루이스는 픽 웃었다.

"쉽게 이겼다고 쉬운 전투는 아니죠."

대화를 하던 루이스는 신부가 기록을 남기고 있다는 점을 의식한 듯,

한마디 던졌다.

"조선군이 8만쯤 되었다고 적어주슈."

신부는 말없이 미소를 지어주었다.

(프로이스Luís Fróis의 『일본사Historia de Japam』를 참고하여 구성했다. 세스페데스는 고니시를 따라

임진왜란에 참가한 종군신부이고, 프로이스는 일본에서 선교활동을 한 포르투갈 출신 예수회

선교사로서, 임진왜란에 관한 귀중한 기록을 남겼다.)

얼마 후, 용인

왜군 쪽에서 요구한 화친의 표식, 붉은 깃발을 들고 왜군 진영을 향해
발걸음을 옮기는 이덕형의 마음은 무거웠다. 이들에게 침범한 까닭을 물
으며 화친을 유도해보자는 전략이지만, 지금 전황을 보니 일이 그렇게
쉽게 풀릴 상황 같지가 않다. 잘못하면 이번에 살아 돌아오지 못할 수도
있다.

그때 이덕형 일행 쪽으로 전령 하나가 내달리고 있었다. 불길한 생각이
든 이덕형은 그 전령을 향해 소리쳤다.

"나 동지중추부사同知中樞府事 이덕형이다. 어떤 소식을 전하러 달려가는
전령인가?"

온몸에 피를 뒤집어 쓴 전령은 악을 쓰듯이 소리를 지르며 지나쳐갔다.

"신립 장군이 패전했소. 어서 도성에 알려야 합니다."

그 말을 들은 이덕형은 발길은 멈추었다. 전령의 말대로라면 아군을 물
리치고 승기를 잡은 왜적이 군이 화친을 할 것 같지 않다. 이대로 가면 아
무 성과도 거두지 못하고 개죽음만 당하는 것이 아닐까? 이덕형은 경응

순을 불렀다.

"신립 장군이 패했다고 하니, 이대로 가봐야 뭐가 될 것 같지 않다. 그러니 먼저 네가 가서 상황을 살피고 어찌했으면 좋을지 결정하기로 하자."

경응순은 난감한 표정을 지었다. 힘없는 게 죄지. 높은 작자들은 위험한 상황이 벌어지면 항상 아랫것들 먼저 보내 간을 보고서야 움직인다. 그런 꼴 신물이 나지만, 그렇다고 싫다고 할 수도 없는 노릇이니….

"알겠습니다."

간단하게 대답한 경응순은 달려 나아갔다. 그리고 한참이 지났지만, 경응순은 돌아오지 않았다. 일이 틀어진 게 분명하다. 이덕형은 미련 없이 발길을 돌렸다. 얼마 후 소문이 돌기 시작했다.

'왜倭가 장차 이덕형을 강제로 옹립하여 왕으로 삼고, 김성일을 정승으로 삼을 것이다.'

황당한 이야기였지만, 이 소문은 걷잡을 수 없이 퍼져 나아갔다. 특히 왜적이 아직 닿지 않은 북쪽 지방에 심하게 퍼졌다.

같은 날, 한양

아침부터 관상감觀象監에서 '화성火星이 남두南斗를 범했다'라는 보고가 올라왔다. 선조는 짜증이 났다. 이게 재앙이나 변란의 조짐이라는 것인데, 이미 난리가 터진 것을 모르는 놈도 있나? 이런 내용을 난리 터지기 전에 미리 얘기했으면 몰라도, 모르는 놈이 없게 된 다음에야 하늘의 섭리 운운하면서 뻔한 사실을 들이민다. 이런 거나 알리면서 녹봉을 축내고 있으니, 네놈들 녹봉 주도록 세금 내는 백성들이 불쌍하다.

그렇지만 짜증을 내고 있을 여유도 별로 없었다. 저녁때가 다 되어갈 즈음, 충주에서 신립의 부대가 패전했다는 보고가 들어왔다. 이제 어쩔 수가 없나 보다. 선조는 대신과 대간을 불러 모은 다음 피란에 대한 말을 꺼냈다. 그러자마자 대부분의 대신들이 안 된다고 난리를 친다. 곧 종친들까지 몰려와 통곡하며 난리친다.

김귀영金貴榮 같은 놈은 '도성을 버리자고 하는 자가 소인배'라고 목소리를 높인다. 도성을 지키면서 원군援軍을 기다리란다. 이놈아 버리고 싶어서 버리는 줄 아냐? 도대체 원군이 어디서 온다고 저 따위 소리를 하는지…. 우승지 신잡申磼이 놈은 '집에 팔십 노모가 계시니 종묘 대문 밖에서 자결할지언정 전하의 뒤를 따르지 못하겠'단다. 수찬 박동현朴東賢은 '일단 도성을 나가시면 인심은 보장할 수 없으니 전하의 연輦을 멘 인부도 길모퉁이에 연을 버려둔 채 달아날 것'이란다. 그러면서 합창을 하듯이 목 놓아 통곡한다.

선조는 '따라오든지 말든지 알아서 하라'라고 소리 지르고 싶은 충동을 꾹 참고 내전으로 들어가버렸다. 도성을 버리면 안 된다는 소리를 하는 놈은 많지만, 도성을 지킬 수 있는 방법을 내놓는 놈은 없다. 언제나 이 모양이었지. 대책도 없으면서 지들 원하는 대로 해내라고 악을 쓰는 꼴, 더는 못 보겠다.

그래도 영의정 이산해는 옛날에도 피란한 사례가 있다고 말하며 설득을 해보려 한다. 그랬더니 웅성거리던 놈들이 피란 이야기를 꺼낸 이산해를 파직시키라고 난리를 친다. 바른말을 한다는 양사兩司에서 앞장선다. 이것들은 이 와중에도 다른 사람 자를 생각만 한다. 나도 너희 같은 놈들 원하는 대로 못 하겠다. 에라, 전교傳敎나 내려서 적당히 무마해보자. 선조는 이산해에 대한 파직 요청을 거부해버리고, 한마디 했다.

"세성歲星(목성)이 있는 나라를 치는 자는 반드시 그 재앙을 받는다고 하였는데 이제 세성이 연분燕分에 있으니 적은 반드시 자멸할 것이다."

세성은 불길한 징조를 보여준다고 하니, 일단 던져놓고…. 선조는 백성들을 달래는 전교를 써 내려갔다. 그리고 선정전宣政殿에 나가 징병체찰사徵兵體察使 이원익李元翼과 최흥원崔興源 등을 만났다. 이원익이 안주安州에 부임했을 적에 관서 지방의 민심을 얻어두었다고 하니…. 선조는 이원익에게 당부했다.

"경은 평안도로 가서 인심을 수습하라. 적병이 경성京城 가까이 오면 관서로 파천해야 한다. 무슨 뜻인지 알겠는가?"

내가 그쪽 지방으로 갈 때 반란이라도 일어나지 않도록 수습 잘해두라는 얘기다. 불편하지 않게 준비도 좀 잘해놓고…. 비슷한 말을 최흥원에게도 해두었다.

두 사람이 명을 받은 다음 물러가자, 신잡이 들어왔다. 세자를 세워 민심을 수습하자고 한다. 선조는 솔깃했다. 아무래도 도성을 지키기는 무리일 것 같은데, 자신이 도성을 떠나고 나면 누군가 남아서 수습해야 한다. 그럴 경우, 다음 왕이 될 세자만큼 적합한 사람도 없다. 그동안 미루어오던 세자 책봉, 지금 해놓고 부담을 나누어두는 것도 나쁘지 않겠다. 주서注書와 사관史官 같은 측근들도 다 좋다고 한다. 그래도 대신들과 의논은 해야겠지? 선조는 승지에게 물었다.

"대신들은 빈청賓廳에 있는가?"

당연히 그렇다고 한다. 그러면 옷만 갈아입고….

"편복便服을 입고 대신을 만날 수 없으니 내전으로 들어가 옷을 갈아입은 후에 만나겠다."

그랬더니 신잡이 놈이 옷자락까지 잡고 늘어진다. '이럴 때 작은 예절에 얽매여서는 안 된'단다. 이놈이 왜 이리 서두르나? 하긴 급하긴 급하다.

"그렇다면 대신들을 불러들이라."

신잡이 주서를 시켜 대신들을 불렀는데, 이것들이 주저주저한다. 사관들이 채근을 하고 나서야 제대로 자리를 잡고 앉는다. 일단 물어보기나 하자.

"경들은 세자로 누구를 세울 만하다고 생각하는가?"

이것들이 몸 사린다. 자기들이 '감히 아뢸 바가 아니고 마땅히 성상께서 스스로 결정하실 일'이란다. 하긴. 정철이 놈이 이 얘기 하다가 불벼락을 맞았으니 눈치를 볼 만도 하다. 그래도 그렇지, 지금이 보통 시국이냐? 밤늦게까지 이 일로 신경전만 하다 보니 이산해가 물러가려 한다. 그랬더니 신잡이 '오늘은 기필코 결정이 내려져야 한다'라고 막는다. 사실 지금 이런 일로 신경전 하면서 시간 보낼 때가 아니다.

그러면 누구로? 당연히 광해군光海君이다. 신성군은 너무 어리고. 임해군臨海君이나 순화군順和君 놈은 못된 짓을 너무 많이 하고 다녔다. 그에 비하면 광해군은 성인군자지. 그래 이놈을 세자로 책봉해놓고 한시름 덜자. 선조는 그제야 속을 드러냈다.

"광해군이 총명하고 학문을 좋아하여 그를 세워 세자로 삼고 싶은데 경들의 뜻에는 어떠한가?"

대신들은 반대하지 않았다. 곧 광해군에 대한 세자 책봉식이 거행되었다. 인장과 교서도 없이 정말 조촐하게.

4월 29일 저녁

순변사 군관의 종이라는 것들이 가족들을 피신시키러 오면서 떠벌리는 바람에 패전 소식이 도성 안에 다 퍼져버렸다. 이제는 별수 없이 피란을 가야 할 것 같다. 선조는 재상들을 불러 피란 대책을 논의했다. 명색이 임금인데, 바깥채에 나와 촛불을 켜고 앉아 있으려니 신세가 처량하다. 그래도 하원군河原君과 하릉군河陵君은 자리를 지켜준다.

대신들이 모여 피란을 의논하는 데에도 말이 많다. 이산해는 평양으로 가자 하고, 이항복은 중국에 구원을 요청하자고 한다. 장령掌令 권협權俠 놈은 이런 와중에도 도성 지켜야 한다고 똥고집 부린다. 그래도 이번에는 대신들이 말려준다. 지 놈이 그러거나 말거나 대책이 없다는 걸, 대신들도 깨달은 모양이다.

피란 가는 방향으로 결정이 나자, 이제는 군말 없이 움직인다. 왕자들은 지방으로 파견하여 근왕병勤王兵을 모으도록 하고, 왕자의 처가나 현지를 잘 아는 사람을 참모로 붙여주었다. 거기까지 처리한 선조의 눈빛이 잠시 번득였다. 그리고 바로 선조의 명이 떨어졌다.

"류성룡에게 도성을 지키도록 하라."

김성일이 놈 싸고돌아 이 꼴 만든 책임, 이렇게 한번 져봐라. 나름대로 시원하다고 생각하고 있는데, 이항복이 상소를 올렸다. 앞으로 중국과 교섭해야 할 텐데, 그럴 만큼 유능한 신하는 류성룡밖에 없다고 한다. 도성에 남겨두면 패장밖에 안 될 것이니, 인재를 그렇게 쓰면 안 된단다.

젠장. 패장 되라고 이러는 건데…. 조정에 사람이 그렇게 없나. 능력되는 놈이 류성룡밖에 없고 말고가 문제가 아니다. 이런 상황에서 측근들 마음마저 떠나면 정말 의지할 데가 없다. 왕이라고 마음대로 한 것도 얼마 되지 않았으니…. 에라, 팔자가 그런가 보다 하고, 하자는 대로 하자. 선조는 도성 방어책임을 이양원에게 맡기는 걸로 바꾸고 피난길에 나섰다.

그런 와중에 이일의 장계가 도착했다. 그러나 궁중을 지키던 자들마저 모두 사라져버리는 바람에, 경루東漏조차 울리지 않아 시간도 알 수 없다. 게다가 어두워 무슨 내용인지 읽을 수도 없다. 선전관청에서 횃불을 얻어다가, 겨우 이일이 올린 장계를 읽었다. '적이 금방 도성에 들이닥칠 것'이란다. 이젠 정말 서둘러야 한다.

4월 30일 새벽

선조는 결국 피난길에 나섰다. 세상이 불안하니 별소리가 다 돈다. 벌써 '형혹성熒惑星(화성)이 또 남두를 범하였다'느니 '도성 안에서 나쁜 새들이 서로 화답하듯이 울어댔다'느니 하는 말들이 돈다. 하필 상림원上林苑에서 더 많이 울어댔다고 하는 건 또 뭔지….

나를 지키라고 뽑아놓은 호위병들까지 달아나느라고 정신이 없다. 돈의문을 지나 사현(무악재)에 닿을 무렵 동이 트기 시작했다. 성안의 남대문 쪽에서 불이 났는지, 연기가 하늘로 치솟고 있다.

5월 8일, 직산稷山 부근

금부도사는 아직도 황당한 마음을 가라앉히지 못하고 김성일을 힐끔힐끔 훔쳐보았다. 엊그제만 해도 잡아다 국문하라는 명을 받고, 언제 왜군에게 휩쓸릴지 모르는 경상도까지 내려와 잡아낸 김성일이다. 그런데 직산쯤 닿으니, 한양으로 압송하기도 전에 도로 경상도 초유사招諭使(조선시대 난리가 났을 때 백성들을 안정시키는 책임을 맡은 임시 관직)로 삼으라는 명령을 받았다. 경상도 지방에서 신임이 두텁다나? 그것이 죄를 용서해주는 이유란다. 졸지에 죄인에서 경상도 안의 인심을 수습하고 군사를 정비하는 수장으로 처지가 뒤바뀐 셈이다. 김성일의 처지가 이렇게 뒤바뀌는 바람에, 그 자리 메우느라 함안군수 유숭인柳崇仁도 병사兵使로 영전榮轉했다.

세상 요지경 속이라지만… 사실 이 난리가 난 데에는 저 작자가 전쟁 나지 않는다고 큰소리친 것이 단단히 한몫을 하고 있다는 점, 알 만한 사람은 다 안다. 그래서 이제야 잡아서 물고를 내나 했더니, 그게 며칠도 못가서 뒤집힌다. 누구 장난일까? 좌상 류성룡의 작품이라는 말이 귀에 들어온다. 그 정도 위치에 있어야 이런 장난을 칠 수 있겠지.

김성일 저 작자, 잡으러 왔을 때도 정말 가관이었다. 경상감사 김수라는 놈이 장단을 맞춰주니 혼자 보기 아까웠다. 김수 놈은 뭘 잘한 게 있다고 잡혀가는 김성일을 길가까지 따라와 작별 인사를 하는지…. 하긴 이런 놈이니, 우복룡이 건방지다고 하양 군사들 죽여놓은 사건을 반란 진압했다고 보고했겠지. 엊그제 있었던 사건이라는데 소문은 벌써 파다하다.

김성일이 놈은 한술 더 떠서 비통한 눈물까지 흘렸다. 사정 모르는 사람이 보면 엄청 억울하게 잡혀가는 줄 알겠다. 게다가 뭐? '힘을 다하여 적을 물리쳐주오'란다. 우국지사 나셨다. 그런 우국지사가 전쟁 안 난다는 개소리는 왜 하고 다녔는지….

　이런 꼴을 보고도 하자용이라는 늙은 아전 놈은 감탄까지 했다. '자신의 죽음은 걱정하지 않고 나라만을 걱정하니 참으로 충신'이라나? 나중에 이런 말만 그대로 받아 적어서 김성일이를 충신 만들 놈도 있겠지? 이래서 억울하면 출세하라나 보다. 금부도사까지 오른 나도 이렇게 허탈한 걸 보면 어디까지 출세해야 이런 꼴을 보지 않으려나. 임금까지 놀아나는 꼴을 보면 높은 자리 올라간다고 다 되는 것도 아닌 성싶은데…. 나도 할 일 마쳤으니 얼른 돌아가자. 더 있어봐야 좋은 꼴 못 보겠다.

기록이 기억을
지배한다

후에 명나라 장수 이여송이 왜군을 쫓아 조령을 지나가다가 이렇게 탄식했다고 한다.

"이런 천혜의 요새지를 두고도 지킬 줄을 몰랐으니 신 총병도 참으로 부족한 사람이로구나."

원래 신립은 날쌔고 용감한 것으로 이름이 높았으나 전투의 계책에는 부족한 인물이었다. 옛 사람이 이르기를, "장수가 군사를 쓸 줄 모르면 나라를 적에게 넘겨준 것과 같다"라고 하였다는데, 이제 와서 후회한들 무슨 소용이 있겠는가. 그러나 후손들에게 경계가 될 것이라 생각해 상세히 적어둔다.

— 류성룡의 『징비록』 중에서

1593년 6월 5일, 안주의 백상루

선조와 이런저런 이야기를 나누던 명나라의 유 원외劉員外는 신립의 이야기가 나오자, 혀를 차며 한마디 했다.

"조령은 하늘이 내려준 요새지인데, 신 충병申摠兵(신립)이 이런 곳을 지키지 않고 충주의 벌판에서 맞붙어 싸웠다지요. 왜 조령 같은 곳에서 물러나 그런 곳에서 싸웠는지…. 그 사람도 참 답답한 사람이네요."

선조는 고개를 끄덕였다. 그리고 옆에 있던 도승지에게 손짓을 했다. 그 뜻을 알아들은 도승지는 곧 대신들에게 이 의사를 전달해 논의를 시켰다. 얼마 후 비변사에서는 조령에 관방關防(변방의 방어를 위하여 설치한 요새)을 설치했다.

인조 집권 시기 어느 날

일가친척들이 모인 자리에서 김여물 가문의 한 여인네가 입버릇처럼 하던 얘기를 또 쏟아내고 있었다.

"당신께서 죽더라도 피란하지 말라고 하셨어요. 우리 일가는 모두 임금님의 행재소行在所로 가서 도우라고요. 그 어른이 그런 분이에요. 나라님은 이런 분을 알아주시지 않고, 의심하시다니요."

신립 장군은
왜 조령을 막지 않았나

　이른바 '탄금대 전투'에서 신립 장군이 저지른 가장 큰 실책으로 지적되는 것이, 다른 사람들의 충고를 듣지 않고 조령같이 험한 지역에서 싸우지 않았다는 것이다. 그리고 그 이유는 신립이 거느린 병력 중 믿을 수 있는 핵심 병과가 기병騎兵이었기 때문에 보병 위주인 왜군과 험한 지형에서 싸우려는 발상을 하지 않았다고 알려져 있다.

　『징비록』에서는 이 점을 매우 강조하려고, 명나라 장군 이여송의 말까지 인용하며 신립의 독선을 우회적으로 비난하고 있다. 그렇지만 사실은 다르다. 대부분의 사람들이 철석같이 믿고 있는 것처럼, 문경까지 진출한 일본군이 서울로 진격하기 위해서는 반드시 조령을 거쳐야 하는 것은 아니다. 문경에서 충주를 지나 서울로 가는 길은 조령 외에도 일단 두 갈래 정도의 길이 더 있다. 그중 하나가 계립령鷄立嶺(하늘재)이다. 또 하나는 아예 충주를 지나지 않고 문경에서 괴산으로 빠져 버리는 길도 있다. 그렇기 때문에 무작정 조령만 지킨다고 될 일이 아닌 것이다.

　이 점에 대해서는 필자가 탄금대 전투를 복원해보려 답사기를 쓰면서 확인했다. 역사지리학을 전공한 사진작가 분과 직접 현장을 돌아보았다.

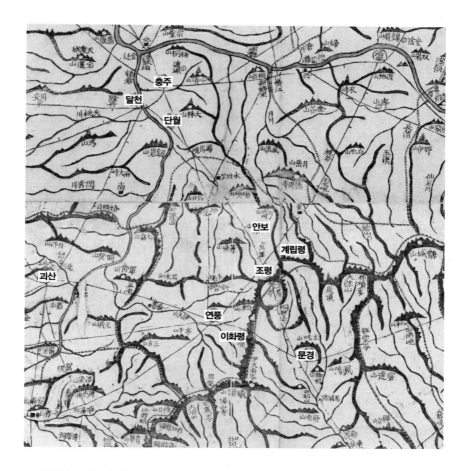

문경에서 백두대간을 넘는 고개는 조령만 있는 것이 아니었다. 문경에서 이화령을 넘으면 연풍—괴산으로 이어지며, 계립령 또한 전통적으로 남한강과 낙동강을 잇는 주요 교통로였다. 따라서 임진왜란 당시 신립 장군의 8,000 병력이 조령을 막았다고 하여 왜군의 북상을 저지할 수 있는 것은 아니었다.

우선, 신립이 충주에 도착한 다음 일단 단월역丹月驛에 진을 친 이유는 앞서 말한 것처럼 우회로가 있다는 사정 때문이다. 단월역은 문경에서 충주를 거쳐 서울로 가려면 어떻게든 거쳐야 하는 지점이다. 1592년 4월 27일 조령에서 일본군의 위치를 확인한 이후로는, 문경에서 괴산 방면으로 빠지는 길에 대해서는 의식하지 않아도 된다.

물론 신립이 단월역에서 방어전을 벌이지는 않았다. 이 바람에 일본군이 충주성에 침입했고, 왼쪽 산으로 침투해서 공격한 일본군에게 조선군이 포위되어 전멸하는 사태도 일어났다. 그동안 그 원인을 미스터리로 여기기도 했지만, 현장에 가서 답사를 해보면 의문이 풀린다. 남쪽에서 단월역으로 진입하는 길이 그렇게 좁지 않은 것이다. 그렇기 때문에 당시 신립이 보유한 병력으로 이런 곳에서 일본군을 저지하기 곤란하다. 그러면서도 정예부대인 기병을 활용할 공간 또한 나오지 않는다. 신립의 입장에서, 단월역은 정예 기병을 활용할 수도 없고 방어선도 옅어지는 최악의 방어거점이 되어버리는 셈이다.

전투가 벌어진 곳이 탄금대도 아니다. 탄금대는 남한강과 달천達川이 합류하는 사이에 솟아 있는 작은 동산이다. 이런 지역에서는 8,000명의 병력조차 제대로 배치하기가 곤란하니, 2만여 명의 일본군은 올라올 틈조차 없다.

또 탄금대도 충주에서 서울로 올라가는 길을 가로막고 있는 곳이 아니다. 그러니 이 지역에 진을 쳤다면, 신립은 일본군에 수도로 올라가는 길을 내주고 피신하려 했다는 뜻이 된다. 당연히 적장인 고니시가 여기까지 쫓아가 싸워주었을 리도 없다.

신립이 일본군이 쓰던 조총鳥銃을 너무 무시한 경향이 있었다는 인식도 알고 보면 편견이다. 조총은 탄약을 장전하여 발사할 때까지 걸리는 시간이 너무 길고, 불이 붙은 심지로 미리 재워놓은 화약을 터뜨려 발사하는 방식이기 때문에, 명중률도 심각하게 떨어졌다. 또 비가 내리거나 강풍이 불면 사용할 수가 없다는 문제도 있었다. 사실 조총부대 단독으로 기병에게 맞서서 참극을 겪는 사례도 많다.

실제로 전투가 벌어진 곳은 단월역에서 조금 물러난 달천평야이다. 이 지역으로 들어오려면 오른쪽의 산과 왼쪽의 달천 사이로 난 좁은 길을 통과해서 넓은 평야지대로 진입하는 상황이 된다. 또 막상 진입해놓고 나면, 좁은 진입로를 제외한 지역은 달천과 산으로 막혀 있는 지형이다.

신립이 이곳에 방어선을 치고 있으면, 일본군은 산과 하천 사이로 난 길에서 평야지대로 진입하는 상황이 된다. 이때 학익진을 치고 있다가 양 측면의 기병이 일본군을 포위해서 섬멸하는 전술을 사용하면 조금이라도 승산이 있다. 한니발이 3배가 넘는 로마군을 격파할 때에도 쓴 전술이 바로 이것이고, 이후 동서고금을 막론하고 기병을 활용하는 전술의 고전古典이 되었다.

단월역에서 물러나면 일부 병력이 충주성으로 침투하는 사태가 초래될 수 있지만 신립으로서는 그런 걱정을 할 여유가 없다. 단월역에서 산을 넘어 충주성으로 가는 길이, 당시로서는 샛길에 불과하다. 이 길로 대규모 병력이동은 곤란한 상태였고, 신립으로서는 이런 우려 때문에 이점도 없는 곳에 방어진을 치기는 곤란하다.

또 신립이 이곳을 완전히 방치한 것도 아니었던 것 같다. 이일이 산에서 적병을 만나 목을 베고 도주했다는 기록이 있는 점을 보면, 신립은 이 일에게 소수 병력을 주어 이 샛길을 방어하려 했다고 볼 수 있다. 단지 압도적인 병력을 가진 일본군이 이쪽으로도 병력을 투입하는 바람에 이곳을 막던 이일이 밀려났던 듯하다.

물론 전투는 신립의 의도대로 풀려주지 않았다. 적장인 고니시가 대응을 잘했기 때문이다. 조총부대가 정면으로 신립의 기병에 맞섰다면 전멸을 피하기 어렵지만, 실전에서는 이런 식으로 하나의 병과만 나서서 전투를 치르는 일은 거의 없다. 이 전투에서도 보병 같은 기본 병과가 복잡하게 얽혀 전투가 벌어졌다.

고니시는 이런 상황에서의 병력운용을 효과적으로 했다. 일본군의 입장에서는 벌판으로 진입하며 자리를 잡지 못하는 짧은 순간이 가장 위험한 시기이다. 달리 선택의 여지가 없는 신립은 일본군 보병이 진입하는 때를 보아 일단 왼쪽 측면에 배치한 기병을 돌격시킬 수밖에 없다. 그런데 마침 고니시의 오른쪽 측면에는 울타리로 삼을 수 있는 산이 있었다. 이를 이용해서, 조선군 기병이 접근할 때 매복해 있던 일본군 조총부대가 사격을 시작하는 작전을 썼다.

전투가 벌어졌던 음력 4월이면 어느 정도 산림이 우거지는 시기이다. 그러니 단월역 쪽에서 진입하는 일본군 부대가 이쪽 산으로 침투하여 자리를 잡으면 눈에 잘 띄지 않는다. 이를 이용해, 배치된 일본군은 일단 산이라는 장애물을 끼고 조선 기병을 맞는 형태의 전투를 치른다. 수풀에 가려 일본군의 배치 상황을 제대로 파악하기 어려운 조선 기병은 일단 산

아래쪽을 타고 일본군 오른쪽 측면을 돌파하려 했고, 일본군 보병에 접근하다가 사격을 받은 조선군 기병의 돌격은 일단 주춤해졌다.

조선 기병의 첫 번째 돌파가 막히고 나면 두 번째, 세 번째의 공격이 어려워진다. 기병의 돌파력은 기본적으로 말이 달려가는 충격력에서 나온다. 첫 번째 돌격이 저지되고 나서 말이 달려 나아가는 충격력을 확보하며 재차 돌파를 시도하려면, 조선군 기병은 일단 물러나 말에 탄력을 붙일 공간을 확보해야 한다. 그렇지만 달천 앞에 펼쳐진 들판 자체가 그리 넓은 공간이 아니다.

더구나 이 틈을 타고 이쪽에 배치된 일본군 보병이 반격을 가해왔다. 아무리 기병에 비해 속도가 느린 보병이라도 뒤로 빠지는 조선군 기병의 뒤를 쫓아 공간을 좁혀오면, 조선 기병은 재정비와 재돌격에 필요한 공간을 얻기가 어려워진다. 달천으로 막혀 있는 조선군의 오른쪽 측면에서도 일본군이 돌파를 시도한 것 역시, 조선군 기병이 확보할 수 있는 공간을 더욱 좁혀버리려는 의도라고 짐작된다.

이 역逆포위에 조선군은 걷잡을 수 없도록 진영이 무너지면서 달천 쪽으로 몰렸다. 혹자는 이것을 신립이 배수진을 친 것이라고 하는데, 알고 보면 이러한 사정이 있었던 것이다. 이렇게 되어 신립이 지휘하는 조선군은 포위되어 전멸당했다. 결국 '탄금대 전투'는 신립이 전투를 제대로 못한 것이 아니라, 고니시가 압도적인 전력을 잘 활용하여 선전한 것이라고 보아야 한다.

임진왜란과『징비록』,
그 진실에 관한 몇 가지

선조는 무능한 임금이 아니었다

선조가 전쟁에 대해서는 아무 대책도 세우지 않다가, 전쟁이 일어나자 자기 한 몸 수습하려고 피란 갈 생각만 했다고 인식하는 경향이 강하다. 그렇지만 『조선왕조실록』 등의 기록을 살펴보면, 선조는 도요토미 히데요시의 국서를 받고 위협을 느끼자 여러 차례 대책을 논의했던 사실을 확인할 수 있다. 그렇지만 그때마다 신하들의 보고는 전쟁 준비를 할 여건이 좋지 않다는 것이 대부분이었다.

다음과 같이 하나의 사례를 인용하지만, 실제로 전쟁 준비를 논의한 내용은 훨씬 많다. 하지만 당시 직설적으로 말하지 않고 돌려 말하는 풍조 때문에 사료를 직접 인용하자면 양적으로도 많고, 오히려 독자들이 이해하기도 어렵다. 그런 뜻에서 이와 같은 논의에 관한 내용은 본문에 거의 그대로 반영해놓았다. 이 책에서 따옴표로 직접 인용된 부분은 『선조실록』과 『선조수정실록』 등에 나타난 대화를 거의 그대로 인용하는 형태이다. 그러니 대신들의 태도는 그들의 발언 내용을 통해 이해할 수 있을 것이다. 이 점은 해당 날짜의 실록을 검색해보면 쉽게 확인된다.

남방의 왜변을 걱정하여 죄인 중에서도 무재가 있는 자를 서용하다.

이때 상이 남방南方에 왜변倭變이 발생할 것을 염려하여 비변사로 하여금 죄폐罪廢 중에 있는 쓸 만한 무사武士를 초계抄啓 서용하게 하였는데, 군율軍律·장람臟監을 범하였거나 기망欺罔한 죄를 범하였던 자가 서용되었고, 성적이 하등에 있던 자도 여기에 참여되었다.

—『선조실록』22권(선조 21년, 3월 26일)

특히 김성일의 보고로, 선조는 전쟁 위협이 확실하다는 확신을 얻지 못한 다음에는 무리를 감수한 전쟁 준비를 추진할 수가 없게 된 것이다. 그래서 차선책으로 장수의 천거나 대비태세 점검 등을 실시했으나, 이런 정도로 전면전에 효과를 볼 대응이 되지는 못했다.

드라마나 다른 콘텐츠 등에서 무능하고 편협한 인물로 묘사되는 경우가 많아 선조의 그런 모습이 우리에게 익숙하지만, 실제의 선조는 여러 대책을 시도하기는 했다. 물론 이런 시도가 실효를 거두지는 못했다. 그렇지만 그 원인은 감안해야 할 것이다. 왕이라도 독단적으로 정책을 수행하기 어려운 사림정치士林政治 구조에서, 선조가 변화를 싫어하는 대신들의 압력을 이겨내기는 어려웠다. 그렇기 때문에 선조에게 유능했다는 평가를 해줄 수 없을지 모르나 무능한 왕으로 몰아가는 것은 어폐가 있다.

고니시는 조선과의 전쟁을 바라지 않았다

고니시 유키나가小西行長의 입장을 이해하기 위해서는 그의 사위이자, 대마도주였던 소 요시토시宗義智를 함께 살펴보아야 한다. 소 요시토시는 고니시 유키나가의 딸인 고니시 마리아를 아내로 맞았으며, 단순한 장인-사위의 관계를 넘어 강력한 정치적 협력관계를 유지했다.

1586년을 전후하여 도요토미 히데요시가 조선 침략의 의지를 밝히자, 이들은 난처하게 되었다. 도요토미 히데요시에게 지금의 규슈를 정벌할 때 '고려(조선)도 파병하도록 명령을 전해두라'라는 지시를 받은 것이다. 하지만 도요토미 히데요시의 생각과는 반대로, 조선 측에서는 대마도를 번국으로 간주하고 있었다.

이전에는 이와 같은 인식의 차이가 대마도의 사업 밑천이 되어주었다. 일본에는 자신들이 번국인 조선과의 교류를 맡는 것으로 해놓고, 막상 조선과의 교류에서는 조선이 원하는 예법을 갖추어준 것이다. 조선과 일본의 교역을 독점하여 얻는 이익은 대마도주의 자금줄에 큰 비중을 차지하고 있었다.

이것이 히데요시의 요구 때문에 깨질 상황이 된 것이다. 그래서 이들은 어떻게든 기존의 수법대로 전쟁의 발발을 늦추며 조선과 일본의 관계를 유지시켜보려 했으나, 결국 실패했다. 그런데 고니시 유키나가는 전쟁이 일어난 후 초전에 승승장구하면서도 전쟁을 일찍 끝내보려는 노력을 게을리 하지 않았다.

첫 노력은 동래東萊에서 생포한 울산군수蔚山郡守 이언성李彦誠을 풀어주면서, 조선 조정에 강화를 위한 사절을 보내라고 한 것이다. 그러나 적과 내통했다는 혐의를 두려워한 이언성이 조선 조정에 아무 보고도 하지 않았다. 이언성으로부터 답을 얻지 못하자, 고니시는 상주에서 생포한 왜 역관倭譯官 경응순景應舜을 보내 또다시 강화를 시도했다. 이 상황은 다음과 같이 묘사되어 있다.

적이 상주에 이르자 통사通事 경응순景應舜을 보내어 서계書契를 가지고 와 화친을 청하고 하나의 붉은 깃발로 표신을 삼았다. 상이 이덕형을 보내어 침범한 까닭을 묻고자 하였는데 덕형이 용인龍仁에 이르렀을 때 적이 벌써 재를 넘은 까닭에 가지 못하고 되돌아왔다.

—『선조실록』 26권(선조 25년, 4월 17일)

동지중추부사 이덕형李德馨을 왜군倭軍에 사신으로 보냈다. 상주의 패전에서 왜 역관倭譯官 경응순景應舜이 진중에 있다가 잡혔는데, 평행장平行長이 수길秀吉의 서계書契와 예조에 보내는 공문을 응순에게 주어 내보내면서 말하기를, "동래東萊에 있을 때에 울산군수蔚山郡守를 생포하여 서계를 전하여 보냈는데 지금까지 회보가 없다. [군수 이언성李彦誠이 적중에서 돌아와 죄를 얻을까 두려워하여 자신이 도망쳐왔다고 말하고 그 서계는 숨긴 채 전달하지 않았으므로 조정에서는 알지 못했다.] 조선朝鮮이 강화講和할 의사가 있으면 이덕형으로 하여금 28일에 충주忠州에서 나를 만나도록 하라" 하였다. 응순이 서울에 이르렀을 때 사태가 급박하고 계책은 군색하여 혹시 이것으로 인하여 군사의 진격을 지연시킬 수 있을까 생각하였고, 이덕형 역시 가기를 자청하였으므로 예조로 하여금 답서答書를 짓게 하여 응순을 데리고 가도록 하였다.

—『선조수정실록』 26권(선조 25년, 4월 14일)

고니시는 조선에 강화협상을 제안하면서 히데요시에게는 자신의 행위를 그대로 알리지 않았다. "조선국왕이 인질을 보내고 중국 원정에 길 안내를 하고 싶다는 뜻을 전하기 위해 사람을 보내왔다"라고 거짓말을 했던 것이다. 고니시가 히데요시에게 보낸 편지 내용은 루이스 프로이스Luis Frois 신부가 쓴 『일본

사』에 인용되어 있고, 이 책에서는 그 내용을 요약해서 고니시의 독백으로 처리했다.

이때 고니시는 선위사宣慰使로 일본 사신들을 접대한 적이 있던 이덕형을 강화사절로 지목했다. 이덕형도 강화사절로 가는 임무를 맡았으나, 충주에 이르러 신립의 패전 소식을 듣고는 경응순을 먼저 보냈다가 그에게서 소식이 끊어지자 돌아오고 말았다. 이렇게 고니시의 강화시도가 계속 실패하자 그로서는 어쩔 수 없이 전쟁을 계속해야 했다. 명이 개입하고 전세가 불리해지자, 그가 다시 강화협상의 실무를 맡았던 것도 우연이 아니다.

김성일의 변명: 그는 왜 전쟁이 일어나지 않을 것이라고 했는가

1590년의 경우를 제외하고는 통신사는 원래 문화적 교류라는 성격이 강했다. 대륙의 문화를 일본으로 전달해주는 창구 역할을 했던 것이 통신사였기 때문에, 주로 일본 쪽에서 요청하고 조선 측이 고자세를 유지해왔던 것이다. 그렇지만 1590년에는 전쟁의도를 탐지하려는 임무에 더 비중을 둘 수밖에 없는 상황이었다.

그런데 김성일은 당시의 특수성을 무시하고, 이전의 관념을 고집했다. 뿐만 아니라 다른 통신사와 달리 전쟁 위협이 없다는 방향의 의견을 냈다. 이 결과 조선이 참극을 겪게 되었음은 결과로 나타났다. 김성일 측에서는 '인심이 동요할까 봐' 그랬다지만, 이것은 그야말로 비겁한 변명에 불과하다. 만약 그런 의도였다면 최고 결정권을 가진 왕이 있는 자리에서 사실과 다른 정보를 줄 것이 아니라, 정확한 정보를 바탕으로 제대로 된 논의를 거친 다음 백성들에게 어떻게 알리느냐를 고민했어야 한다.

김성일이 왜 이런 식의 보고를 했을까를 두고 말이 많지만, 통신사들의 보고로 야기될 결과를 피부로 느끼지 못하는 현재 사람들의 입장에서만 보기 때문에 의문을 표시하는 경우가 많다. 당시 김성일을 비롯한 기득권층의 입장을 이해하기 위해서는 현재 가능한 하나의 가상 상황을 설정해보면 실감이 날 것이다.

누군가 '곧 재정위기가 닥칠 것이니, 이를 막기 위해 복지 축소하고 공무원 숫자와 예산도 반 이상 줄이는 구조조정을 해야 한다'라고 주장하면 어떤 반응이 나올까? 사실 여부에 상관없이 그런 발언한 사람을 매장시키려 들 것이다. 대부분의 사람들에게는 실제로 일어날지 아닐지 모르는 재정위기보다, 당장 자신들의 눈앞에 있는 혜택을 줄이자는 것이 더 피부에 와 닿는 문제이기 때문이다.

전쟁이 일어난다는 것이 조정의 중론이 되면, 전쟁 준비를 위해 많은 무리를 해야 하고 이는 기득권층이나 백성에게나 견디기 어려운 희생을 요구할 수밖에 없다. 특히 기득권층의 입장에서는 이미 장악하고 있는 정권 유지에 변수가 될 문제를 달갑게 여길 리 없었다. 이런 무리를 감수할 수밖에 없는 전쟁 준비 논의를 무산시키려면 '인심이 동요한다'라는 것이 가장 효과적인 명분으로 작용하기 마련이다. 실제로 김성일의 문집(『학봉집鶴峰集』)에도 "인심이 먼저"라는 말이 많이 나온다.

세자 책봉은 과연 정철 혼자 추진한 것일까

2015년 상반기에 방영된 드라마 〈징비록〉에서는 세자 책봉 건의를 윤두수가 처음 말을 꺼냈고, 정철이 추진한 것처럼 묘사되어 있다. 그러나 사료史料에는 전혀 다르게 나온다. 이긍익의 『연려실기술』 등의 사료에는 이 상황이 비교

적 상세하게 묘사되어 있는데, 여기서는 류성룡이 정철에게 세자 책봉 문제에 대해 의논한 것으로 나온다. 두 사람은 영의정 이산해와 이 문제를 논의하기로 하고 약속 날짜도 정했다.

그러나 이산해는 두 차례나 약속을 어기고 나오지 않았고, 오히려 아들 이경전李慶全을 통해 인빈 김 씨의 오빠인 김공량金公諒에게 "정철이 장차 세자 세우기를 청하고 이어서 신성군 모자를 없애버리려 한다"라고 정보를 흘렸다. 이에 김공량은 곧바로 인빈에게 달려가 그 사실을 알렸고, 인빈은 선조에게 울면서 "정철이 우리 모자를 죽이려 한다"라며 하소연했다.

선조는 뜬소문이라며 믿지 않았으나, 정철이 경연에서 세자 세울 것을 건의하자 소문이 사실이었다고 생각한 선조는 분노했다. 그 자리에 이산해는 없었고, 류성룡은 아무 말도 하지 않았다. 이후 정철을 중심으로 한 서인들은 선조의 눈 밖에 났고, 결과적으로 동인이 다시 정국 주도권을 찾는 계기가 되었던 것이다.

이러한 상황이 사료에 나오는 대로 묘사되면 류성룡에 대한 좋은 인상을 줄수가 없다. 좋게 봐야 무책임한 사람이고, 나쁘게 보면 정적을 교묘하게 함정에 빠뜨렸던 인물로 인식될 것이기 때문이다. 그래서 드라마에서는 세자 책봉건의 자체가 서인 쪽에서 시작한 것으로 묘사된 것이다.

신립 장군이 사지로 가게 된 까닭

신립은 1583년 온성부사穩城府使가 되면서 두각을 나타냈다. 조선의 북쪽에 살던 여진족들이 처우에 불만을 품고 조선을 침탈하던 상황에서 이들의 진압에 눈에 띄는 활약을 한 것이다. 이 활약이 선조의 눈에 띄어 이후 출셋길을 달렸다. 이 책에 나온 신립의 출세 과정 대부분이 『선조실록』의 기록을 거의 그대로 묘사하여 그린 것이다.

그런 그가 최후를 맞게 되는 계기가 의미심장하다. 전쟁이 일어나고 신립이 도순변사都巡邊使로 임명되었다고는 하지만, 그가 이끌고 갈 수 있는 병력 역시 파죽지세로 올라오는 일본군을 맞아 전투를 치르기에는 너무 빈약할 수밖에 없었다. 그가 이 병력을 이끌고 전투가 벌어진 충주로 내려가기 전에 해프닝 하나가 있었다.

이일이 먼저 내려간 다음, 대간이 '대신大臣을 체찰사體察使로 삼아 여러 장수들을 감독하게 하라'라는 제안을 했다. 그래서 류성룡이 체찰사가 되었고, 김응남은 부사副使로 임명되었다. 이런 와중에서도 조선 조정에서는 장수들이 다른 마음을 먹지나 않을까를 걱정하고 있었다는 뜻이다.

그런데 이런 체제는 실전 경험이 없는 문관文官이, 병력을 지휘해야 할 지휘관에게 간섭을 하면서 작전을 그르칠 소지가 생긴다. 야전사령관 출신인 신립은 이에 대한 우려를 감추지 않았다. 그는 류성룡이 대책을 물었을 때, '체찰사가 내려간다 하더라도 실전을 아는 장수가 아니니, 도움이 되지 않는다. 후속 부대를 모아 실전 경험이 있는 무장武將을 급히 먼저 보내 이일을 지원해야 한다'라는 말을 했다.

그런데 그 말을 듣고 나서도, 류성룡은 부사 김응남과 함께 모아놓은 병력을 직접 인솔하고 내려가려는 제스처를 취했다. 이를 알게 된 신립은 류성룡에게 달려가 화를 냈다. 김응남을 부사로 데리고 가도 소용이 없으니 차라리 자기가 가겠다는 것이다. 실전 경험 없는 문신이 둘씩이나 상전 행세를 하게 되면 낭패를 보기 십상이다. 그런데 이런 뜻에 대해 류성룡은 뜬금없는 말로 응수했다. 자신의 손으로 쓴 『징비록』에는 그때 했던 말이 기록되어 있다. 그 내용은 이렇다.

> "다 같은 나라 일인데 아무려면 어떻겠느냐. 우선 내가 모아놓은 병사들을 이 끌고 공이 앞장서라. 나는 또 병사를 모아 뒤를 따르겠다"라고 하면서, 군관 들의 성명이 적혀 있는 명단을 건네주었다.

이 내용을 보면 신립이 마치 왜적을 막는 공을 빼앗기기 싫어 상관인 김응남 에게 심한 말을 한 꼴이 되어버린다. 실전 경험이 풍부한 신립이, 동원해놓은 병력 수준을 직접 확인하고도 파죽지세로 올라오는 왜적을 막아 공을 세워보 겠다는 발상을 했을 리 없다.

기세 좋게 올라오고 있는 일본군을, 숫자도 얼마 되지 않는 오합지졸로 막아 내기가 무리라는 점을 쉽게 알 수 있던 류성룡은, 신립이 자청해서 자기가 가 겠다고 나와주는 틈을 놓치지 않고 부대를 넘겨주었다. 그리고 장수를 감시한 다고 마련한 체찰사임에도 류성룡 자신은 물론 김응남 역시 결국 내려가지 않 았다. 그래놓고 마치 신립이 공을 탐내서, 남이 모아놓은 부대를 이끌고 내려 간 것처럼 모든 기록을 남겨놓았다. 이렇게 보면 실제로 갈 것도 아니면서, 굳 이 신립 앞에서 부대를 인솔하고 내려갈 것처럼 일종의 '쇼'를 한 의도가 읽힐 것이다.